Aucun guide de voyage n'est parfait. Des
erreurs, des coquilles se sont certainement
glissées dans celui-ci, malgré toutes nos
vérifications. Les informations pratiques,
adresses, numéros de téléphone, heures
d'ouverture, peuvent avoir été modifiés ;
certains établissements cités peuvent avoir
disparu. Nous serions très reconnaissants à
nos lecteurs de nous faire part de leurs
commentaires, de nous suggérer des
corrections ou des compléments qui
pourront être intégrés dans la prochaine
édition.

Insight Guides, Rio de Janeiro
© APA Publications (HK) Ltd., 1996 (First Edition 1988)
© Éditions Gallimard, 1997, pour la traduction française.

Dépôt légal : février 1998
N° d'édition : 81762
ISBN 2-07-051294-0

Imprimé à Singapour

LE GRAND GUIDE DE RIO DE JANEIRO

Traduit de l'anglais et adapté
par Michèle Grinstein, Agnès Ithurria-Ferré
et Emmanuel de Saint-Martin

GALLIMARD

CEUX QUI
ONT FAIT CE GUIDE

Après le guide du Brésil, les Éditions Apa et la Bibliothèque du Voyageur se devaient de consacrer un guide à la plus mythique de ses villes, Rio de Janeiro.

La responsabilité éditoriale de cet ouvrage a été confiée à **Edwin Taylor**. Journaliste et écrivain américain, E. Taylor vit au Brésil depuis 1979 et a longuement étudié l'histoire et la culture de ce pays. Ancien rédacteur en chef du quotidien *Latin America Daily Post*, il a également fondé, en 1983, le premier bulletin d'informations de langue anglaise sur le Brésil, *Brasilinform*. Il est aussi l'auteur de nombreux articles sur la situation politique et économique du pays et a cosigné plusieurs guides touristiques consacrés au Brésil. Enfin, il a collaboré à de nombreux journaux aussi prestigieux que *The Wall Street Journal*, *The New York Times*, *Newsweek* et *The Miami Herald*.

Murphy

Tom Murphy, journaliste américain du New Jersey, a été chargé de présenter le centre historique de Rio, le charmant quartier de Santa Teresa et les points de vue plus ou moins bien connus du grand public. Il a effectué de nombreuses recherches pour évoquer de manière vivante l'époque mythique des palaces et des casinos. Ce goût du jeu et de la fête l'a amené tout naturellement à se pencher sur le phénomène extraordinaire qu'est le carnaval de Rio, auquel est consacré un long chapitre. Par ailleurs, Tom Murphy a rédigé des papiers pour des publications comme *The Wall Street Journal* et *The International Herald Tribune*.

Taylor

C'est au journaliste britannique **Christopher Pickard** qu'a été confiée la présentation de Copacabana. Installé à Rio depuis 1978, C. Pickard est un spécialiste de la musique, de la danse et du cinéma brésiliens et travaille comme correspondant pour *Screen Inter-*

Pickard

national, *Down Beat*, *Cash Box* et *Music Week*. Il a également collaboré à la réalisation d'autres publications sur le Brésil.

Moyra Ashford, journaliste britannique elle aussi, a travaillé pour les revues *Euromoney*, *Sunday Times*, *The Chicago Sunday's Times* et pour le magazine *Macleans*. Aujourd'hui, elle est correspondante au Brésil pour le *Daily Telegraph*. Dans le présent ouvrage, elle est l'auteur de l'encadré sur les *sambistas*. C'est à elle également que l'on doit le chapitre consacré à la baie de Guanabara.

Christensen

Il était naturel de s'adresser à **Harold Emert** pour raconter l'histoire de la *Garota da Ipanema*. Globe-trotter, journaliste et musicien professionnel, H. Emert a quitté sa ville natale, New York, en 1969, pour explorer le monde, accompagné de son hautbois, avant d'intégrer l'orchestre symphonique brésilien de Rio, en 1973. Depuis lors, il combine son amour pour la musique et le journalisme et travaille en *free lance* pour de nombreuses publications comme le *London Daily Express*, *New York Post*, *USA Today* et *Compass News Features*. On lui doit aussi le chapitre qui traite de la vie le long des plages.

Kristen Christensen est installée à Rio depuis 1971, où elle travaille comme journaliste, traductrice et enseignante. Non seulement elle a rédigé l'encadré sur le Pain de Sucre et réuni l'ensemble des informations pratiques, mais encore elle a participé à toutes les étapes de la réalisation de cet ouvrage.

Enfin, les informations données par ce guide ont été révisées et mises à jour par **Deirdre Ball** et **Patrick Cunningham**.

Pour illustrer en images la *cidade maravilhosa*, les Éditions Apa ont fait appel à **H. John Maier Jr.**, dont les clichés ont été publiés dans de nombreux magazines, notamment *Geo* et *Time*.

Les Éditions Gallimard ont confié la traduction de ce guide à **Michèle Grinstein** et à **Agnès Ithurria-Ferré**, et le suivi éditorial à **Emmanuel de Saint-Martin**. Les éditeurs tiennent à remercier pour sa collaboration **Jean-François Chougnet**, qui est professeur à Sciences Po, ancien directeur à la Réunion des musées nationaux et fin connaisseur du monde lusophone.

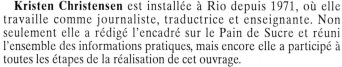

Ashford

Emert

Ball

Maier

TABLE

TABLE

TABLE

LA « VILLE MERVEILLEUSE »

Admirablement enchâssé entre mer et montagne, Rio de Janeiro, la *cidade maravilhosa*, abrite six millions d'habitants. Cette métropole, qui s'étend sur plus de 50 km, est la deuxième ville du Brésil, après São Paulo, et la troisième d'Amérique latine.

La topographie compliquée du site a obligé les Cariocas (ainsi appelle-t-on les habitants de Rio) à mener une politique de grands travaux, surtout depuis le début du XXᵉ siècle. C'est ainsi qu'on a percé des avenues et des tunnels et rasé des monts dont les déblais ont servi à gagner du terrain sur la baie. En outre, il a fallu détruire pour construire, et l'architecture, qu'elle soit coloniale, impériale, de la Belle Époque ou des années 30, n'a guère résisté à la spéculation immobilière des années 70. Cependant, derrière les plages langoureuses et les nombreux gratte-ciel, on découvre toujours, au détour d'une ruelle du Centro, un trésor d'architecture ancienne.

En effet, Rio a un passé pluriséculaire. Sa fondation remonte à 1565, quand les colons portugais eurent chassé définitivement les protestants français qui avaient tenté de s'établir dans la baie de Guanabara. Rio, érigé en évêché en 1676, devint la capitale du Brésil en 1763 et le resta jusqu'au 16 avril 1960, où il fut détrôné par la ville nouvelle de Brasília.

La cité, qui ne comptait que 70 000 habitants en 1800, en avait plus de 500 000 en 1889, l'année de l'avènement de la république. Sa population augmenta rapidement avec l'arrivée d'émigrants européens, qui vinrent se mêler aux anciens venus et aux descendants des esclaves indiens et africains. Dans les années 30, l'agglomération atteignait deux millions d'habitants.

La vie des Cariocas, qu'ils habitent les immeubles luxueux en front de mer ou les favelas à flanc de montagne, est organisée par rapport à la plage, dont tout le monde profite. Malgré la pauvreté, qui touche un tiers de la population, et la délinquance qu'elle peut entraîner, chacun s'adonne au plaisir du soleil, de la bossa-nova, née à Ipanema, et de la samba, qu'on écoute dans la rue, dans des salles de spectacle réputées ou dans les *pagodes*. Cette soif de vivre, cette chaleur, ce goût de la musique, de la danse, de la parole, qui animent jour et nuit tout Carioca, connaissent leur paroxysme lors du carnaval, la fête par excellence, durant laquelle les habitants des quartiers pauvres se produisent dans des costumes d'un luxe inouï, avant que tout le monde ne s'amuse, jour et nuit, partout dans la ville.

Pages précédentes : le célèbre maillot de bain dit « fil dentaire » est porté par de nombreuses Cariocas ; Rio et le Corcovado au coucher du soleil ; le carnaval est une fête spectaculaire ; le Pain de Sucre marque l'entrée de la baie de Guanabara. Ci-contre, le « Christ Rédempteur », au sommet du Corcovado.

DES SIÈCLES D'HISTOIRE

En avril 1500, le Portugais Pedro Alvares Cabral, en route pour les Indes via le cap de Bonne-Espérance, aborda un territoire inconnu qu'il baptisa Terre de la Vraie Croix. Le futur site de Rio et la baie de Guanabara furent visités deux ans plus tard.

Les Portugais ne trouvèrent pas d'or mais tirèrent profit du brésil (bois qui donna au pays son nom), dont on extrayait une teinture rouge très appréciée en Europe.

La colonisation

Jusqu'au milieu du XVIᵉ siècle, le roi de Portugal s'intéressa peu au Brésil, dont on ne connaissait que la côte. De grands seigneurs administraient douze capitaineries autonomes; ils attribuaient des terres aux colons et prélevaient l'impôt. Et de vastes domaines sucriers se constituèrent à partir de ces concessions.

En 1548, le roi Jean III, comprenant la valeur du nouveau territoire, créa un « gouvernement général du Brésil », destiné à maintenir la cohésion des foyers de colonisation, que des pirates français harcelaient. Tomé de Sousa, le premier gouverneur (1549-1553), résidait à Bahia (actuel Salvador), la capitale du Brésil. Il fit construire des villes et confia aux jésuites arrivés avec lui l'éducation et la protection des Indiens. Car ces derniers, malgré la loi qui était censée les protéger et en dépit du pape (bulle *Verita ipsa*, 1537), étaient, de fait, réduits à l'esclavage, quand ils n'étaient pas décimés par les maladies venues avec les Européens. Grâce à la diligence des religieux — et aussi parce que les indigènes s'adaptaient mal au travail sédentaire —, les maîtres de moulins se tournèrent vers l'Afrique pour se procurer de la main-d'œuvre.

Le rêve français

En 1555 le vice-amiral de Bretagne Nicolas Durand de Villegaignon débarqua sans diffi-

Pages précédentes: « Vue de la butte de São Antônio », peinture, du XIXᵉ siècle, de Nicolas Taunay. A gauche, portrait de Marie Léopoldine de Habsbourg (qui tient sur ses genoux le futur empereur Pierre II), de Domenico Failutti.

culté sur une île de la baie de Guanabara et créa une colonie, la « France antarctique », que vint peupler une poignée de huguenots.

En 1560 les Portugais, qui avaient reçu des renforts de la métropole, obtinrent la reddition de Fort-Coligny. Les hommes de Villegaignon se replièrent sur le continent, au Morro da Gloria. Mais cinq années furent encore nécessaires pour qu'Estacio de Sá remportât la victoire définitive.

Pour parer à de nouvelles invasions, les Portugais édifièrent une forteresse sur le Morro do Castelo. Et en 1567, le jour de la Saint-Sébastien, fut consacrée l'église de la ville qui était née deux ans avant et avait pour nom São Sebastião do Rio de Janeiro.

L'expansion territoriale

Délimitée à sa partie littorale, la ville d'origine dut sa croissance à son rôle portuaire. A la fin du XVIᵉ siècle, Rio était devenu l'un des quatre grands centres de la colonie portugaise. Mais son port restait moins actif que ceux du Nordeste, qui bénéficiaient au plus haut point du commerce du sucre.

A partir du XVIᵉ siècle, la colonie, par le biais d'aventuriers appelés *bandeirantes* (« porteurs de drapeaux »), s'employait à découvrir ses frontières. Au cours de leur avancée, les *bandeirantes* franchirent la ligne imaginaire établie par le traité de Tordesillas. Celui-ci, signé en 1494 entre l'Espagne et le Portugal, fixait une « ligne de marcation » allant du pôle au cap Vert et donnant à l'Espagne les terres qu'elle découvrirait à 370 lieues à l'ouest des îles du Cap-Vert. Le Brésil était alors inconnu des négociateurs.

Après 1640, quand le Portugal redevint indépendant, il annexa au Brésil les terres conquises par les chasseurs d'esclaves, en dépit des protestations de l'Espagne. Ce n'est qu'en 1750 (traité de Madrid) que ces terres furent reconnues comme portugaises.

Alors que se dessinaient peu à peu les frontières, seules la langue et la culture, qui distinguaient le Brésil du reste du continent, pouvaient attester l'unité du pays.

La découverte de l'or

Au XVIIᵉ siècle, la colonisation ne dépassait guère les plaines côtières. La richesse du pays reposait entre les mains de grandes familles qui se consacraient à la production

LES NOMS DE RIO

Longtemps, sur une carte, vous avez rêvé de Rio et de la célèbre plage de Copacabana, dans la baie de Guanabara. Eh bien, il s'en est fallu de peu que vous n'achetiez un billet pour São Sebastião et que vous ne vous précipitiez sur le sable blanc de la plage de Sacopenapã, dans la baie de Santa Luzia : ainsi va l'histoire, avec ses hasards, y compris dans sa toponymie.

A la suite de la découverte d'Alvares Cabral, la Couronne portugaise organisa une série d'expéditions. Quand, le 1er janvier 1502, l'amiral André Gonçalves jeta l'ancre l'honneur de Sébastien, roi de Portugal (1557-1578), São Sebastião do Rio de Janeiro, puis, plus simplement, Rio de Janeiro.

Depuis 1565, les habitants de Rio sont appelés Cariocas. Auparavant, les Tamoios désignaient par ce mot de leur langue les colons, les aventuriers, bref, tous les « hommes blancs », ces nouveaux venus. A moins que ce terme ne signifiât seulement « maison de l'homme blanc » — mais c'est là une querelle de linguistes.

Si Paris est la Ville Lumière, Rio est — tout d'abord, bien sûr, dans le cœur des Cariocas, un tantinet chauvins — la *cidade maravilhosa*, la « ville merveilleuse ». Ce surnom date du début du siècle ; on le doit à

dans la baie, les Indiens tamoios qui vivaient sur le site la nommaient **Guanabara** (« bras de mer »), probablement en raison de sa profondeur. Plus tard, en hommage à la sainte préférée du navigateur Amerigo Vespucci, qui dirigea une expédition au Brésil en 1501-1502, elle prit le nom de Santa Luzia, mais elle ne le garda pas longtemps.

Lorsqu'ils abordèrent cet endroit, les Portugais crurent découvrir l'embouchure d'un fleuve. Et comme on était au mois de janvier, ils baptisèrent le lieu **Rio de Janeiro** (« fleuve de janvier »). La ville proprement dite fut fondée des années plus tard, le 20 janvier 1567, jour de la Saint-Sébastien. C'est pourquoi elle fut d'abord appelée, en l'auteur nordestin Coelho Netto, qui, dans son roman *Os Sertanejos* (« les gens du sertão »), publié en 1908, a décrit les « merveilles urbaines » de la capitale, qui ont attiré la population pauvre de l'intérieur du pays. Vingt-sept ans plus tard, en 1935, André Filho composait les paroles et la musique du nouvel hymne officiel de Rio : *Cidade maravilhosa !*

Copacabana a une histoire plus amusante. Ce nom, d'origine péruvienne, résulte d'une transformation des mots quechuas *copa* (« endroit lumineux ») et *caguana* (« eaux azur »). Quand, au XVIe siècle, les Espagnols parvinrent au lac Titicaca, ils découvrirent le lieu dit Copa Caguana, que les Indiens tenaient pour sacré. Afin d'édifier les indigènes, les colonisateurs élevèrent à cet endroit une chapelle, Nossa Senhora da Candelária. Les païens convertis continuèrent de fréquenter la chapelle de « Copa Caguana », dont le nom se déforma en « Copacabana ».

Des lustres plus tard, un voyageur fit don à l'évêché de Rio d'une représentation du sanctuaire andin. L'image fut placée dans l'humble église de Sacopenapã, un village de pêcheurs. Elle attira vite nombre de chrétiens fervents des alentours. Les fidèles commencèrent par dire : « Je vais à Sacopenapã voir Nossa Senhora da Copacabana. » Ensuite, ils prirent l'habitude d'énoncer plus simplement : « Je vais voir Copacabana. » C'est ainsi

impressionnantes qui font aujourd'hui la joie des surfeurs.

Leblon tient son nom d'un Français, Charles Le Blon, le premier grand propriétaire terrien de la région.

Flamengo (« Flamand » en portugais) évoque la guerre par laquelle les colons chassèrent les Néerlandais du Nordeste ainsi que le sort réservé aux prisonniers. Ces derniers, presque tous des Flamands, furent retenus dans le quartier de Rio appelé dès lors Campos dos Flamengos, raccourci plus tard en Flamengo.

Quant au terme *favela*, qui désignait autrefois un arbuste au bois dur du Nordeste, il est entré dans le vocabulaire carioca par le biais d'événements politiques. En 1896-1897, le

que fut oublié le nom initial de Sacopenapã, qui, en langue tupi, signifie « bruissement d'ailes du héron ». Mais cela fait longtemps que ces beaux échassiers ne pêchent plus dans les eaux de la station balnéaire la plus célèbre du monde.

Ipanema fait penser d'emblée à la *garota* (« fille ») rendue célèbre par la chanson de Tom Jobim et Vinícius de Moraes. Cependant, ce nom tamoio veut dire « eaux dangereuses », comme le montrent les vagues

Niterói au XIXᵉ siècle, vu par l'artiste français Henri Nicolas Vinet; ci-dessus, Rio en 1883, peint des hauteurs de Santa Teresa par Jorge Grimm.

gouvernement combattit à Canudos (dans le Nordeste) des populations pauvres conduites à la révolte contre la république par Antônio Conselheiro. Les survivants de ce conflit firent le voyage de Bahia à Rio, la capitale, afin de solliciter aide et assistance de la part du gouvernement. Comme ils n'avaient pas de quoi payer un loyer, ils s'installèrent dans des logements, provisoires à l'origine, situés sur le Morro da Providência, en plein centreville. Et la Providence ayant voulu qu'ils aient trouvé la plante nordestine près de chez eux, ils rebaptisèrent le site Morro da Favela, dénomination naturellement vite abrégée en Favela. Ce premier bidonville finit par donner son nom à tous ceux de Rio et du Brésil.

de sucre, de tabac, de café et de coton et à l'élevage. En vertu du Pacte colonial, le Brésil commerçait surtout avec le Portugal. Mais à la fin du XVIIᵉ siècle prit fin cet état de fait : le Brésil devint le premier producteur d'or du monde. Rio bénéficia de cette exploitation, car il était le débouché le plus direct des pays miniers. C'est pourquoi, en 1763, il supplanta Bahia comme capitale.

Cette prospérité soudaine, qui ne devait durer qu'un demi-siècle, suscita des convoitises. Les Français, mécontentés par le traité de Methuen (1703), qui accordait à l'Angleterre le monopole du commerce avec le Brésil, s'attaquèrent à Rio à deux

quait l'indépendance. En 1789 prit fin tragiquement l'*Inconfidência mineira*, la dissidence contre la Couronne. Son chef, Tiradentes, fut exécuté.

En 1807, l'entrée des troupes napoléoniennes au Portugal amena la famille royale à partir pour le Brésil, accompagnée de 15 000 personnes. Le futur Jean VI décréta, dès le 28 janvier 1808, l'ouverture des ports brésiliens à « toutes les nations amies » : c'était la fin de l'exclusif portugais, fondement du Pacte colonial.

L'installation du gouvernement portugais au Brésil entraîna une augmentation démesurée des dépenses de l'État, tenu de déve-

reprises. En 1710 ils échouèrent, mais, l'année suivante, Duguay-Trouin s'empara de la ville et lui imposa une très forte rançon.

Vers l'indépendance

L'exploitation du métal précieux profitait surtout à l'administration royale. La masse de la population, qui s'était métissée et constituait une société composite, marquait son mécontement devant les injustices et l'impôt aggravé, à la fin du XVIIIᵉ siècle, par la crise minière. Parallèlement, le courant révolutionnaire se trouvait alimenté chez les élites par la lecture des philosophes français, et la nouvelle classe de bourgeois revendi-

lopper les services de l'administration locale et de créer de nouvelles institutions liées au secteur public : académie militaire, bibliothèques, etc. Et Rio se métamorphosa par le transfert des structures administratives de la métropole : le Conseil d'État, la Banque royale (créée en 1809)...

Au Portugal, après le départ des Français, la bourgeoisie commerçante n'apprécia guère la perte du monopole de son commerce avec le Brésil. Elle n'était pas non plus disposée à recevoir des ordres de sa capitale d'outre-mer. Jean VI, après des hésitations, revint au Portugal en 1821, nommant son fils dom Pedro prince régent du Brésil.

Le parlement portugais vota des décrets de recolonisation. Aussi, tous les courants émancipateurs brésiliens, des plus radicaux aux plus modérés, s'unirent pour convaincre le régent de ne pas obéir à son père, qui lui commandait de venir «parfaire son éducation au Portugal». Dom Pedro accepta de devenir le défenseur perpétuel du Brésil et s'écria à Ipiranga, le 7 septembre 1822 : «L'indépendance ou la mort!»

Le 12 octobre, il devint empereur du Brésil sous le nom de Pierre Ier. Le Portugal, dont les dernières troupes se virent expulser en 1823, ne reconnut qu'en 1825 une indépendance qui existait depuis trois ans.

Les débuts de l'Empire brésilien

En cette première moitié du XIXe siècle, même à l'époque où se manifestaient avec force les mouvements fédéralistes ou républicains, la majorité des Brésiliens demeurait favorable à une monarchie. En 1824 entra en vigueur la Constitution, qui accordait à l'empereur un pouvoir modérateur. En vertu de celui-ci, le monarque assurait l'exécutif par l'intermédiaire des ministres.

A gauche, l'Aqueduto do Carioca, sur lequel passe le tram reliant Santa Teresa au centre-ville; ci-dessus, Gávea, le morne au sommet plat, vu avant la création du quartier de São Conrado.

Néanmoins une crise éclata en 1826, lorsque Pierre Ier voulut regagner le Portugal pour succéder à son père, Jean VI. Comme le Brésil voulait être gouverné de Rio et non de Lisbonne, l'empereur finit par abdiquer, en 1831, au profit de son fils Pierre II, dont le jeune âge (cinq ans) nécessita l'instauration d'une régence.

L'absence d'un chef véritable entraîna l'émergence de mouvements contestataires. Neuf années durant, le Brésil connut de graves turbulences. Des groupes régionalistes se mirent à revendiquer leur autonomie, menant le pays au bord de la guerre civile, et des troubles révolutionnaires durent être combattus au Pará, à Bahia, au Maranhão et dans le Rio Grande do Sul.

Le règne éclairé de Pierre II

Avec Pierre II, devenu empereur en 1840, les principes centralisateurs l'emportèrent sur le fédéralisme. Il usa de sa diplomatie pour mettre fin à la guerre civile et donner au pays un équilibre politique.

Il favorisa une large expansion économique (construction de routes et de voies ferrées) qui profita à l'aristocratie foncière. La culture du café connut un grand essor et gagna le Sud. Afin de permettre la mise en valeur du Brésil méridional, le monarque encouragea l'immigration européenne.

Pendant son règne, Pierre II fit de Rio la capitale la plus moderne de l'Amérique latine. Dès 1854, la ville se trouva éclairée au gaz. En 1874, le télégraphe la relia à Londres, et la première ligne téléphonique après les États-Unis fut installée entre Rio et la résidence impériale de Petrópolis.

En 1870, le Brésil, allié à l'Argentine et à l'Uruguay, gagna une guerre de frontières qu'il avait dû engager contre le Paraguay. Ce conflit meurtrier, qui dura six ans, donna à l'armée, souvent mal considérée, la conscience de la force qu'elle représentait. Dès cette époque, elle se considéra comme un corps autonome, pouvant être amené à agir en dehors des lois et des institutions pour le plus grand bien de la Nation.

Aussi, quand Pierre II mécontenta le clergé (en soutenant la franc-maçonnerie), les libéraux (par son autoritarisme) et les conservateurs (en abolissant totalement l'esclavage, en 1888), ce fut l'armée — dont les officiers étaient nourris d'idées positivistes d'ordre et de progrès — qui, en 1889, soutint les républicains de la société civile pour renverser la monarchie. Car elle pensait que seul un gouvernement républicain leur donnerait des possibilités d'ascension sociale et un pouvoir politique.

République, puis dictature

La Constitution de la République, promulguée en 1891, s'inspirait du modèle fédéral et présidentialiste des États-Unis et consacrait la séparation de l'Église et de l'État. Au début, l'armée gouverna, puis, de 1894 à 1930, douze présidents se succédèrent légalement. Mais la réalité du régime était l'oligarchie. Le pouvoir appartenait aux *coronels* (nom militaire attribué aux notables locaux), et la part très grande prise par le café dans les exportations explique que la majorité du personnel gouvernemental était recrutée parmi les Paulistes.

Lorsque le Brésil participa à la Première Guerre mondiale, aux côtés des Alliés, la production de blé, dans le Sud, et celle du caoutchouc, dans la région amazonienne, furent développées pour l'exportation.

La grande crise de 1929 entraîna une baisse sensible des cours du café et du revenu des exportations. Des révoltes éclatèrent dans tout le pays et, en 1930, le président de la République Washington Luís fut déposé. Le chef des libéraux, Getúlio Vargas, constitua un gouvernement provisoire (1930-1934), suspendit la Constitution de 1891 et, en 1934, se fit élire président.

Trois ans plus tard, il devint, en vertu d'un plébiscite, dictateur pour six ans. C'était le début de l'*Estado Nôvo*, l'«État nouveau». Sa doctrine, fondée sur le nationalisme, la politique de masse, le «populisme», contre les grands propriétaires fonciers, prendrait le nom de «gétulisme». Vargas privilégia l'industrie et créa les premières sociétés nationales. Il stimula aussi les exportations.

Dès 1941, il se rapprocha des États-Unis ; en 1942, il déclara la guerre à l'Axe et envoya 25 000 hommes en Italie. La déroute du fascisme européen l'incita à mettre en œuvre la démocratisation du pays et même à fonder un parti travailliste, ce qui lui aliéna les milieux d'affaires. Les militaires, qui avaient combattu avec les Alliés, lui étaient hostiles. Sous leur pression, Vargas abandonna le pouvoir en octobre 1945.

Les tentatives de démocratisation

Cinq ans plus tard, après que fut adoptée une nouvelle Constitution, proche de celle de 1891, Getúlio Vargas fut réélu président de la République. Mais comme sa politique allait à l'encontre des intérêts étrangers, l'opposition déchaîna contre lui une campagne qui l'accula au suicide (5 août 1954).

De 1956 à 1961, Juscelino Kubitschek développa l'équipement industriel. Il fit construire la nouvelle capitale, Brasília, censée symboliser l'unité du Brésil. Mais l'endettement public fut lourd, l'inflation, élevée, et la corruption, généralisée.

Son successeur, Jânio Quadros, accusé par les militaires de complaisance envers le communisme, se retira bien avant la fin de son mandat, que reprit le vice-président, João Goulart. Celui-ci, parce qu'il menait une politique de gauche, fut déposé par l'armée en 1964.

L'ère des militaires

Centralisation et répression caractérisèrent le nouveau régime. Deux partis «officiels» furent autorisés : l'Arena (Alliance de rénovation nationale), proche du gouvernement, et le M.D.B. (Mouvement démocratique brésilien). Une nouvelle

Constitution, autoritaire, fut promulguée, et le chef de l'État reçut des pouvoirs exceptionnels.

Le premier président, le maréchal Castello Branco (1964-1967), entreprit un programme d'assainissement économique qui réduisit les dépenses publiques ; il privilégia le secteur privé et les exportations.

Le « miracle brésilien », qui dura jusqu'en 1973, année où reprit l'inflation, profita surtout à la bourgeoisie du pays et aux investisseurs étrangers. Par ailleurs, dans un contexte de forte pression démographique, l'exode rural fit grossir les villes et y aggrava les tensions sociales.

Le retour à la démocratie

En 1985, Tancredo Neves, homme d'ouverture très populaire, fut porté à la présidence. Mais il mourut avant d'avoir entamé son mandat, laissant le pouvoir au vice-président José Sarney, un homme de compromis.

La première mesure prise par Fernando Collor de Mello (le premier président à avoir été élu au suffrage universel, en 1990) visa à réduire l'inflation (1 700 % en 1989). L'annonce du gel des avoirs financiers, des prix et des salaires fit l'effet d'un électrochoc. Si cette mesure endigua tem-

Cette période marque une nouvelle phase pour Rio : dans la ville déchue, non sans amertume, du rôle de capitale fédérale se développa assez vite une opposition intellectuelle au régime militaire, tandis que São Paulo connaissait de nombreuses grèves ouvrières.

Le général Figueiredo (1979-1985), le dernier des dirigeants militaires, engagea le Brésil dans la voie de la démocratisation. Aux élections de 1982, l'opposition remporta 10 des 22 sièges de gouverneurs.

A gauche, la Rua do Ouvidor au XIXe siècle, au cœur de Rio, alors prospère ; ci-dessus, dans les jardins du Palácio do Catete.

porairement l'inflation, elle plongea le pays dans une récession, et le nombre des sans-abri augmenta dans les villes.

Mais l'inflation revint à des niveaux très importants (+ 1 150 % en 1992) et amena une succession de plans de stabilisation. Par ailleurs, en 1992, des affaires de corruption entraînèrent le président Collor à démissionner en faveur de son vice-président, Itamar Franco.

Ce dernier a vaincu l'inflation en introduisant le plan Real (du nom de la nouvelle monnaie, qui a succédé au cruzeiro), conçu par le ministre des Finances Fernando Henrique Cardoso, devenu président en 1995.

LE RIO DES VEDETTES ET DES STARS

Il fut un temps où les jetons de poker circulaient à Rio de Janeiro aussi couramment que des espèces sonnantes et trébuchantes. C'était l'époque à laquelle Maurice Chevalier, Tommy Dorsey ou Joséphine Baker occupaient le devant de la scène. Des vedettes du cinéma jouaient à quitte ou double sur les tables de jeu leur vie amoureuse et leur réputation.

Cet âge d'or va du milieu des années 30 à la fin des années 50. Toute cette vie trépidante, la plupart du temps nocturne, se passait dans un cercle restreint de casinos, de boîtes de nuit et d'hôtels prestigieux qui donnèrent à Rio et à ses environs leur parfum d'exotisme et leur réputation sulfureuse de lieu de plaisirs parfois excessifs.

La carte de ce Rio des vedettes et des stars est encore lisible. Tout comme la plupart des temples du plaisir qui ont contribué à en écrire la légende. Certains ont été rénovés, d'autres sont devenus aussi désuets que des studios hollywoodiens désertés par les équipes de tournage.

Le Copacabana Palace

La visite commence par la blanche façade de l'hôtel Copacabana Palace, à mi-chemin de la plage légendaire du même nom. Puis elle longe l'Avenida Princesa Isabel, fait un détour par Urca, poursuit sa route jusqu'à Petrópolis, à quelques dizaines de kilomètres de Rio, pour aboutir dans l'immense salon d'un hôtel hors du commun qui a pour nom le Quitandinha.

Inauguré en 1923, le Copacabana Palace (le « Copa » pour les intimes) était à l'époque l'un des rares hôtels de luxe d'Amérique du Sud. Un roman d'Evelyne Heuffel lui est même consacré : *L'Absente du Copacabana Palace*. Reflétant l'influence culturelle de l'Europe dans cette période, l'hôtel de style Louis XVI « éclectique » a été conçu par un architecte français, Joseph Gire. Les salons, décorés de

Ci-contre, le Pain de Sucre et la baie vus du haut du Corcovado ; à droite, intermède tropical dans un hamac.

marbres de Carrare, éclairés de lustres en cristal, etc., étaient complétés par un théâtre et par une « Golden Room » dans laquelle les artistes se produisaient. « *Son architecture pompier, rectiligne*, écrit Evelyne Heuffel, *contraste avec les sables encore sauvages, les dunes basses et ondulées qu'il domine. Il se dresse sous le soleil, face à la mer, grandiose et blanc sur un fond de montagnes vertes. Inauguré la saison passée, il est le seul parmi les hôtels à faire étalage, au bord de l'Océan, de toute la vanité, la futilité de la ville. C'est une pension de luxe, on y vient en villégiature comme on va sur les bords du lac Léman.*

Pas une personnalité qui n'y descende, n'y troque son feutre pour un canotier, pas un dandy curieux qui ne coince sa canne au pommeau d'argent entre les portes tournantes du grand hall, pas une mondaine qui ne se plaise à parfaire un détail de sa toilette devant les miroirs placés au bas de l'escalier. »

Les jeux d'argent, pour lesquels le port du smoking était de rigueur, connurent leur période faste du début des années 20 à 1946, date à laquelle ils furent officiellement prohibés par un décret. Le Copa abritait à lui seul plusieurs salles de jeu, dont une qui portait le nom de Morgue, où étaient autorisées les plus petites mises de la ville. Elle était proche de l'entrée principale, afin que les croupiers pussent expulser sans trop de difficultés les joueurs malchanceux. Mais même pour accéder à cette modeste salle, il fallait porter un smoking. Dans les années 30, un chroniqueur affirma que « *des dames fort respectables de la haute société mettaient leurs bijoux au clou pour rembourser des dettes de jeu* ».

Le décret de 1946 interdisant les jeux d'argent n'entama guère la notoriété du Copa. Au dire de certains, c'est même dans les années 50 que cet hôtel vécut ses heures de gloire. Toutes les vedettes y descendaient. L'hôtel accueillait ainsi tout le

field ou d'Orson Welles (1915-1985). Ce dernier n'avait que vingt-sept ans lors de son fameux séjour à Rio, en 1942.

Aventures d'Orson Welles

Après un voyage de deux jours en avion, le réalisateur de *Citizen Kane* (1941) débarqua avec une dizaine de techniciens, un matériel impressionnant et coûteux, et au moins 100 000 dollars en espèces. Le cinéaste abandonnait à son triste sort *La Splendeur des Ambersons*, film difficile et très peu commercial qui fut mis à mal en son absence par la RKO. L'équipe de tour-

« beau monde » de Rio, jadis surnommé « *la société de café* ».

John Fitzgerald Kennedy (qui n'avait pas trente ans, juste au sortir de la guerre), l'actrice Lana Turner et l'acteur Tyrone Power, Eva Perón (qui arrivait avec dix domestiques et plus de cent valises), le roi Charles II de Roumanie (qui, après son abdication en 1940, élut résidence au Copa), Ali Khan, et bien d'autres, comptèrent parmi ces hôtes de marque. Les musiciens de jazz Nat King Cole et Tommy Dorsey, Édith Piaf, pour ne citer qu'eux, s'y sont produits.

Certains noms demeurent gravés dans les esprits, comme ceux de Jayne Mans-

nage qu'il avait amenée avec lui mit plusieurs jours à prendre ses quartiers au Copa, et, au début, le cinéaste s'occupait à donner soirée sur soirée.

Mais Orson Welles travaillait aussi sans relâche. Il allait filmer les habitants des favelas, les pêcheurs et les écoles de samba. Il dépensait l'argent de la RKO sans compter, mais le documentaire *It's All True*, œuvre de toute manière problématique, resta inachevé. L'histoire de cette œuvre est rocambolesque et, aujourd'hui encore, sujette à débat. Ce film, composé de quatre histoires indépendantes, aurait été perdu puis retrouvé, mais seulement en partie. Il n'en reste que l'épisode « Jangadeiros », qui a été tourné entièrement. On comprend pourquoi certains critiques ont comparé le projet de Welles à la *Symphonie inachevée* de Schubert. Mais cette propension à l'inachèvement est sans doute inhérente au caractère de ce grand cinéaste, amoureux du désordre et de l'agitation tant dans sa vie que dans ses films.

Cependant, ce fut non pas l'œuvre tournée alors mais la vie privée du réalisateur, et en particulier une anecdote, qui défraya la chronique : à la suite d'une dispute amoureuse, il jeta des meubles par la fenêtre de sa suite. Mais les renseignements divergent sur l'identité de la dame.

sonnage facétieux tira sur le cordon qui retenait le maillot de bain de la vedette et gardait cachées des rondeurs avantageuses. Le haut tomba, ce qui provoqua, de la part de l'intéressée, une réaction typiquement hollywoodienne : un « *Ooh!* » de surprise. Heureusement, un admirateur délicat envoya aussitôt une serviette à l'actrice. Il faut dire que Jayne Mansfield était apparue fort peu vêtue dans le film de Bruno de Sota *Female Jungle* (1956), et que sa photographie dans ce rôle avait orné la chambre de plus d'un adolescent.

Toujours au Copa, lors du carnaval de 1959, l'infortuné sex-symbol, qui fut le der-

Mésaventures de Jayne Mansfield

Les séjours de Jayne Mansfield (1906-1975) firent eux aussi du bruit, mais elle ne fut guère satisfaite, on va le voir, des mésaventures dont elle fut victime.

A la fin des années 50, l'actrice, que le film de Frank Tashlin *La Blonde et moi* (1956) avait révélée, fut l'objet, au bord de la piscine du Copa, d'un incident qui la mit dans l'embarras aux yeux de tous. Un per-

A gauche, un monument légendaire, l'hôtel Quitandinha, qui est aujourd'hui un immeuble en copropriété ; ci-dessus, l'élégance intemporelle du célèbre Copacabana Palace.

nier du genre à Hollywood, subit le même outrage. Tandis qu'elle dansait avec un jeune journaliste reporter du nom de Guimaraes Padilha, un admirateur lui arracha le col de sa robe de soirée... offrant sa poitrine nue à tous les regards. Les journaux du lendemain rapportèrent que la foule du Copa en était restée pantoise. L'actrice s'enfuit dans sa suite. On ne la revit jamais à l'hôtel...

La fin du Copa

Au début des années 60, comme Copacabana subissait la pression de plages concurrentes, la clientèle huppée commença à déserter le palace au profit d'autres grands hôtels qui prenaient à leur tour leur essor.

Au milieu des années 70, la façade du Copa eut besoin d'un sérieux ravalement. La famille Guinle, qui était l'unique propriétaire de l'hôtel, fut dans l'impossibilité de payer les travaux avant une décennie. Le Copa fut classé monument national. Heureusement car, sans cette décision, le célèbre établissement aurait été détruit et remplacé par un complexe hôtelier et commercial ultramoderne.

Une vie nocturne à jamais disparue

Dans un quartier qui correspond maintenant au croisement de l'Avenida Atlântica et de l'Avenida Princesa Isabel prospéraient jadis des boîtes de nuit réputées. Mais ce sont cette fois la pollution et la circulation qui ont eu raison de ces lieux de plaisir.

Pendant des décennies, le Sacha a été le cabaret incontournable de Leme, plage élégante qui s'étend entre l'hôtel Méridien et le Morro do Leme.

D'autres bars animaient ce quartier, à l'endroit où se dresse aujourd'hui l'hôtel Méridien. Ils avaient pour nom le Wonder Bar, le Carlton, le Bolero et l'Espanhol. Il fallait attendre trois heures du matin pour que les festivités battent leur plein. L'un de ces établissements, le bien nommé Night and Day, se targuait même de rester ouvert jour et nuit sans interruption.

Le casino d'Urca

Le casino d'Urca, qui se trouve au bord de la petite plage du même nom, à l'ombre du Pain de Sucre, a été l'un des hauts lieux de la frivolité carioca.

Son propriétaire, Joaquim Rolla, avait repris le casino en 1937. Il devint l'un des personnages les plus excentriques des nuits de Rio. Joaquim Rolla, sur lequel circulent nombre de fables qui lui prêtent une éducation des plus rudimentaires, connaissait en revanche le monde du spectacle sur le bout des doigts. Pendant les années qui précédèrent la Seconde Guerre mondiale, il devint le principal fournisseur de talents de la vie nocturne.

Tandis qu'il exerçait ses talents au casino d'Urca, des noms aussi célèbres que

Maurice Chevalier (avec son inséparable canotier), Xavier Cugat ou Joséphine Baker s'y produisirent. Inquiète de la montée du racisme aux États-Unis, Joséphine Baker (1906-1975), la chanteuse noire américaine de la *Revue nègre* (1925), célèbre pour la chanson *J'ai deux amours*, s'était exilée à Paris dans les années 20 et 30. Mais, quand les Allemands envahirent la France, elle émigra à Rio.

Rolla exigeait des décors somptueux, des éclairages valorisants et les plus belles danseuses. Il attachait beaucoup d'importance à la présentation des spectacles et aux relations publiques.

Le déclin du jeu

La plupart des observateurs pensaient que le décret d'avril 1946 prohibant le jeu au Brésil sonnerait le glas des casinos et de leur univers mondain.

En effet, le casino d'Urca et d'autres propriétés de Rolla périclitèrent. Le casino fut vendu à la chaîne de télévision et radiodiffusion Tupi. Et quand celle-ci affronta de graves difficultés financières, dans les années 70, l'édifice imposant qui enjambait de son arc l'Avenida João Luis, à l'entrée d'Urca, fut laissé à l'abandon. Aujourd'hui, il ressemble à un château hanté, sombre, poussiéreux, habité par les fantômes d'une haute société disparue depuis des lustres. Toutefois, un projet de centre culturel devrait prochainement lui rendre une nouvelle vie, mais sans faire renaître la magie de ses années de gloire.

D'autres établissements ne subirent qu'une légère baisse de fréquentation. Le casino Monte Carlo, par exemple, près du Jóquei Clube, à Gávea, proposait illégalement un jeu de baccara presque vingt-quatre heures sur vingt-quatre.

A l'hôtel Serrador, dans le centre, des responsables du Parti des travailleurs brésiliens passaient toute la nuit à jouer au poker et à boire dans l'arrière-salle, tout

Dans la salle principale du Monte Carlo se produisaient en outre des artistes renommés ainsi qu'une revue de charme.

Parmi les endroits les plus connus, le Casablanca évoquait les cabarets enfumés et sordides que mettent en scène les productions hollywoodiennes. Situé sur la Praia Vermelha, près du téléférique menant au Pain de Sucre, ce club avait été conçu à l'image du Rick's Café, dont Humphrey Bogart joue le rôle du propriétaire dans le film *Casablanca* (1943). On peut encore admirer ce bâtiment bas et tout en longueur, qui fait aujourd'hui partie du patrimoine de l'armée.

en préparant à leur manière des lendemains qui chantent. Parmi ces joueurs invétérés se trouvait João Goulart, qui devait devenir président de la République du Brésil. Aujourd'hui ravalé au rang d'immeuble de bureaux, le monumental Serrador, avec son grand lustre étincelant et ses tapis rouges, domine néanmoins de sa silhouette élégante le quartier de Cinêlandia.

Dans les années 50, le jeu resta toutefois toléré par des fonctionnaires complaisants.

A gauche, main dans la main sur la plage au coucher du soleil; ci-dessus, deux couples d'inséparables à une buvette sur le sable.

Le Quitandinha

Mais le chef-d'œuvre du genre était l'hôtel-casino Quitandinha, lui aussi propriété de Joaquim Rolla. L'édifice, situé à Petrópolis, connut pourtant un sombre destin.

Quitandinha signifie à la lettre « marchand de fruits et légumes ». Construit entre 1940 et 1944, entouré de jardins et au bord d'un lac artificiel censé reproduire la carte du Brésil, c'était en son temps le plus bel hôtel résidentiel d'Amérique du Sud. Il a été dépecé pour devenir un immeuble en copropriété. Au départ, le Quitandinha fut édifié en vue de concurrencer le Copa, et Joaquim Rolla ne lésina pas sur les

moyens. L'hôtel lui coûta pas moins de dix millions de dollars, somme faramineuse pour l'époque, et fit travailler jusqu'à 10 000 personnes. Malheureusement, les circonstances se révélèrent plus que défavorables à ce projet grandiose.

A la suite du décret de 1946 qui interdisait le jeu et qui, par malchance, fut adopté, à l'instigation du président Eurico Dutra, à peine quinze mois après l'ouverture du Quitandinha, le magnifique établissement commença à perdre de l'argent.

Joaquim Rolla tenta de limiter les dégâts en vendant le Quitandinha au groupe hôtelier américain Eppely Hotels, mais les acheteurs potentiels se dérobèrent à la dernière minute. Ensuite, les autorités essayèrent de remettre le palace à flot en établissant un contrat de gérance. Mais ce fut peine perdue. Et l'État rendit le grand hôtel à Joaquim Rolla. Finalement, une société privée acheta la propriété en 1963 et la vendit par morceaux.

Bien que le Quitandinha ait été un véritable gouffre financier, l'édifice n'en a pas moins conservé sa splendeur architecturale. Balcons de bois et persiennes en agrémentent l'imposante façade. Ses très larges baies, au rez-de-chaussée, et ses tours coiffées de toits pointus, ne sont pas sans évoquer le château de la Belle au bois dormant. Ce bâtiment imposant, à la structure massive de style normand, a été conçu par l'architecte brésilien Luiz Fossati et construit avec l'aide d'ingénieurs allemands.

A l'intérieur, l'accent a été mis sur de larges couloirs lumineux, un mobilier surchargé et une décoration hollywoodienne, conçue par une décoratrice de théâtre, Dorothy Draper. Rien n'y manque : une véranda, un salon d'expositions, une volière, une piscine couverte de mosaïque, un club pour les enfants…

Aujourd'hui, le rez-de-chaussée du Quitandinha se visite. L'édifice a conservé en partie la décoration d'origine et les meubles d'époque. Lorsqu'on parcourt les couloirs du Quitandinha, on a l'impression d'entrer dans le décor d'une comédie musicale avec Fred Astaire. L'atmosphère

A gauche, la moto est le meilleur moyen de transport de la jeunesse carioca ; à droite, il est bon de siroter une boisson fraîche quand il fait si chaud.

des lieux, en particulier celle de l'immense salle de bal, où sont accrochées des tentures rouges superbes et où l'agencement des lumières est judicieux, évoque un Hollywood disparu. On imagine facilement que le grand musicien de jazz Harry James va monter sur la scène et se mettre à jouer ; ou que les Marx Brothers vont surgir dans le somptueux vestibule en titubant, heurter les tables de cocktail, avant de s'affaler sur les fauteuils roses.

De nos jours, les roulettes ne tournent plus, mais leur mouvement et les battements de cœur qu'il suscitait restent gravés dans les mémoires.

Le club de tennis de Petrópolis

Au milieu des années 40, l'hôtel Quitandinha n'était pas le seul endroit à la mode de Petrópolis. Non loin du palace, un très sélect club de tennis était fréquenté par des personnages importants, qu'ils appartinssent à la haute société ou à l'élite politique de la nation. Ce club disposait de son propre casino (où les membres du club ne payaient leurs dettes qu'à la fin de l'été) et présentait des spectacles de variétés. Parmi les habitués, on entendait souvent la voix du tonitruant Benjamim Vargas, qui était le chef de la police de Rio de Janeiro et le frère du président Getúlio Vargas.

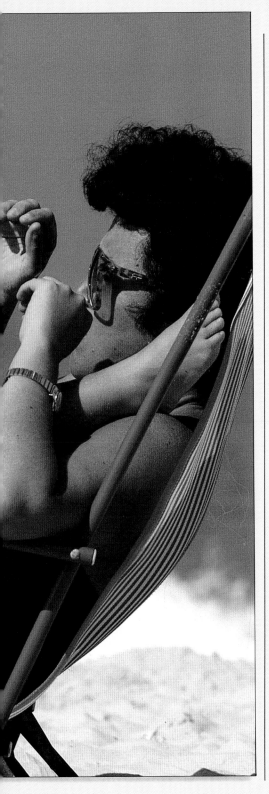

LA VIE LE LONG DES PLAGES

Les grèves de Rio de Janeiro sont aujourd'hui célèbres à travers le monde pour leur beauté. Elles furent tout d'abord fréquentées par souci d'utilité plus que par goût des bains de mer ou de la plage. En effet, pour fonder leurs établissements, les colonisateurs recherchaient des lieux faciles à défendre. C'est de cette nécessité qu'est né le système de fortifications qui, d'un bout à l'autre de la baie de Guanabara, de Santa Cruz à Leme, défend le littoral.

Puis, au milieu du XIXᵉ siècle, les bains de mer commencèrent à devenir à la mode, tout comme en Europe. Les débuts de ce loisir furent aristocratiques et princiers. Par exemple, le roi Jean VI se baignait sur la plage de Capu, au nord de la ville actuelle. Ses successeurs, à commencer par dom Pedro, conservèrent cette pratique.

Aux alentours des années 20 surgirent celles qu'on appela les *melindrosas* (littéralement les « naïades »), qui ouvrirent la voie aux habitudes modernes de vie sur la plage.

Joaquim dos Santos, un journaliste de Rio, voyait juste quand il écrivait : « *La plage est le dernier espace libre d'une métropole envahie par les gratte-ciel et congestionnée par les embouteillages. Le Carioca vient y contempler les navires sur l'Océan en peaufinant son bronzage. Il médite sur la chance qui est la sienne : à peine quelques rues à traverser pour atteindre ce magnifique éden où se trouve une tranquillité relative, l'eau salée et la beauté.* »

Au-delà des clichés

La réputation des plages de Rio n'est plus à faire. A première vue, le profane se contente d'admirer, le long du bord de mer de la métropole, des beautés au bronzage impeccable. Pourtant, les plages livrent également des informations intéressantes sur le fonctionnement de la ville et les habitudes des Cariocas.

Mère et fille profitant d'une belle matinée sur le sable, devant la mer.

Un regard averti saura reconnaître, dans la foule des gens bronzés, qu'ils fassent leur jogging ou se contentent de s'allonger au soleil, un monde occupé à des activités diverses. Car le curieux qui s'attache à observer ce microcosme découvre des habitudes et des manières de se comporter propres aux riches et aux pauvres qui cohabitent à Rio.

Une image de la ville

C'est sur la plage, *praia* en portugais, que les habitants de cette gigantesque métropole viennent lire, bavarder, flirter, courir, faire de l'exercice, rêver, s'abandonner à la médi-

plages, et, à cette saison, même pendant la semaine, elles ne sont jamais désertes.

Il est amusant de se poster sur la promenade, de préférence un dimanche matin (c'est le meilleur moment pour se livrer à cet exercice), et d'observer cette « ville dans la ville ». Les premiers arrivants sont les « professionnels » de la plage : les surveillants de baignade, les marchands ambulants, les moniteurs de gymnastique et les professeurs de natation. Viennent aussi ceux qui organisent l'espace balnéaire et installent des filets de volley-ball, des chaises et des salons particuliers pour les privilégiés qui habitent le long du front de mer.

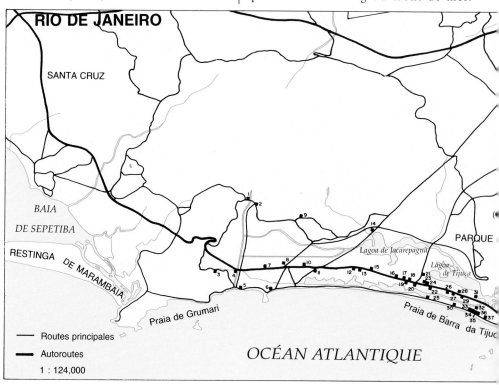

tation et même conclure des affaires. La plage est à la fois une garderie pour les enfants, une cour de récréation, une salle de lecture, un terrain de football ou de volley-ball, un bar pour célibataires, un restaurant, une salle de concerts, un centre de gymnastique ou encore un bureau. Parfois, quelques-uns font trempette, histoire de se rafraîchir, avant de retourner à des activités plus importantes. Pendant les week-ends d'été, tout Rio se donne rendez-vous sur les

Certains de ces professionnels exercent depuis des lustres leur service sur le sable et sauraient, si on le leur demandait, faire œuvre de véritables historiens de la plage.

Ensuite viennent les adorateurs du soleil, parmi lesquels figurent les splendides Cariocas couleur café aux formes généreuses, à peine vêtues du célèbre bikini — réduit à des proportions si discrètes qu'on l'appelle communément *fio dental* (« fil dentaire » !).

Sur cet espace, qui apparaît comme l'un des plus démocratiques au monde, cohabitent parfois des personnalités de la *jet society* et des habitants des favelas, à flanc de montagne. La rencontre que le romancier américain John Updike a imaginée dans son livre *Brésil* (1994), entre Isabel, jeune fille blonde des beaux quartiers, et Tristão, jeune Noir de la favela, n'a rien d'impossible en elle-même.

Un spectacle permanent

Se montrer sur la plage est une ardente obligation. Même quand le thermomètre

préférence dans les *pagodes* (voir p. 152). Enfin, la plage est insensiblement devenue le lieu de pratique du jogging, importé des États-Unis. Cette activité, que d'aucuns considèrent comme bonne pour garder la forme (même si elle est pratiquée dans un environnement passablement pollué), a remplacé, pour la bourgeoisie, la pratique des bains de mer.

Comme il fait chaud, le *chopp* (prononcer « choppie »), bière blonde à la pression vendue en gobelet par des marchands aux pieds nus, est la boisson favorite des Cariocas. Si l'on ne tient pas à boire d'alcool, des buvettes installées çà et là sur le bord des

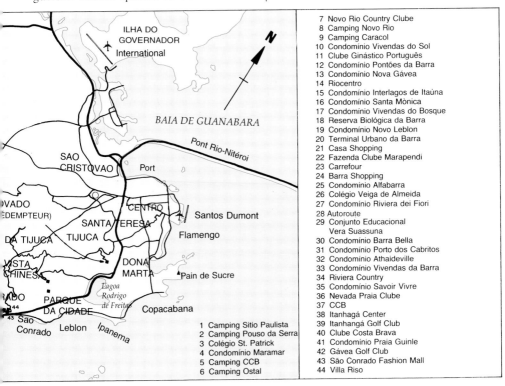

ILHA DO GOVERNADOR
International

BAIA DE GUANABARA

Pont Rio-Nitéroi

SAO CRISTOVAO
Port
Santos Dumont
Flamengo
CENTRO
SANTA TERESA
TIJUCA
DONA MARTA
Pain de Sucre
Lagoa Rodrigo de Freitas
Copacabana
PARQUE DA CIDADE
Sao Conrado   Leblon   Ipanema

VADO (REDEMPTEUR)
DA TIJUCA
VISTA CHINESA

7 Novo Rio Country Clube
8 Camping Novo Rio
9 Camping Caracol
10 Condomínio Vivendas do Sol
11 Clube Ginástico Português
12 Condomínio Pontões da Barra
13 Condomínio Nova Gávea
14 Riocentro
15 Condomínio Interlagos de Itaúna
16 Condomínio Santa Mònica
17 Condomínio Vivendas do Bosque
18 Reserva Biológica da Barra
19 Condomínio Novo Leblon
20 Terminal Urbano da Barra
21 Casa Shopping
22 Fazenda Clube Marapendi
23 Carrefour
24 Barra Shopping
25 Condomínio Alfabarra
26 Colégio Veiga de Almeida
27 Condomínio Riviera dei Fiori
28 Autoroute
29 Conjunto Educacional Vera Suassuna
30 Condomínio Barra Bella
31 Condomínio Porto dos Cabritos
32 Condomínio Athaideville
33 Condomínio Vivendas da Barra
34 Riviera Country
35 Condomínio Savoir Vivre
36 Nevada Praia Clube
37 CCB
38 Itanhagá Center
39 Itanhangá Golf Club
40 Clube Costa Brava
41 Condomínio Praia Guinle
42 Gávea Golf Club
43 São Conrado Fashion Mall
44 Villa Riso

1 Camping Sitio Paulista
2 Camping Pouso da Serra
3 Colégio St. Patrick
4 Condomínio Maramar
5 Camping CCB
6 Camping Ostal

approche les 50 °C, les volleyeurs ne manqueraient pour rien au monde leur rendez-vous hebdomadaire, quand il n'est pas quotidien. Les joueurs qui se démènent sur le sable brûlant ont peut-être pour certains des allures d'apollons, mais ce sont en fait plutôt des banquiers, des agents de change ou des cadres de multinationales.

Parmi les autres loisirs figurent l'incontournable football, le *frescobol*, jeu de balle dans l'eau, et la samba, qu'on va écouter de

plages proposent de la noix de coco gelée et consommée après avoir été fendue d'un simple coup de machette.

Les amoureux de musique noteront que chaque vendeur a son rythme et sa mélodie, qui contribuent à enrichir la polyphonie de la plage tropicale.

Bien loin de cette agitation, des pêcheurs se postent à l'extrémité de Copacabana ou montent à bord de canots et ramènent des poissons destinés à la vente à la criée. Le soir, à l'heure où la foule disparaît, des pêcheurs solitaires tentent, quant à eux, leur chance sur le sable.

Loin du romantisme des amoureux qui se promènent sur la plage, des chasseurs de trésors vivent au jour le jour, comme de nombreux Cariocas. A toute heure, ils passent le sable au peigne fin, en quête d'objets de valeur oubliés par des personnes distraites : boucles d'oreilles, montres, bracelets, pièces de monnaie... Mais, bien souvent, ils ne parviennent à mettre au jour que des petites culottes ou des reliefs de piqueniques, qui ont un intérêt plus sociologique qu'immédiatement commercial.

Saint-Sylvestre sur le sable

Il peut s'agir enfin d'adeptes de l'*umbanda* (rituel afro-brésilien, voir p. 113) qui déposent des offrandes destinées à Iemanjá, la déesse mythique de la mer. Le 31 décembre, les plages de Rio deviennent une sorte de gigantesque plateau de tournage, avec des cérémonies d'*umbanda* présidées par des femmes qui fument de longs cigares afin d'éloigner les mauvais esprits. Les tambours se font entendre tout le long de Copacabana et d'Ipanema, et des milliers de Cariocas et de touristes, vêtus de blanc en hommage à Iemanjá, s'acheminent vers les plages. Ces

Aux yeux des initiés, la plage est le théâtre de menus faits qui sont parfois mémorables. Il peut s'agir, par exemple, d'une superbe jeune femme qui, tout simplement, enfile ou ôte son bikini, apparemment indifférente à ses voisins du moment. Il peut s'agir aussi d'un artiste de variétés oublié depuis longtemps qui exhibe des photographies de l'époque à laquelle il côtoyait Frank Sinatra et qui chante en souvenir du bon vieux temps, attendant de récolter quelques pièces. Il peut s'agir encore des tatoueurs qui proposent leurs services, et des gardes de sécurité des grands hôtels qui protègent leurs clients contre les voleurs à la tire.

cérémonies font de la fête du nouvel an à Rio l'une des plus fascinantes du monde.

Feux d'artifice, spectacles de musique pop, films gratuits, et même campagnes politiques, concourent à animer la plage. Les annonceurs visent tout particulièrement les vacanciers du dimanche. Ce jour-là, des avions volent au-dessus du rivage en traînant des banderoles ornées d'annonces publicitaires : promotion de films, de spectacles, adresses de restaurants...

La plage est le terrain idéal du culte du corps : ci-dessus, on s'offre au soleil en pensant à parfaire son bronzage ; à droite, un jeu de ballon sollicite le corps tout entier.

Il arrive même que les forces aériennes militaires elles-mêmes entrent en scène pour présenter leurs meilleurs pilotes et leurs tout derniers appareils. A ces moments, on pourrait avoir la fâcheuse impression qu'une attaque venant du ciel est en train d'avoir lieu. D'ailleurs, lors du coup d'État, en 1964, de nombreux Cariocas prenaient un bain de soleil pendant que les chars d'assaut entraient en action.

Durant le week-end et les vacances, c'est le bord de la mer qui rythme la vie de la cité : on peut dire qu'il y a chaque jour un « avant » et un « après » la plage. Celle-ci est au cœur d'une partie de la culture carioca,

en tout cas la plus exportable. Elle a inspiré des chansons célèbres comme *Wave* ou *A Garota de Ipanema* (voir p. 138), écrites par Tom Jobim, des tableaux, des pièces de théâtre et des romans.

Plage et société

Certains sociologues brésiliens n'hésitent pas à affirmer que la plage a une utilité sociale, en raison du fait qu'elle aplanit les disparités sociales et qu'elle sert de soupape de sûreté. Elle est un lieu ouvert à tous les habitants de la ville, sans exception. Ce libre accès à la mer contribuerait à atténuer l'infortune des *favelados*.

La misère serait-elle donc, comme on le dit parfois, moins difficile à supporter au soleil ? Quoi qu'il en soit, les plages de Rio ne sont pas un symbole de démocratie et d'intégration aussi parfait que celui qu'on veut bien décrire. Les *postos* (anciens postes de sauvetage, voir p. 110) sont autant de frontières entre chaque groupe, selon le milieu social et les affinités de ses membres.

En outre, tous les habitants de Rio n'ont pas le privilège de vivre à proximité de la mer. Il existe dans le nord de la métropole une zone immense, éloignée de l'eau azur de l'Atlantique et de sa fraîche brise. Même si, au début des années 90, des lignes d'autobus qui traversent la ville du nord au sud ont été mises en place, donnant un accès plus facile aux habitants de ces quartiers.

Il est inutile de dire que les Cariocas du Sud ont pris la chose comme un outrage. Ils accusent les « gens du Nord » de salir leurs plages, mais en pure perte. Ces derniers débarquent de plus en plus nombreux. Ils investissent certaines parties d'Ipanema et de Leblon, se faisant ainsi à leur tour une place au soleil. Les plages snobs se sont par conséquent déplacées vers Barra et au-delà. En outre, la pollution (sorties d'égouts, polluants industriels) a tendance à décourager de plus en plus de baigneurs, bien que les plages aient été réhabilitées en 1992, à l'occasion, comme il se devait, de la conférence de Rio sur l'environnement.

Tenues de plage

En fin de semaine, les bars du front de mer, notamment ceux de Copacabana, ont l'air de n'être qu'une simple extension de la plage. Sur l'Avenida Atlântica, il est ainsi tout à fait banal de croiser des hommes en maillot de bain et des femmes à peine vêtues d'un short minuscule ou d'un pagne, la *tanga*. Et tandis que, presque partout dans le monde, les futures mères évitent de se montrer sur la plage ou ne s'y rendent que couvertes des pieds à la tête, à Rio, une femme enceinte se laisse aller, sans ressentir de fausse honte, sur le sable en bikini. En revanche, en dépit d'une brève apparition au début des années 80, le monokini ne s'est jamais généralisé à Rio.

A gauche, un vendeur de thé glacé fait une pause; à droite, la vie, y compris sur le sable, ne se conçoit pas sans quelques mesures de samba.

UNE TERRE DE BRASSAGE

Rio de Janeiro décline toutes les couleurs du Brésil, et ce plus que n'importe quelle autre ville. Elle expose fièrement ses trois couleurs principales, le noir, le blanc et le brun. A chaque coin de rue, sur chaque plage, le passant peut constater le mélange de l'Indien natif, du colon portugais et de l'esclave africain.

Cette diversité physique et culturelle contribue pour une bonne part à l'intense vitalité de la métropole. Ne dit-on pas qu'à l'esprit d'initiative européen se sont alliés le rythme et le flegme de l'Afrique, et l'ingéniosité de l'Indien d'Amérique ? Ce sont là des clichés faciles. Mais ce brassage est sans conteste source de richesse. Même si le modèle d'intégration brésilienne n'est pas exempt de contradictions.

Les origines du peuplement

La variété des groupes ethniques de Rio s'explique en grande partie par des migrations internes. Au XIXᵉ siècle, après le déclin de la ruée vers l'or, les Africains d'origine nagô quittèrent l'État de Minas Gerais et vinrent se mêler aux esclaves bantous du Rio colonial. A partir de 1877, la sécheresse dévasta le Nordeste, et les Noirs d'origine yoruba migrèrent en masse de Bahia vers Rio.

Statistiquement, Rio est donc aujourd'hui la ville la plus représentative du pluralisme ethnique du Brésil. Autant qu'on puisse le savoir, le pays dans son ensemble comprend 55 % de Blancs, 39 % de mulatos et 6 % de Noirs. Sur les 6 millions de Cariocas, cette proportion se révèle assez nettement différente : 63 % de Blancs, 27 % de mulatos et 10 % de Noirs.

Ce creuset a favorisé l'émergence d'un langage destiné à préciser l'origine de chacun. Bien des termes à connotation péjorative dans d'autres parties du globe demeurent totalement anodins au Brésil. Que signifierait en effet l'expression « gens de couleur » chez un peuple composé pour moitié de métis ?

Peu de villes présentent un aussi grand brassage de peuples que Rio.

Le « mulato »

Dès le début de la colonisation, on vit apparaître les premières personnes au sang mêlé. Les enfants nés d'unions entre Portugais et femmes indiennes, les premiers vrais Brésiliens, furent appelés *mamelucos* ou *caboclos*. Au fil du temps émergèrent les *cafuzos*, de sang indien et noir, et les *mulatos*, de sang noir et blanc. Aujourd'hui, l'acception de ce dernier terme s'est élargie et symbolise le représentant type du creuset brésilien. N'est pas *mulato* qui veut : le vrai *mulato* porte en lui les gènes de peuples des trois continents. Plus récemment s'y sont ajoutés les *ainocos*, nés d'un mélange d'immigrés japonais et de Brésiliens du Sud.

Beaucoup de gens voient précisément dans ce brassage l'un des principaux attraits de Rio de Janeiro. Cette réaction a engendré une théorie baptisée « solution des *mulatos* » : Rio, comme le Brésil, aurait résolu les tensions raciales grâce à un mélange croissant de la population, notamment dans le sens de son « brunissement ». Si l'on entend par ce dernier terme « accroissement de la population mulâtre », les statistiques confirment cette théorie : 21,2 % de *mulatos* en 1940 et 38,5 % en 1980. En revanche, dans la même période, la population noire est tombée de 14,6 % à 5,9 %.

Races et cultures

L'abolition de l'esclavage, qui eut lieu en 1888, soit deux décennies après les États-Unis, a coïncidé avec des controverses sur la question des races. L'*Essai sur l'inégalité des races humaines* (1853-1855), d'Arthur de Gobineau (1816-1882), ainsi que les ouvrages de Gustave Le Bon (1841-1931), auteur de *La Psychologie des foules* (1895), furent beaucoup lus au Brésil. Leurs auteurs eurent de nombreux disciples brésiliens, tel Oliveira Viana.

Contre ce racisme, quelques voix protestèrent, comme celle de Sílvio Romero (1851-1914), auteur de la première *Histoire de la littérature brésilienne*, qui montrait l'apport des cultures noires au Brésil.

Il fallut cependant attendre les années 30 et les débuts de l'anthropologie brésilienne pour voir réhabiliter le brassage des races.

Au premier rang de cette discipline se trouvait l'écrivain et sociologue Gilberto Freyre (1900-1987), qui, dans *Maîtres et esclaves* (1933), a étudié le Brésil depuis l'époque de l'esclavage. Il a montré par ce travail comment les Blancs, les Noirs et les Indiens, depuis les débuts de la colonisation portugaise, ont noué des rapports complexes et comment le Brésil est né de ce mélange. Cette œuvre fait date en sociologie; cependant, rien n'empêche de la lire comme un roman passionnant qui raconterait l'histoire du pays. Freyre fut aussi l'organisateur du premier congrès d'études afro-brésiliennes, en 1934.

devient proprement fascinant. La population blanche partage souvent les croyances africaines de l'*umbanda* (voir p. 113) et du candomblé (culte proche du vaudou, pratiqué dans l'État de Bahia), et il existe un syncrétisme entre les cultes européens et les rites africains. La plupart des Cariocas — qu'ils soient pratiquants ou non — s'affirment pourtant d'abord catholiques.

L'héritage religieux africain a marqué les mœurs brésiliennes et l'image du pays chez les étrangers. Une scène mémorable du film *Orfeu Negro*, tourné par Marcel Camus en 1959 pendant le carnaval, en témoigne. Le réalisateur y exploite avec

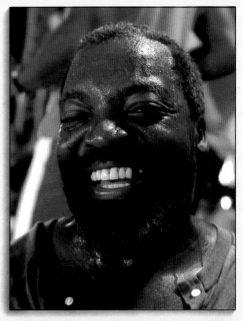

La dimension anthropologique confine souvent à l'étude du religieux, comme c'est le cas chez Roger Bastide (1898-1974), ethnologue français qui fit partie des parrains de la nouvelle université de São Paulo, fondée en 1938. Il y enseigna de cette date à 1951, avant de regagner la France. Dans le domaine religieux, il est notamment l'auteur du *Candomblé de Bahia, rite nagô* (1959) et des *Religions africaines au Brésil* (1960).

Une foi pluraliste

C'est bien dans le domaine des religions que le mélange de couleurs et de cultures

bonheur certains stéréotypes liés à la religion brésilienne. On y voit la silhouette d'une vieille femme noire fumant la pipe, entourée de spirites qui psalmodient dans de longues robes flottantes et croulent sous les grigris. Grâce à cette médium noire, l'« Orphée noir » de Marcel Camus peut communiquer avec l'esprit d'une Eurydice disparue, dans une atmosphère bruyante et enfumée.

Les médiums expérimentés se laissent posséder par des esprits séculaires, qui s'installent chez eux comme de vieux amis, pour bavarder avec les « patients ». Ces derniers viennent prendre conseil et connaître l'avenir. Parfois, ils demandent une faveur, l'intervention de l'esprit dans une histoire d'amour ou de l'aide pour trouver un emploi.

La clientèle de ces médiums appartient à tous les milieux sociaux. Dans *Ésaü et Jacob*, le grand romancier du XIXe siècle Machado de Assis ouvre son récit par une séance *umbanda*. La médium noire prédit à sa cliente blanche enceinte qu'elle va donner naissance à des garçons jumeaux qui se disputeront sans cesse à propos de l'argent et des femmes. La suite du roman montre que la prophétie se réalise. Dans les banlieues de Rio, les couples blancs appartenant à la classe ouvrière, voire à la

aussi rose. Y aurait-il une face cachée de Rio de Janeiro ?

En effet, la population carioca « brunit » à mesure que l'on s'éloigne dans ses banlieues, loin des quartiers résidentiels du bord de la mer. Copacabana compte 85 % de Blancs. A 20 km du centre de la ville, les classes ouvrières et moyennes de Meier sont blanches à 65 %. Quinze kilomètres plus loin, de l'Avenida Brasil à Bangu, la population blanche est à peine majoritaire. Dix kilomètres au-delà de Bangu, dans la banlieue ouvrière de Santa Cruz, il y a plus de 50 % de Noirs et de *mulatos*. Cette différence correspond bien entendu à

bourgeoisie, se marient souvent deux fois : d'abord un rituel *umbanda* interminable, puis une messe catholique.

La répartition des richesses

Sur les plages tropicales de la métropole, 6 millions de personnes, parmi lesquelles un tiers de Noirs et de métis, se dorent au soleil. Comment ne pas croire en un Rio *mulato* et fier de l'être, dans son identité raciale, mais aussi culturelle ? Toutefois, la réalité n'est peut-être pas aussi simple ni

A gauche et ci-dessus, quelques visages attestant la mosaïque de races à Rio.

l'échelle des salaires. Les Cariocas noirs et *mulatos* gagnent nettement moins que les Blancs.

Depuis quelques années, des voix s'élèvent dans le milieu politique pour critiquer les discriminations avec une virulence nouvelle. Pour les défenseurs de la cause noire, la « solution du *mulato* » n'est qu'un leurre qui se heurte à la dureté de la vie quotidienne. C'est, à les écouter, une belle image qui permet d'escamoter la question du racisme derrière celle des disparités sociales. On parle de la misère ; on ne parle pas de la couleur de peau. Or, pour beaucoup de Noirs, pauvre est synonyme de noir.

SIGNES DE RICHESSE

Les idées, les gens, les objets, les endroits, rien n'échappe à la passion du classement social des Cariocas. La frontière est étanche entre la société dite sélect et le reste de la population.

Voici quelques indices pour mieux comprendre les clés du statut social à Rio.

La voiture

Les pauvres n'ont pas de voiture. Mais les heureux propriétaires subissent une hiérarchie impitoyable. Pour la jeunesse dorée, la vraie voiture est forcément importée, d'un noir brillant et à quatre roues motrices. Pour leurs aînés, la dernière Mercedes s'impose.

Maisons au bord de la mer

La plage étant capitale, il est indispensable de vivre en front de mer. Et quand on en a les moyens, autant faire construire sa maison secondaire à Búzios ou à Angra dos Reis. Le *nec plus ultra*? Posséder une île. Mais il faut obtenir la permission de la marine brésilienne. Si l'on est très riche, on pense aussi aux charmes de la montagne.

Les terrasses sur les toits

Habiter en front de mer, c'est bien; occuper un appartement en terrasse d'un immeuble face à l'Océan, c'est mieux. Pour avoir la meilleure place au soleil et dominer les autres. Et pourquoi pas un duplex, voire un triplex? On peut choisir n'importe quelle plage de Rio, mais la flambée immobilière concerne surtout Ipanema.

Également très prisées, les belles maisons à flanc de colline, enchâssées dans l'écrin vert de la Floresta da Tijuca et protégées du bruit et de la pollution du rivage.

Les quartiers

La ville est divisée en deux parties par la Serra da Carioca, dans le Parque Nacional da Tijuca. La *zona sul*, notamment dans la

Dans la société des gens fortunés, il n'y a guère mieux que de posséder une maison surplombant la mer.

bande allant de Copacabana à Barra da Tijuca, est occupée par les classes aisées, tandis que les autres habitent dans la *zona norte*. Grâce à Copacabana, **Ipanema** tient le haut du pavé depuis les années 60. Mais d'autres plages se hissent aujourd'hui à son niveau, notamment **Leblon**, **Gávea** et **São Conrado**. Quand un vieux quartier voit sa cote devenir meilleure, il est rebaptisé, à l'instar de Leblon, appelé « Haut-Leblon ».

Certes, la Lagoa Rodrigo de Freitas prolonge naturellement Ipanema et Leblon, mais la beauté de la lagune suffirait à justifier sa bonne réputation. Heureusement, celle-ci n'est plus abîmée par la pollution et par les odeurs fétides venant des eaux usées que l'on laissait se déverser dans la Lagoa.

Comme partout, le statut social d'une personne est en rapport direct avec la valeur de ses propriétés immobilières. La cote d'un quartier obéit à plusieurs paramètres : densité de population, qualité de vie, proximité de la plage et, par-dessus tout, beauté du site. Complètement saturée, la plage de Copacabana est définitivement hors de course, et Ipanema prend le même chemin. **Barra da Tijuca** a donc le vent en poupe. Aux riches citadins en quête d'une adresse élégante, la plage offre encore sa vaste étendue et un site préservé.

Un style de vie international

Les Brésiliens ne se considèrent pas comme des Latino-Américains. Le même phénomène se reproduit à l'échelon de Rio : ses habitants, très attentifs à la position sociale, ne se tiennent pas pour de simples Brésiliens. A l'image de leur ville, ils sont internationaux, sophistiqués, bref, universels. Si l'on aime voyager, on ne se contente pas de son pays. On préfère les produits importés à ceux du Brésil; on s'arrache les livres étrangers, mais on néglige la littérature nationale.

L'anglais

L'anglais est omniprésent dans la métropole. Boutiques, restaurants et coiffeurs dernier cri affichent tous une prédilection pour des noms étrangers, surtout anglais. Quand il s'exprime, le Carioca laisse négligemment échapper quelques mots et expressions de la langue de Shakespeare. Il arrive souvent que l'équivalent brésilien n'existe pas, ou soit jugé inférieur. Le terme *performance* est un *must*, les bars proposent des *happy hours*, les hommes d'affaires créent des *joint ventures*, les marchés financiers échangent des *blue chips* (actions triées sur le volet), les ordinateurs sont du *hardware* et fonctionnent à l'aide de *softwares*, les consommateurs se rendent dans les *shopping centers* (centres commerciaux). Pour être *smart*, parlez anglais.

Le carnaval

Ceux des classes aisées fuient la fièvre du carnaval et se réfugient à la montagne ou à

de répéter une ou deux fois avec les écoles de samba.

Autrefois, ces exercices étaient prétexte à de folles nuits dans les quartiers pauvres. Aujourd'hui, les écoles gagnent en considération, et certaines commencent à organiser des répétitions dans la *zona sul*. Ce nouvel engouement pour le défilé se traduit par le nombre croissant de personnalités cariocas qui dansent avec les écoles.

La samba

Outre le défilé du carnaval, la samba fait l'objet d'un engouement certain. Jadis

la mer. Ils ratent sans doute l'occasion de se montrer. Le dernier chic? Assister, de sa loge privée (avec repas servis par un traiteur), au défilé des écoles de samba. Mais tout le monde rêve d'être invité à la *feijoada* du carnaval organisée par Ricardo Amaral, une célébrité qui possède l'Hippopotamus, le club privé le plus fermé de la ville.

Un autre traitement de faveur consiste à participer au défilé d'une école de samba. Ce n'est pas une nouveauté pour les membres de la communauté étrangère de Rio, mais depuis peu, certaines agences intègrent cette activité dans leurs voyages organisés, pour les touristes qui veulent être de la fête. Il suffit d'acheter un costume et

réservées aux classes défavorisées, cette musique et cette danse séduisent les hautes sphères de la société, qui les associent à un style de vie bohème. Bref, la bourgeoisie s'encanaille et aime ça. Les clubs de samba se développent dans le centre-ville, à Barra da Tijuca et dans des localités de la *zona norte*. L'univers de la samba se découvre bien un lundi soir au Morro da Urca, où l'école **Beija Flor** donne un beau spectacle. Ne pas manquer non plus de se rendre à la **Scala** et à la **Plataforma 1**. Ces deux boîtes de nuit préparent le défilé du carnaval.

Le disco est désormais « out ». En revanche, certains inconditionnels de jazz se retrouvent toujours dans les temples de cette musique, à savoir **Jazzmania**, **People's** et **Mixtura Fina**. Dans les *pagodes*, des musiciens de samba improvisent, tandis que l'on danse et que l'on chante.

Les générations nouvelles préfèrent les rythmes technos des raves. Ne partez pas sans avoir vu (sans avoir été vu serait plus juste), au **Metropolitan**, des étrangers excentriques comme Jean-Paul Gaultier.

Nourriture et boissons

Les prix les plus élevés concernent les produits d'importation. Les Cariocas apprécient tout de même certains produits nationaux : les excellentes bières brésiliennes — plutôt une pression (*um chopp*) qu'une bouteille (*uma cerveja*) et toujours servie bien glacée (*bem gelada*) —, les jus de fruits et l'*aguardente*, ou *cachaça*. Cet alcool de canne à sucre entre dans la composition de nombreuses *batidas* (*cachaça*, sucre et jus de fruits) et dans celle du cocktail national, la *caipirinha* (*cachaça*, citron vert, sucre et glace pilée). Mais on apprécie davantage les produits étrangers. En tête de liste, le scotch, la vodka, le gin ou, à défaut, le rhum. Le bourbon n'a jamais pris au Brésil, mais les snobs irréductibles ne manqueront pas d'exhiber une bouteille de Jack Daniels ou de Southern Comfort.

Il faut savoir qu'au Brésil tous les alcools étrangers supportent de lourdes taxes à l'importation qui font grimper en flèche les prix dans les bars. Longtemps jugés inférieurs aux vins importés, les crus brésiliens s'améliorent d'année en année. On préfère le blanc au rouge.

Bien qu'il apprécie les cuisines étrangères, le Carioca qui se respecte savoure sans se lasser la *feijoada* (voir p. 116), un plat bien brésilien. Les initiés se rendent au **Caesar Park Hotel**, mais les fins gourmets optent plutôt pour le **Sheraton**.

Restaurants et bars

Tous les ans, de nouveaux arrivants entrent dans l'arène. Il s'agit d'arriver en bonne place et de s'y maintenir. Certains ne savent plus quoi inventer pour appâter le chaland. Il faut coûte que coûte séduire ceux qui comptent pour la réputation. Avec de la chance, le travail sera payant, et le rêve deviendra réalité : une bonne critique dans le carnet mondain de Zozimo. Malheureusement, chaque année, bars et restaurants remplissent la rubrique nécrolo-

A gauche, sur le très sélect golf de Gávea; ci-dessus, tout Carioca soucieux de son prestige social rêve de posséder une Mercedes.

gique, et très peu atteignent la consécration. Mais même pour ceux-là, le combat continue. Gare aux faux pas : une légère baisse de qualité, le départ d'un grand chef, de la margarine au lieu de beurre dans une sauce béarnaise, à la moindre incartade, le restaurant perd les lauriers qu'il avait eu tant de mal à décrocher.

La Saint-Sylvestre

Il est toujours de bon ton de se montrer dans une soirée. Mais peu de fêtes parviennent à égaler celles du nouvel an. Le roi des réveillons est **Le Saint-Honoré**, restaurant

Les femmes

Les Cariocas, ultramachistes, ne leur parlent pas, mais c'est leur principal sujet de conversation. La femme compte beaucoup dans le paraître social d'un homme. Elle doit être jeune, de belle allure, sensuelle, habillée à la dernière mode, d'une fidélité à toute épreuve et, accessoirement, intelligente... Fort heureusement, pour les jeunes femmes actives, la situation évolue.

Car c'est un fait : le paraître coûte cher aux classes moyennes. Les femmes quittent donc la maison pour intégrer le monde du travail. La nouvelle Carioca prend de l'assu-

de l'hôtel Méridien. Un *must* : le feu d'artifice tiré sur la plage de Copacabana pour accompagner les cérémonies de *macumba*.

Le mieux, pour cette occasion, est d'assister au spectacle à partir du yacht d'un millionnaire. Il faut non seulement se trouver aux premières loges, mais encore embarquer sur le bon bateau, pour paraître dans le carnet mondain de Zozimo.

On s'en serait douté, les yachts sont un signe extérieur de richesse, mais ils ne sont pas légion. Rio ne compte que deux marinas, dont le très sélect Rio de Janeiro Yacht Club, qui se targue d'avoir rejeté trois fois la demande d'adhésion de Roberto Carlos, le grand chanteur pop au Brésil.

rance et nourrit de légitimes ambitions professionnelles. Rebelle à certains clichés, elle impose une société assez nouvelle, dans laquelle le macho n'a plus sa place. Cependant, les plus libérales obéissent à une règle : tout sacrifier à leur beauté, indépendamment des grossesses, de la carrière ou de l'éducation des enfants. Car les hommes importants s'entourent de jolies dames, et ceci n'est pas près de changer.

Si les femmes de Rio rejettent les féministes américaines, ce n'est pas à cause de leurs idées, mais du fait de leur physique, trop négligé. Peu importe qu'une Carioca réussisse sa vie professionnelle ou acquière son indépendance. A Rio, pour être femme, il *faut* être belle. Tous les moyens sont bons, y compris la chirurgie esthétique. On est tenue alors de bien choisir et de se faire opérer par le plus grand, Ivo Pitanguy.

Tenir la forme

Lorsqu'il s'agit de garder la ligne, cela tourne à l'obsession. Les clubs de gymnastique fleurissent, mais quand on appartient à l'élite, il ne faut pas se tromper. Le jogging a encore la cote, mais rien ne vaut un bon marathon à Boston ou à New York. Pour le surf, le top c'est le *hand gliding*. Quant au tennis, il disparaît devant le squash.

et les T-shirts portant ses couleurs, le noir et le rouge, sont partout. Malgré un certain déclin, dû en particulier au transfert à l'étranger de ses vedettes, il reste le club le plus populaire.

Ses principaux adversaires sont Vasco de Gama et Fluminense (« Flu »). Un quatrième club, Botafogo, attire la sympathie, car, jusqu'en 1995, c'était l'éternel perdant. Le stade géant de Macaranã, qui a accueilli jusqu'à 200 000 spectateurs, est le temple de cette fièvre du ballon rond. Les jours de matches dits classiques, opposant Flamengo à Fluminense, le stade entre en guerre. Des pétards explosent partout, et les énormes

Le football

Le *futebol* a un double statut. Pour les défavorisés, c'est une passion. Pour les gens aisés, ce n'est qu'un des aspects « importuns » de la vie brésilienne.

A Rio, les équipes dominantes font l'objet d'une véritable vénération. Les Cariocas récitent la liturgie des exploits de leurs héros aussi aisément que les prières apprises à l'église. Depuis quelques années, le plus grand club a pour nom Flamengo (« Fla »),

A gauche, quand on vit bien, on fréquente les bons restaurants; ci-dessus, les « branchés » ne perdent pas la mode de vue.

drapeaux des équipes s'agitent en tous sens dans les tribunes.

Les plages

La cote d'une plage dépend de la qualité du sable, de l'eau et des baigneurs. Copacabana est en perte de vitesse sur tous les tableaux. Ipanema fait partie des valeurs sûres, mais elle commence à prendre de l'âge. De nouvelles bandes de sable entrent en lice : **Pepino**, à l'extrémité sud de la plage de **São Conrado**, **Grumari**, **Prainha** et **Barra da Tijuca**. A l'extérieur de la ville, **Búzios** et les plages des îles de la baie d'**Angra dos Reis** raflent tous les prix.

CÔTÉ MER,
CÔTÉ MONTAGNE

En bordure de la mer se dressent des immeubles qui font la fierté des classes moyenne et supérieure. Ces bâtiments ultra-modernes manifestent l'aisance de la bourgeoisie carioca, qui les habite. Mais ce formidable rempart d'argent et de luxe laisse entrevoir, par les trouées de ses avenues, un tout autre monde, réservé à ceux qui n'ont rien ou pas grand-chose. Les bidonvilles se sont étendus en gagnant du terrain sur la végétation luxuriante qui couvrait les flancs de la Serra. Claude Lévi-Strauss en parle déjà dans *Tristes Tropiques* : « *En 1935, à Rio, la place occupée par chacun dans la hiérarchie sociale se mesurait à l'altimètre : d'autant plus basse que le domicile était haut.* »

Ces bidonvilles, appelés favelas au Brésil (voir p. 27), participent pourtant activement au folklore et à la vie économique de la *cidade maravilhosa*. C'est ainsi que les écoles de samba, qui défilent dans des costumes splendides le deuxième et le troisième jour du carnaval, viennent des quartiers pauvres. Tout comme la main-d'œuvre bon marché — que ce soit les manœuvres employés dans le bâtiment, par exemple, ou les manutentionnaires travaillant pour le compte de grandes entreprises. Et il est fréquent que les serveurs des restaurants de luxe et des clubs privés, fréquentés par les riches, ainsi que les gens de maison, habitent les favelas.

Les privilégiés

Par les belles matinées, les heureux habitants des appartements en front de mer ont devant eux le soleil se reflétant dans l'Océan. La plage, à leurs pieds, s'anime peu à peu avec l'arrivée des coureurs à pied, des pêcheurs et des surveillants de baignade. Certains propriétaires ont la chance de pouvoir admirer la baie et le Pain de Sucre ; d'autres contemplent les îles et les bateaux de passage ; d'autres encore, mais moins nombreux, jouissent, de leur terrasse, d'une vue dans toutes les directions, aussi bien vers la mer que vers la montagne.

Les appartements, quand ce ne sont pas des duplex ou des triplex, occupent souvent un étage entier. Les pièces sont couvertes de marbre contre l'humidité tropicale et les inévitables dégradations qu'elle entraîne. Le bois, précieux de préférence, est un autre matériau mis à contribution. L'ameublement reflète des goûts de luxe et les moyens de les satisfaire. Et depuis quelques années se sont multipliés les systèmes de sécurité sophistiqués et les antennes paraboliques individuelles. Les plus riches prennent à leur service plusieurs domestiques : deux ou trois employés de maison, une cuisinière, un chauffeur, si possible un homme à tout faire et, éventuellement, une bonne d'enfants.

Les Cariocas privilégiés sont satisfaits de leur position sociale et n'éprouvent aucun complexe face aux millionnaires américains ou asiatiques. Nombreux sont ceux qui, à Rio même, possèdent un patrimoine important, auquel s'ajoute parfois une maison secondaire au bord de la mer ou à la montagne. Les gens riches jouissent à Rio de Janeiro d'un grand prestige auprès de la masse de ceux qui restent en bas de l'échelle sociale. Même la classe moyenne a le sentiment de faire partie d'une élite, tant la frontière qui les sépare des « autres » est infranchissable.

L'inégalité dans la distribution des richesses trace une ligne de démarcation sans appel entre les deux Rio. Les 18 % de Cariocas qui jouissent d'un niveau de vie moyen ou aisé ont les moyens de s'offrir des soins médicaux de qualité, une bonne alimentation, une instruction convenable pour leurs enfants et un logement correct. Le Rio qu'ils connaissent propose tous les biens de consommation modernes, qu'ils trouvent dans des centres commerciaux et des boutiques à la mode. Leur ville est celle des immeubles d'habitation gigantesques, des cliniques, des restaurants chics. Ils circulent dans les derniers modèles de voitures, et leurs enfants se rendent dans des écoles privées et des universités.

diales, seuls 1,5 % des salariés disposent d'un revenu annuel supérieur à l'équivalent de 100 000 francs français ; 2 % d'entre eux gagnent un revenu compris entre 51 000 et 100 000 francs par an ; 30 % gagnent entre 12 000 et 51 000 francs par an, tandis que 52 % des salariés gagnent moins de 12 000 francs par an.

A Rio, comme à São Paulo par exemple, les gens aisés jouissent naturellement des privilèges que leur permet l'argent. Il n'est donc pas étonnant qu'ils détiennent les clés du pouvoir.

Pour garder celui-ci, point n'est besoin de recourir à la force. En effet, au sommet de la

A Rio, cette situation réflète *grosso modo* celle que connaît le Brésil en général. A l'heure actuelle, dans ce grand pays, les classes supérieures, qui représentent 10 % de la population totale, se partagent 54 % du revenu national. Les 10 % les plus pauvres se contentent de 0,6 %.

Dans cet État si fier d'arriver au huitième rang des puissances économiques mondiales représentent.

pyramide sociale, amitiés et liens familiaux ont tissé un réseau de relations efficace pour celui ou celle qui est en mesure d'en profiter. C'est pourquoi une personne de la classe moyenne qui connaîtrait des difficultés d'emploi ou financières, serait mise assez facilement en relation avec des gens mieux placés, qui ne se feraient pas faute de l'aider.

Les pauvres

Environ 12 % de la population brésilienne est exclue du salariat normal et survit en exécutant de menus travaux (lavage de voitures, vente de babioles au coin des rues…) ou en s'adonnant à la mendicité. Les

Pages précédentes : une véritable ville dans la ville, Rocinha, la favela la plus importante de Rio et du Brésil. A gauche, les défavorisés mènent une existence précaire à flanc de montagne, qui contraste avec le luxe que connaît la classe aisée (ci-dessus).

Brésiliens qui ne touchent qu'un bas salaire se voient contraints d'augmenter leurs revenus par d'autres moyens, y compris celui d'envoyer leurs enfants travailler.

Si les *favelados* (habitants des favelas) de Rio ont, comme les riches, vue sur la mer et sur la Serra, ils habitent des logements qui n'ont rien à voir avec les appartements modernes. Mais la situation évolue sans cesse. Les premières masures, fragiles assemblages de planches vermoulues, cèdent peu à peu la place à des habitations plus durables, aux murs de brique et de béton. Et dans les favelas dites urbanisées, il y a l'électricité et parfois l'eau courante.

daine prise de conscience. Elle redécouvre l'existence des favelas et s'émeut devant une telle indigence. Mais, dès la fermeture des bureaux de vote, tout cela est malheureusement oublié.

Les bidonvilles s'étendent, prenant parfois des proportions effrayantes. Selon les statistiques officielles (Instituto Brasileiro de Geografia e Estatística), on comptait, en 1980, 723 000 *favelados* et 1,1 million en 1991 (sur les 5,5 millions d'habitants de la municipalité de Rio). Aujourd'hui, d'autres sources font état de 500 favelas abritant une population de 1,5 million de personnes sur les 6 millions de Cariocas. Le taux de crois-

Un *favelado* commence en général sa journée en descendant des escaliers précaires. Si de fortes pluies viennent d'avoir lieu, les ruelles très déclives qu'il doit emprunter se sont transformées en coulées de boue qui provoquent régulièrement des glissements de terrain meurtriers.

Les *favelados* vivent dans le dénuement. L'école publique, qui devrait assurer leur instruction, manque de moyens. Les soins médicaux sont à l'avenant, et la malnutrition touche toutes les familles. Exclus de la vie politique, les habitants des bidonvilles n'ont pas les moyens de se faire entendre. Curieusement, pendant les périodes d'élections, la classe politique manifeste une sou-

sance est de 5 % par an, soit le double de celui de la ville entière.

Tout d'abord situées à proximité du centre de la ville, les favelas ont ensuite grandi au rythme de la métropole. Dans les années 50, elles ont investi les montagnes derrière Copacabana, se sont étendues à Ipanema, puis à São Conrado et à Barra da Tijuca, accompagnant toujours le mouvement d'urbanisation, qui amène des créations d'emplois.

Hiérarchie dans la misère

Les favelas les plus connues, bâties à flanc de montagne, forment une mosaïque au milieu de roches grises et de la forêt. D'autres se sont créées ces dernières années dans les plaines nord et sud de Rio.

Leur existence souligne l'incroyable pression démographique à laquelle est soumise cette ville, dont la topographie limite sévèrement toute possibilité d'expansion. Depuis l'époque coloniale, les Cariocas ont choisi de vivre près de la mer et de tourner le dos aux montagnes. Ce choix, s'il a pu se révéler parfait du point de vue de l'agrément, a fait de Rio, au fil du temps, une métropole aux frontières sociales clairement définies et le cauchemar des urbanistes. Avec l'explosion du prix des terrains situés à

à s'installer toujours plus au nord. En conséquence, la durée et le coût du transport vers leur lieu de travail augmentent.

Aujourd'hui, de nouvelles vagues d'immigrants, venus des États pauvres du Nordeste et des parties peu développées de l'État de Rio de Janeiro, gonflent la demande de logements. En outre, les services publics n'arrivent pas à faire face.

Au nord, la Baixada Fluminense

Cette situation a entraîné une augmentation de la population dans la Baixada Fluminense, une plaine au nord. Là vivent,

proximité du littoral, la *zona sul* est devenue le domaine exclusif des classes moyenne et aisée.

À l'opposé, loin des plages, la *zona norte*, avec ses banlieues, est occupée par la classe laborieuse. Lotissements et favelas enchevêtrés s'étendent constamment. Çà et là se nichent quelques îlots d'habitations réservées à la classe moyenne. La crise du logement est ressenti même dans cette partie de Rio, et le prix croissant des terrains entraîne les familles de la classe défavorisée

ou plus exactement survivent, 2,6 millions de personnes. Dans ces bidonvilles, la proportion de maladies infectieuses (méningite, fièvre typhoïde, tétanos, diverses infections intestinales) et le taux de mortalité infantile approchent bien plus les niveaux du Nordeste, la région la plus démunie du Brésil, que ceux de la cité avoisinante de Rio. Dépourvue de système d'égouts et d'eau potable, noyée sous les détritus, la Baixada est une catastrophe pour la Santé publique.

Comparées à une réalité si sordide, les favelas à flanc de collines d'Ipanema ou de Copacabana ont l'air presque agréables. Chaque matin, les habitants de la Baixada

A gauche, dans une favela, les gestes les plus simples manifestent la dureté de la vie ; ci-dessus, la majorité des « favelados » est noire.

doivent supporter deux heures de car pour se rendre à leur travail, tandis que les *favelados* de la *zona sul* ont un trajet de quelques minutes. Cet avantage suffit pour faire paraître attrayantes les favelas de la zone sud au regard des plus défavorisés de la métropole. Pourtant, même pour les « Méridionaux », tout progrès social semble impossible.

A ce triste constat s'ajoute l'augmentation des loyers, dû à l'accroissement de la demande et à l'amélioration de l'habitat. Les premières favelas présentaient un double avantage : la proximité du travail et un loyer inexistant. Certes, aujourd'hui, la

Rocinha a vu le jour dans les années 40, quand des squatters se sont approprié des terrains laissés à l'abandon dans les collines au sud de Rio. Une vingtaine d'années plus tard, cette favela faisait déjà partie du paysage de la ville. A l'époque, plusieurs grands bidonvilles de Rio ont été rasés par la municipalité, et leurs habitants relogés dans des complexes d'habitation éloignés. Rocinha a échappé à ce sort, peut-être grâce à sa taille, encore modeste. Durant les années 70, elle a grossi en même temps que se développait Barra da Tijuca, un quartier voisin.

Normalement, après cinq années passées dans un même logement, les habitants

proximité reste valable, mais les *favelados* de la *zona sul* doivent s'acquitter d'un loyer, le plus souvent à un propriétaire absentéiste. L'argent ne va donc pas à la communauté.

Rocinha

Ce processus n'est nulle part aussi évident que dans la favela de Rocinha, à Rio de Janeiro, la plus grande du Brésil et probablement de toute l'Amérique du Sud. Plus de 60 000 personnes vivent dans cette fourmilière, serrées les unes contre les autres dans des baraques en brique, voire de simples cabanes.

deviennent propriétaires de plein droit. Mais à Rocinha, cette loi a très rarement été appliquée, car ce bidonville a pris une telle ampleur que tout transfert de population à ces conditions intéressantes s'est révélé impensable. Depuis peu, Rocinha absorbe des immigrants de la Baixada qui cherchent à se rapprocher de leur lieu de travail, ainsi que le trop-plein d'autres favelas de la *zona sul*. Rocinha est aujourd'hui devenue une ville dans la ville. Elle surplombe des hôtels cinq étoiles, des immeubles de classe et le terrain de golf de São Conrado.

Rocinha étant la favela la plus urbanisée de Rio, le commerce s'y est développé. Boutiques de vêtements, épiceries, bars, buvettes, pharmacies, boucheries, boulangeries et même succursales de banques permettent aujourd'hui à de nombreux *favelados* de gagner leur vie. En outre, que ce soit à São Conrado, à Ipanema ou dans d'autres quartiers chics, des habitants du grand bidonville trouvent à s'employer (comme portiers, femmes ou hommes de ménage, etc.) dans des hôtels ou des immeubles, mais ils sont sous-payés.

Depuis peu, Rocinha est devenue également la plaque tournante du trafic de drogue. Des privilégiés des riches quartiers environnants viennent s'y approvisionner en cocaïne et en marijuana. Ce commerce illi-

de comptes entre bandes rivales font fréquemment des victimes innocentes...

Autonomie ou isolement ?

Comme les pouvoirs publics manquent de moyens, les favelas jouissent d'une certaine autonomie. La peur, ou les pots-de-vin, dissuade la police d'intervenir dans un milieu hostile, et le gouvernement a renoncé à reloger les *favelados*. Malgré leurs promesses, les hommes politiques ne font presque rien pour améliorer l'urbanisme des bidonvilles. Leurs habitants montent néanmoins à l'échelle sociale, jusqu'à former une

cite s'est étendu aux autres favelas et constitue une source de profits énorme dans les milieux démunis. Les grands trafiquants, organisés en gangs, détiennent un pouvoir économique qui leur permet de contrôler toutes les favelas de la zone sud. Soutenus par les *favelados*, ces Robins des bois de la cocaïne couvrent les petits délinquants et redistribuent une partie de leurs gains à la population. Dans ces conditions, comment s'étonner que les défavorisés les aient hissés au rang de héros ? Pourtant, les règlements

A gauche, immeubles habités par des personnes de la classe moyenne à Barra da Tijuca ; ci-dessus, maisons de plaisance au bord de l'eau.

petite bourgeoisie qui se développe peu à peu avec des emplois de bureau.

Toutefois, cette évolution reste limitée, bien que Rocinha présente une densité de population digne d'une grosse agglomération. Les conditions d'hygiène déplorables, les problèmes d'approvisionnement en eau, l'unique dispensaire sous-équipé et l'absence d'école attestent, si besoin est, la détresse de ses habitants.

Mais les *favelados* de la *zona sul* estiment malgré tout avoir la « chance » de vivre à proximité de leur lieu de travail et pas trop loin de la plage. Par conséquent, ils n'échangeraient pas leur situation contre celle des habitants la *zona norte*.

ITINÉRAIRES

Quand on arrive à Rio, on est frappé d'emblée par le spectacle des mornes (*morros*), qui présentent leurs arêtes rectilignes dans la ville comme dans la baie. En effet, la montagne est omniprésente, et le centre de l'ancienne capitale du Brésil est occupé par la Serra da Carioca, qui a divisé l'agglomération en *zona sul* et en *zona norte*.

Le touriste ne connaît en général que la première, avec ses visions inoubliables : le Pain de Sucre, le plus célèbre des mornes, qui marque l'entrée de la baie de Guanabara, le Corcovado, surmonté du *Christ Rédempteur*, la forêt de Tijuca, la lagune et, bien sûr, les célèbres plages de Copacabana et d'Ipanema, sans oublier celles de São Conrado, de Barra da Tijuca et de Grumari. Bien que les quartiers résidentiels soient installés dans la zone sud, on ne peut ignorer les bidonvilles voisins, les favelas, qui sont accrochées aux morros les plus abrupts.

Mais la métropole ne se raconte pas seulement par ses plages de sable blanc et ses montagnes verdoyantes. Rio a un passé ancien qui se révèle au bord de la baie, au cœur de la cité, et sur les collines de Santa Teresa.

La ville est aussi la capitale de l'État de Rio de Janeiro, qui ne manque pas de lieux à visiter. Des excursions d'un ou deux jours entraînent le visiteur dans la fraîcheur bienvenue de cités montagnardes, telles que Teresópolis et Petrópolis, où les empereurs du Brésil résidaient volontiers pendant l'été.

Le littoral de l'État s'égrène en plages qui n'ont rien à envier à celles de la ville. Nombre de Cariocas placent Búzios au premier rang des stations balnéaires du Brésil ; d'autres lui préfèrent Angra dos Reis, d'où l'on s'embarque pour des îles tropicales. Les deux sites ne sont qu'à quelques heures de route de Rio.

Enfin, après une bonne journée de travail ou de promenade, Brésiliens et touristes affluent dans les bars et les restaurants, dont certains offrent une vue mémorable sur la métropole qui, à la nuit tombante, s'illumine de tous ses feux.

Pages précédentes : l'anse de Glória et, à l'arrière-plan, le Pain de Sucre ; moment de détente dans un jardin public ; joies du bain près de Búzios ; l'église de la Glória, ravissant souvenir de l'époque coloniale. A gauche, plongeon du haut d'un schooner.

LE RIO HISTORIQUE

Les bâtiments anciens sont relativement rares à Rio, à cause des flambées sporadiques de construction et du goût des Cariocas pour tout ce qui est moderne. En raison de la topographie de Rio, l'espace est limité, et il faut en général détruire avant de pouvoir construire. Aussi de nombreux monuments historiques ont-ils disparu, mais il existe toujours des joyaux de l'architecture à découvrir au détour d'une des nombreuses ruelles de la vieille ville, ou bien entre deux gratte-ciel.

Catete et Glória

L'histoire commence au **Palácio do Catete**, construit entre 1858 et 1867, où résidèrent les présidents du Brésil de 1896 à 1960. Depuis lors, le palais abrite le **Museu da República**, où sont conservés environ 7 000 objets et 80 000 documents. Les lieux se révèlent imposants : derrière la façade de style Renaissance italienne, les parquets et les plafonds sont magnifiques ; le mobilier, Second Empire, et les tableaux, de maîtres brésiliens.

Au premier étage, dans une salle de réunion trône la table de cabinet du premier président de la République, Deodoro da Fonseca. Le deuxième étage, qui conserve une luxueuse décoration, est occupé en partie par une vaste pièce de réception où le chef de l'État accueillait les nouveaux ambassadeurs. Et au troisième étage, on pénètre dans les appartements des présidents. C'est dans sa chambre que Getúlio Vargas se tira une balle dans le cœur, le 5 août 1954.

Dans une annexe du palais, Rua do Catete, 181, il ne faut pas manquer de visiter le petit **Museu do Folclore Edison Carneiro**, où sont présentés une bonne collection d'art populaire et des objets de cultes afro-brésiliens.

A une station de métro au nord de Catete, **Nossa Senhora da Glória do**

Le « bonde » passe sur l'Aqueduto do Carioca.

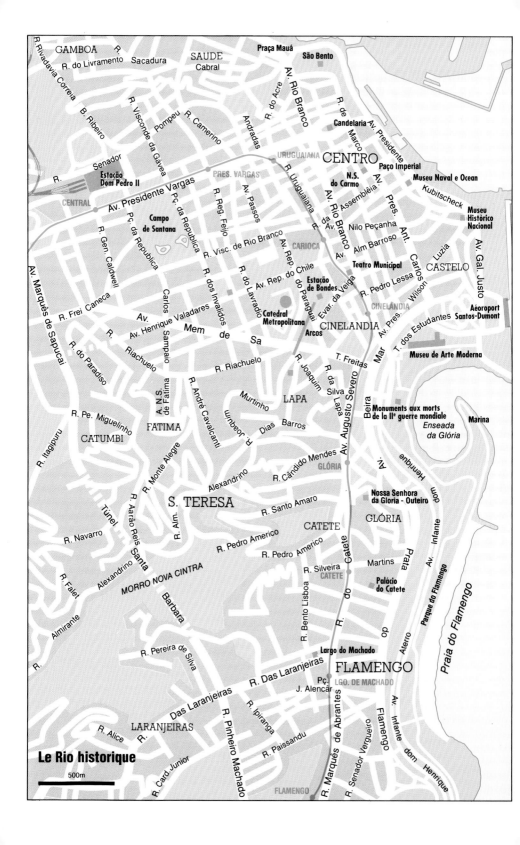

Le Rio historique

500m

Outeiro, dite communément **Igreja da Glória**, a été bâtie entre 1735 et 1745 au sommet de la colline du même nom. Cette jolie chapelle octogonale, aux proportions harmonieuses, est un joyau de l'architecture. A l'intérieur (l'entrée s'effectue par la sacristie), elle est décorée d'azulejos (carreaux de faïence émaillée, généralement bleue) du XVIIIe siècle et de bois sculptés. Par ailleurs, on peut visiter le petit **Museu da Imperial Irmandade** (« fraternité ») **de Nossa Senhora da Glória**, qui dépend de cette église.

La Praça Floriano

Cinêlandia, la station de métro suivante, est située au cœur du quartier des théâtres et des cinémas, à l'extrémité sud de l'**Avenida Rio Branco**, l'artère principale du centre. Les cafés de la **Praça Floriano** (dite le plus souvent **Praça Cinelândia**) s'animent à l'heure du déjeuner et en fin d'après-midi. Sur cette place ombragée et ornée de statues donne également le **Teatro Municipal**, qui ressemble beaucoup à l'Opéra Garnier à Paris. Depuis son inauguration, en 1909, des étoiles telles que Nijinski ou Pavlova s'y sont produites. Ce haut lieu artistique du pays abrite le mirifique **Café do Teatro** (entrée Avenida Rio Branco), dont le décor de mosaïques, pseudo-assyrien et des années 30, aurait pu être imaginé par Cecil B. De Mille.

Il suffit de traverser l'Avenida Rio Branco pour accéder à la **Biblioteca Nacional**, bâtie en style néoclassique en 1910 et riche de plusieurs millions de documents, dont deux exemplaires d'une bible en latin imprimée en 1462. Parmi les peintres qui ont décoré l'escalier d'honneur, on note le nom d'Eliseu Visconti.

A deux rues derrière la Biblioteca Nacional, au n° 16 de la Rua da Imprensa, se dresse l'un des édifices emblématiques de l'architecture du XXe siècle : le **Palácio Gustavo Capanema** (ex-**Palácio da Cultura** et ancien ministère de l'Éducation), édifié entre 1936 et 1943 sous la direction de Lúcio Costa. Ce bâtiment, qui doit beaucoup à une visite de Le Corbusier au Brésil, représente une conception radicale de l'architecture, tout à fait inédite jusqu'alors. On y retrouve bon nombre des éléments clés de l'architecture moderne (murs-rideaux, brise-soleil). Le rez-de-chaussée est orné d'azulejos de Cândido Portinari.

Le Museu Nacional de Belas Artes

En poursuivant sa promenade sur la même avenue, on ne peut manquer le **Museu Nacional de Belas Artes**. Ce bâtiment, construit dans le style de la Renaissance française entre 1916 et 1918, abrite depuis 1936 (année de la création du musée) la pinacothèque de l'École nationale des beaux-arts. Celle-ci était formée à l'origine de tableaux apportés par les artistes de la mission artistique française, artistes que le roi de Portugal Jean VI avait fait venir en 1816 pour fonder l'Académie des beaux-arts de Rio. Le musée conserve notamment de belles collections d'art européen et retrace l'évolution de la peinture brésilienne au XIXe et au XXe siècle.

Le fonds européen est composé principalement de peintures italiennes des XVIe et XVIIe siècles, d'œuvres françaises et hollandaises — notamment une *Pastorale* de Nicolas Antoine Taunay (1755-1830), un membre de la mission artistique française de 1816, et des paysages de Franz Post (1612-1680), qui, en 1637, accompagna dans le Nordeste Maurice de Nassau, lequel représentait les intérêts de la Compagnie des Indes orientales — et surtout de la plus importante collection de toiles d'Eugène Boudin (1824-1898) hors de France, acquise par la passion d'un donateur.

La peinture brésilienne académique est dominée par **Pedro Américo de Figueiredo e Melo** (1843-1905). Comme Meireles, il s'adonnait à la peinture d'histoire, un genre introduit au Brésil par les Français en 1816. Sa *Bataille d'Alvahy*, une immense composition qui rappelle des tableaux du baron Gros, met en scène un épisode de la guerre contre le Paraguay. Américo l'a peinte en cinq ans à Florence, où il résida, et elle fut amenée à Rio en 1877.

De **Vítor Meireles de Lima** (1832-1903), le musée possède, entre autres, *La Première Messe au Brésil*, où il fait preuve d'une grande maîtrise dans le réalisme et l'expression des personnages.

Eliseu Visconti (1867-1944), né en Italie, vint jeune au Brésil, où il exerça, comme professeur, une influence profonde. Il fut attiré par le postimpressionnisme et par l'Art nouveau, qu'il connut quand il séjourna à Paris.

Quant à **Cândido Portinari** (1903-1962), il est sans aucun doute l'une des figures marquantes du XXe siècle brésilien. Il se montra expressionniste dans de nombreuses décorations murales, mais plus sobre dans ses tableaux de chevalet. Le musée conserve de lui deux œuvres majeures : *Retrato de Maria* (1932) et *Café* (1934). La première semble conventionnelle. Mais, au spectateur attentif, elle révèle ses qualités : ombres aux contours irréels, expression étudiée, yeux très présents dans le fin visage du sujet. La seconde est l'œuvre d'un Portinari au faîte de son art. Elle est peinte dans différents tons de brun, et l'arrière-plan est animé de silhouettes aux rondeurs exagérées.

Les Largos da Carioca et São Francisco de Paula

Non loin du Teatro Municipal, par l'Avenida 13 de Maio, on se mêle vite à la cohue du **Largo da Carioca**, une vaste place où se donnent rendez-vous vendeurs et artistes de rue. On aperçoit, au sommet de la colline, le vieux **Convento de Santo Antônio**.

Ce couvent de franciscains fut achevé en 1780, mais l'église, la plus ancienne de Rio, a été édifiée entre 1608 et 1620. La façade est sobre, alors que l'intérieur a reçu une décoration baroque : bois sculptés, colonnes torses de l'autel, chœur doré, peintures. Comme le veut la tradition franciscaine, cet édifice ne possède pas de chapelles latérales. Le cloître se visite, mais pas la sacristie, pourtant intéressante par la richesse de son ornementation.

A côté de l'église conventuelle, l'**Igreja da Ordem Terceira de São**

Durant la journée, la foule est dense au cœur du quartier des théâtres et des cinémas.

Francisco da Penitência, construite au milieu du XVIIe siècle, est d'une rare beauté. L'intérieur fut achevé entre 1726 et 1739. Les bois sculptés et le maître-autel sont l'œuvre de Manoel de Brito, qui introduisit à Rio le style baroque. Au plafond, Caetano da Costa Coelho a peint, entre 1737 et 1740, *Saint François d'Assise recevant les stigmates.*

Si l'on s'engage dans la très commerçante **Rua da Carioca** pour rejoindre l'Avenida República do Chile, on passe, au n° 39, devant le **Bar Luiz**, la plus ancienne brasserie de Rio (1887). Jusqu'à la Seconde Guerre mondiale, cet établissement allemand, apprécié pour son atmosphère conviviale, ses *Apfelstrudel* et ses bières pression, s'est appelé Bar Adolf. Un peu plus loin sur le même trottoir, on remarque le **Cinema Iris**, construit en 1909 et restauré il y a peu. Cet élégant édifice a malheureusement été converti en endroit peu recommandable.

Avenida República do Chile, à côté du peu discret immeuble Petrobrás

L'imposante Igreja Nossa Senhora da Candelária, où les gens de la bonne société aiment à se marier.

trône la **Catedral Metropolitana**, ou **Catedral Nova**, qui peut accueillir plus de 20 000 fidèles. La forme conique de ce monument, construit entre 1964 (à l'époque des premières capsules spatiales habitées) et 1979, symbolise l'ascension des énergies humaines vers les cieux. La lumière pénètre largement dans le vaisseau par quatre vitraux gigantesques, bleu, jaune, vert et rouge.

Un peu plus au nord, au bout de la Rua de Carioca, la **Praça Tiradentes** porte le nom du chef charismatique de l'*Inconfidência mineira* (« conjuration minière »), qui y fut pendu en 1792. Cette place, créée en 1748, fut, dans le courant du XXe siècle, au cœur de la vie nocturne et bohème. Aujourd'hui, cet espace enlaidi par le béton doit son intérêt au **Teatro João Caetano**. Depuis 1810, date de sa fondation, il a été reconstruit trois fois (à la suite d'incendies), et on l'a restauré en 1979.

Juste en face, Avenida Passos, se dresse l'**Igreja da Lampadosa**, bâtie par une confrérie de Noirs en 1758. C'est dans cette église que Tiradentes

assista à sa dernière messe, deux heures avant son exécution.

La Rua do Teatro conduit au **Largo São Francisco de Paula**. Sur cette place, occupée en partie par une gare routière, est située la belle **Igreja de São Francisco de Paula**, dont la façade rococo fut commencée en 1756. A l'intérieur, la chapelle Nossa Senhora da Vitória (1813) est l'œuvre du célèbre Mestre Valentim.

Ensuite, par des rues piétonnes, on rejoint l'Avenida Rio Branco afin d'aller regarder des églises parmi les plus anciennes de la ville. En chemin, il peut être agréable de faire une pause, Rua Gonçalves Dias, 30, dans la célèbre **Confeitaria Colombo**. Depuis 1894, ce salon de thé raffiné, au décor Belle Époque, propose d'appétissantes pâtisseries.

A l'angle de l'Avenida Rio Branco et de la Rua do Rosário, l'**Igreja Nossa Senhora da Conceição e Boa Morte** fut construite entre 1735 et 1833. Ses fenêtres arrondies et décorées rappellent les hublots d'un navire.

Un peu plus loin, Rua da Alfândega, s'élève l'une des églises les plus fréquentées du centre-ville, **Santa Efigênia e Santo Elesbão**, achevée par des esclaves noirs en 1754. En 1818 y eut lieu le mariage de Pierre Ier et de Marie Léopoldine d'Autriche.

La Praça 15 de Novembro

Par de jolies rues piétonnes, on débouche sur la Rua 1 de Março et la **Praça 15 de Novembro**, dont le nom rappelle la date (15 novembre 1889) de la proclamation de la république au Brésil. Au milieu de la place se dresse la **Chafariz** («fontaine ») **da Pirâmide**, une œuvre de Mestre Valentim (1789), et à main droite, face à la baie, trône le **Paço Imperial**.

Cet édifice d'architecture typiquement coloniale fut bâti en 1743 pour servir de résidence au gouverneur de la capitainerie. En 1808, le prince régent Jean VI, frais débarqué du Portugal, s'y installa. Le palais devint ensuite « impérial », quand Pierre Ier l'habita, puis il perdit de son prestige et fut attribué à l'entreprise brésilienne des Postes et

Télégraphes. Restauré dans sa forme originelle entre 1982 et 1985, il abrite désormais un centre culturel.

En traversant la Rua 1 de Março, on accède à deux églises contiguës. La plus vaste, **Nossa Senhora do Carmo da Antiga Sé**, cathédrale métropolitaine de 1890 à 1978, était sous l'Empire la chapelle impériale. Pierre Ier et Pierre II y furent couronnés. La façade de cette église construite en 1761 était jadis considérée comme la plus harmonieuse de Rio. A l'intérieur, on doit la magnifique décoration de bois sculpté, de 1785, au maître Inacio Ferreira Pinto. Dans la crypte sont conservés les restes de Joaquim Arcoverde, le premier cardinal catholique d'Amérique du Sud, et ceux de Pedro Alvares Cabral, le découvreur du Brésil.

L'autre église, **Nossa Senhora do Monte do Carmo**, fut consacrée en 1770. Elle est réputée pour sa façade baroque, retouchée au XIXe siècle. Les clochers, recouverts d'azulejos, datent de 1850.

Dans la même rue, il ne faut pas manquer de pénétrer dans l'imposante **Igreja Santa Cruz dos Militares**, construite entre 1770 et 1811. L'église est une copie, en plus petit, de la basilique Saint-Pierre de Rome.

Rua do Ouvidor, 35, **Nossa Senhora da Lapa dos Mercadores** est une charmante et minuscule église de 1750, dont la construction fut financée par des marchands itinérants. De la coupole tombe un demi-jour dans la nef ornée de bois sculptés.

Le lacis de rues piétonnes autour de la Praça 15 de Novembro forme un quartier, au cœur du Rio colonial, où il fait bon flâner. La **Travessa do Comércio** (sur laquelle donne directement un ancien passage, l'**Arco de Teles**, face au Paço Imperial) est remarquable par ses belles maisons du XVIIIe siècle, occupées maintenant par des bureaux.

Elle est coupée par la **Rua do Ouvidor**, sur laquelle avaient pignon, jadis, tous les journaux de Rio. Dans cette rue fut posée la première ligne téléphonique commerciale, en 1877, un an à peine après l'invention de Graham Bell. C'est le journaliste Antônio

La Praça Paris, derrière laquelle se profile le centre de Rio.

Chaves qui en conçut l'installation, en s'aidant simplement des descriptions lues dans la presse étrangère.

Praça Pio X (au début de l'Avenida Presidente Vargas) s'élève l'imposante **Igreja Nossa Senhora da Candelária**, dont la première pierre fut posée en 1630. La construction de cet édifice de style néoclassique s'étala sur plus de deux siècles. La façade, commencée en 1775, est rococo. Le dôme, quant à lui, fut achevé en 1877, vingt-quatre ans avant que ne soient fixés les vantaux de bronze. Le riche décor intérieur (marbres, peintures...) en fait l'une des églises les plus luxueuses de la ville.

Les Cariocas nomment **Corredor Cultural** le nouvel ensemble constitué à partir des années 80 autour de centres culturels proposant spectacles et expositions à proximité de la Candelária : le **Centro Cultural Banco do Brasil**, dans l'ancien siège de la banque, et surtout la **Fundação Casa França-Brasil**, installée en 1990 dans un édifice colonial (d'abord Bourse de commerce, transformée presque aussitôt en Office des douanes) construit en 1820 par le Français Grandjean de Montigny.

Le Mosteiro de São Bento

La Rua 1 de Março est continuée, au nord, par la Rua Dom Gerardo. Au n° 40 de celle-ci, un ascenseur, à prendre jusqu'au 5e étage, conduit directement au parvis où se dresse la petite église du **Mosteiro de São Bento**.

A cause de sa situation stratégique, ce monastère, élevé par des bénédictins à partir de 1617, fut occupé par les corsaires de Duguay-Trouin en 1711. L'église, bien qu'elle présente un aspect très simple, est un exemple remarquable du style baroque.

En effet, à l'intérieur, les boiseries sculptées, dorées à la feuille d'or, sont exubérantes. Notons, parmi de belles œuvres, des sculptures de Mestre Valentim, des toiles de Frei Ricardo do Pilar et la statue de Nossa Senhora da Montserrat.

Le Morro de São Bento, sur lequel se trouve le monastère, est l'une des der-

Le spectaculaire décor assyrien du Café do Teatro, dans le Teatro Municipal.

nières éminences du centre de Rio. Les autres mornes furent peu à peu arasés, et leurs déblais utilisés à gagner du terrain sur la baie. Ceci explique pourquoi la Candelária, autrefois au bord de l'eau, en est aujourd'hui bien éloignée. Mais ces destructions eurent parfois des conséquences fort malheureuses. Par exemple, lorsque le Morro do Castelo fut supprimé, en 1921-1922, de rares témoins architecturaux des XVIe et XVIIe siècles cariocas disparurent avec lui.

De la Praça 15 au Castelo

A deux pas de la Praça 15 de Novembro, Rua Dom Manuel, 15, le **Museu Naval e Oceanográfico**, dans un bâtiment construit en 1899, retrace l'histoire navale du Brésil à travers des objets tels que des cartes et instruments marins du XVIe siècle, des tableaux, des maquettes de vaisseaux et des embarcations fluviales du XIXe siècle.

En continuant son chemin vers le sud-est, on arrive Praça Marechal Ancora, où donne l'entrée du riche **Museu Histórico Nacional**, créé en 1922, à l'occasion du centenaire de l'Indépendance. Il occupe les très beaux bâtiments d'un arsenal de la marine qui, en 1764, prit la place d'une forteresse du XVIIe siècle, dont les souterrains servaient de prison militaire.

Les nombreuses salles de ce musée, réparties autour de trois patios, font revivre l'histoire du Brésil, depuis l'époque de la colonisation jusqu'à l'avènement de la République. Y sont présentés des documents (notamment la proclamation de l'Indépendance et le décret de 1888 ordonnant la libération des esclaves), des peintures, des sculptures, des collections de monnaies et médailles, d'art sacré, d'arts décoratifs (mobilier colonial, vêtements, argenterie, vaisselle de toutes les époques), des armures ainsi que des objets indigènes et archéologiques. La conquête et le peuplement du Brésil sont illustrés par des peintures de Vítor Meireles et d'Eduardo de Sá. Des carrosses, dont celui de Pierre II, et une importante collection de canons de l'époque coloniale, sont exposés dans le Pátio de Canhão.

Dans une rue du centre de Rio.

La Quinta da Boa Vista

Il serait dommage, parce qu'il est situé à l'écart du centre — mais il est accessible par le métro —, de ne pas se rendre au **Museu Nacional**, dans le parc de la **Quinta da Boa Vista**. Le musée occupe depuis 1892 le Paço de São Cristovão, une fazenda construite en 1600 et donnée, en 1808, par un marchand à Jean VI. La famille impériale demeura au « Versailles des tropiques » (ainsi est surnommé le palais) jusqu'en 1889. Aujourd'hui, dans ce qui est le plus grand musée brésilien d'histoire naturelle, sont présentés des spécimens dans les domaines de la minéralogie, de la botanique et de la zoologie, et d'importantes collections archéologiques et ethnologiques. L'un des objets exceptionnels est une énorme météorite (elle pèse un peu plus de 5,3 t) trouvée en 1888 dans l'État de Bahia.

Ensuite, par des allées bien tracées, on peut se rendre au **Museu da Fauna**, puis au **Jardim Zoológico**, histoire d'aller regarder des animaux bien vivants.

SANTA TERESA

A quelques minutes des rues populeuses du centre s'étend, sur des hauteurs, le **quartier de Santa Teresa**.

D'après la légende, au XVIIIe siècle, à l'époque où le port de Rio était une des plaques tournantes du trafic d'esclaves, des Noirs s'y cachèrent pour échapper à leurs maîtres. Le quartier reçut ses premiers vrais habitants lorsqu'une épidémie de fièvre jaune chassa vers les collines ceux qui avaient pu échapper aux moustiques porteurs de la maladie.

A la fin du XIXe siècle, Santa Teresa devint résidentiel, et les bourgeois de Rio de Janeiro s'y firent bâtir des villas de style victorien. Intellectuels, artistes et personnalités à la mode ne tardèrent pas à s'installer à leur tour dans cette jolie banlieue aérée mais pas trop éloignée du centre.

Un tramway célèbre

On peut accéder en voiture à ce quartier verdoyant, mais la circulation y est très restreinte ; aussi vaut-il mieux prendre le pittoresque *bonde*, qui relie depuis 1896 le centre de Rio à Santa Teresa. Les wagons jaunes de ce tramway, dont le plus récent date de 1950, appartiennent toujours à l'État de Rio, qui assure tant bien que mal leur entretien. En tout cas, les usagers du *bonde*, qui sont nombreux, n'ont jamais permis la disparition de ce « monument historique », auquel un petit musée est consacré, dans la gare centrale du tram.

La tête de ligne est située dans le centre, près de la Catedral Nova et de l'**Aqueduto do Carioca**. Celui-ci, entre 1750 (année de sa construction) et 1896 (quand il fut transformé en viaduc), servait à acheminer l'eau du Rio da Carioca. On appelle aussi cet ancien aqueduc **Arcos da Lapa**, car ses arcades élégantes reposent sur le sol du quartier du même nom.

Après être passé sur cet ouvrage d'art, le tramway suit un tracé digne de montagnes russes. Les Cariocas s'accrochent volontiers à l'extérieur des wagons pour économiser le prix du billet. Quant aux touristes qui prennent le *bonde*, ils doivent se méfier car, depuis quelque temps, ils sont la cible de pickpockets qui sautent du tram en marche avec une agilité surprenante.

Une architecture variée

Bien que les favelas, en contrebas de la montagne, l'aient rendu peu sûr, ce quartier aux ruelles pavées et tortueuses reste certainement l'un des plus calmes et des plus charmants de Rio. Il faut gravir nombre d'escaliers aux marches polies par le temps, pour s'approcher de villas vétustes mais encore ornées de balustrades en fer ouvragé. La diversité des architectures est remarquable : un château à pignons, une église orthodoxe coiffée de son bulbe, un chalet alpin, et surtout des maisons de notables du XIXe siècle, au style parfois surprenant.

On descend au premier arrêt du tramway pour visiter le **Convento de Santa Teresa**, construit en 1750 et fort bien conservé. L'entrée est décorée d'azulejos représentant des scènes de l'Ancien Testament, et l'intérieur, de bois sculptés attribués au célèbre Mestre Valentim et de peintures remarquables.

Santa Teresa réserve au promeneur la surprise de points de vue beaux à couper le souffle. Les perspectives qui se dégagent à partir des nombreux escaliers qui mènent de Santa Teresa aux quartiers voisins de **Glória** et de **Flamengo**, en contrebas, sont souvent saisissantes. Au deuxième arrêt du tramway, le panorama sur la baie de Guanabara est parmi les plus mémorables.

Un grand musée d'art

L'étape principale d'une promenade dans Santa Teresa est le **Museu da Chácara do Céu**, dont le nom (littéralement « maison de campagne du ciel ») donne une idée de la tranquillité qui, jadis, régnait dans ce quartier résidentiel.

Vieilles maisons accrochées au flanc de la colline de Santa Teresa.

La maison, dont l'entrée est située au n° 93 de la Rua Murtinho Nobre, a été construite en 1957 par l'architecte Vladimir Alves de Souza pour Raymundo Ottoni de Castro Maya, un industriel et un amateur d'art. Celui-ci avait participé, en 1948, à la fondation du musée d'Art moderne de Rio de Janeiro, dont il était devenu le premier directeur. En 1972, le collectionneur a créé et ouvert au public le Museu da Chácara do Céu, l'un des plus intéressants du Brésil.

Le lieu choisi pour cette fondation constitue un bel écrin pour la présentation d'œuvres d'art. La façade, quand elle n'est pas cachée par les arbres, donne sur une pelouse. Des bancs invitent au repos près de fontaines ou dans des recoins verdoyants. Le jardin est l'œuvre du grand paysagiste brésilien Roberto Burle Marx, à qui l'on doit aussi l'aménagement de Flamengo et des trottoirs de Copacabana. Du parc, on embrasse d'un coup d'œil une partie de la ville, l'aqueduc et la baie de Guanabara.

Le musée présente (par rotation en raison des problèmes de conservation) des aquarelles de Jean-Baptiste Debret, membre de la mission artistique de 1816 (voir p. 79). Ces aquarelles sont le reflet de la vie à Rio au début du XIXᵉ siècle.

De grands maîtres européens modernes sont représentés : Braque, Dalí, Degas, Matisse, Modigliani, Monet, Picasso et Vlaminck.

Le *Portrait d'une jeune veuve*, d'Amadeo Modigliani, trône dans l'ancien bureau de Castro Maya. Dans la même pièce, *Deux balcons*, un petit tableau de Salvador Dalí, est de sensibilité surréaliste. Cette œuvre, où figurent d'étranges phénomènes (une roche à oreille humaine et la tête d'un homme semblant se fondre dans le sol), est caractéristique du maître catalan. En contrepartie, un Matisse, *Le Jardin du Luxembourg*, semble apaisant par ses couleurs pastel.

Au rez-de-chaussée est accrochée *La Danse*, un Picasso de 1956. Quelques coups de pinceau et un

Le « bonde » porte bien son nom !

arrière-plan coloré : cette peinture paraît avoir été exécutée par l'artiste dans un état second.

En ce qui concerne la collection brésilienne (qui comprend des huiles, des aquarelles et des dessins du XVIᵉ au XXᵉ siècle), Castro Maya a fait la part belle aux peintres de notre siècle (Bandeira, Camargo, Carybé, Di Cavalcanti, Volpi...) et porté une attention particulière à son ami de toujours, Cândido Portinari.

Celui-ci a exécuté un portrait du fondateur du musée et deux tapisseries, de 1941 : *La Barque* et *Le Cordonnier de Brodowski*. On y retrouve les grandes figures arrondies, propres au style de Portinari. Du même artiste sont les dessins rehaussés de couleur de la série de *Don Quichotte* (1955).

Antônio Bandeira, un autre Brésilien, a peint *La Grande Ville*, qui rappelle Jackson Pollock ou Emiliano Di Cavalcanti, dont les toiles sont habitées de nombreuses figures humaines sur fond de paysage urbain spécifiquement brésilien.

Ailes, une immense sculpture de fer réalisée par Cesar Baldaccini en 1921, domine la galerie du deuxième étage.

Le musée possède une petite collection d'art asiatique : de la céramique et des sculptures chinoises des époques Tang (618-907), Song (960-1279) et Ming (1368-1644), des tapis persans, des peintures et des ivoires indiens. Au nombre des trésors exposés se remarque un superbe torse grec, sculpté voilà plus de 2 400 ans.

En amateur de toutes les formes d'art, Raymundo Ottoni de Castro Maya a acquis aussi de l'argenterie et du mobilier brésilien de l'époque coloniale. Chácara do Céu comprend aussi une bibliothèque très belle, où, parmi des ouvrages rares et richement reliés, se trouvent notamment les œuvres complètes d'André Gide.

Ce musée proprement inclassable témoigne de la générosité et du goût d'un collectionneur avisé, dont l'architecte Lúcio Costa a pu dire qu'il était « un homme public au sens le plus noble du terme ».

Peinture murale rappelant la Coupe du monde de football de 1986.

LA BAIE

La célèbre **baie de Guanabara** transporte d'admiration les voyageurs qui la découvrent. Déjà, au XIXe siècle, le naturaliste Charles Darwin disait de ce lieu qu'il « excède en splendeur tout ce que les Européens peuvent voir dans leur propre pays ».

Aujourd'hui, pourtant, cette baie, qui couvre une superficie de 380 km² et s'enfonce jusqu'à plus de 30 km dans les terres, est entièrement polluée. On estime que, chaque jour, 1,5 million de tonnes de déchets y sont déversés par 10 millions d'habitants entassés le long du rivage, de Rio proprement dit à la **Baixada Fluminense**, un quartier pauvre qui s'étend peu à peu le long du littoral. Les écologistes ne gardent pas beaucoup d'espoir, car les promesses électorales de nettoyer le site ne sont jamais tenues.

En dépit de cela, la baie reste un plaisir pour l'œil, avec les deux forts qui en gardent l'étroite entrée : celui de Santa Cruz (XVIIe siècle), à Niterói, côté est, et celui de **São João** (XIXe siècle), à Rio, côté ouest. Ces deux constructions, aux murs de granit, reposent sur des fondations plus anciennes.

Un peu d'histoire

Bien que la baie ait été découverte par les Portugais, en 1502, ce sont les Français qui s'y intéressèrent et s'y installèrent les premiers. Mais ils ne tâchèrent jamais d'y établir des comptoirs permanents. D'autre part, la baie était régulièrement visitée par des pirates et des aventuriers français et portugais. Car les navires qu'ils attaquaient, regagnaient l'Europe chargés de diverses marchandises précieuses : perroquets, singes et brésil (bois produisant une teinture rouge comme braise).

A partir des années 1530, les Français se sentirent menacés par l'implantation des colonies portugaises au Brésil. En 1555, l'amiral de Coligny chargea

En découvrant cette baie, les Portugais crurent entrer dans l'embouchure d'un fleuve.

LE PAIN DE SUCRE

Le Pain de Sucre (Pão de Açúcar), haut de 395 m, est le symbole de Rio pour les touristes du monde entier. Ce morne granitique à la forme si singulière ferme la baie de Guanabara. Les Indiens l'appelaient autrefois *Pau-nd-Acuqua* (« haute montagne pointue et isolée »). A l'oreille d'un Portugais, cela sonnait comme *pão de açúcar*. Et, comme le piton leur rappelait par sa forme celle des moules d'argile utilisés pour fabriquer des pains de sucre (masse de sucre blanc en forme de cône), le nom portugais est resté.

Il est possible d'accéder à pied au sommet du mont, mais l'escalade, qui prend environ deux heures, demande vigilance et agilité. La première à l'effectuer officiellement fut une Anglaise, Henrietta Carstairs, qui en 1817 planta tout en haut le drapeau de son pays. Bien entendu, un soldat patriote le remplaça vite par celui du Portugal.

Au début du siècle, un ingénieur brésilien, Augusto Ferreira, pensa installer un téléférique qui permettrait à tous de jouir, sans avoir à fournir un effort, de la vue magnifique. Malgré le scepticisme général, le maire de Rio lui accorda, en 1909, l'autorisation de réaliser son projet. Trois ans plus tard, la première étape, sur le Morro da Urca (218 m), était inaugurée. La seconde partie de la ligne, qui relie ce dernier au Pão de Açúcar, fut achevée en 1913. Vingt-quatre personnes pouvaient prendre place dans les cabines, que l'ingénieur avait importées d'Allemagne.

En 1972, on remplaça ce matériel par un téléférique aux cabines plus spacieuses, afin de faire face à une demande toujours croissante. Aujourd'hui, 75 passagers ont tant bien que mal, à travers les parois vitrées, une vue à 360 degrés sur un paysage mémorable.

L'ascension jusqu'en haut dure en tout six minutes. Deux cabines, l'une sur la cime, l'autre en bas, démarrent simultanément pour se croiser à mi-chemin, au Morro da Urca. Les départs pour le sommet s'effectuent toutes les demi-heures, de 8 h à 22 h, Praça General Tibúrcio (Praia Vermelha).

Une cabine du téléférique en route pour le sommet.

Tout en haut, l'impression est grandiose, le regard porte loin. Au sud-ouest, après la Praia Vermelha et au-delà du Morro do Leme, s'étendent les plages de Leme, Copacabana, Ipanema et Leblon, bordées par des mornes. Un peu plus vers le nord, on aperçoit les quartiers de Botafogo (que domine majestueusement le *Christ Rédempteur* du Corcovado) et de Flamengo, puis le centre, avec la cathédrale. Tout au nord, loin derrière l'aéroport Santos-Dumont (il est amusant de voir des avions décoller en dessous de soi), qui forme comme une excroissance du quartier du centre sur la mer, s'étire le long ruban du pont qui traverse la baie pour relier Rio de Janeiro à Niterói. Pour mieux s'orienter, il est bien de se munir d'un plan de l'agglomération.

Bien qu'à toute heure la vue d'en haut soit inoubliable, il vaut mieux effectuer l'ascension tôt le matin ou bien en fin de journée si l'on veut profiter du coucher de soleil, souvent magnifique, et voir peu à peu s'allumer les lumières de la ville.

Il est agréable aussi de déjeuner au restaurant panoramique (l'établisse-ment n'est pas ouvert le soir) situé sur le Morro da Urca. Sur ce morne, on peut voir ce qui demeure de l'ancien téléférique (de 1913 à 1972). Enfin, de 9 h à 20 h, un diaporama de quarante-cinq minutes, dont les commentaires se font en plusieurs langues, dont le français, est proposé au public. Il permet de bien situer les éléments du paysage, d'un point de vue tant géographique qu'historique. On prend conscience que l'on est au cœur de la ville, car c'est au pied du Pão qu'Estacio de Sá fonda Rio, en 1565. L'histoire du Brésil, des origines à nos jours, est également racontée, avec force aperçus assez inté-ressants.

Toujours sur le Morro da Urca, dans l'amphithéâtre, a lieu le lundi soir un spectacle offert par l'une des plus grandes écoles de samba (voir p. 54). Chaque année, des fêtes sont données au même endroit pendant le carnaval ou lors de la Saint-Sylvestre. Et réguliè-rement des chanteurs connus s'y pro-duisent. Le prix des billets pour ces attractions nocturnes inclut le trajet en téléférique et parfois le dîner (on paie alors plus cher).

Le Corcovado tel qu'on le voit, le soir, du Pain de sucre.

Nicolas Durand de Villegaignon, vice-amiral de Bretagne, de fonder une colonie de protestants dans la baie de Rio. Les trois navires chargés de colons abordèrent dans l'**Ilha de Villegaignon**, qui serait le noyau d'une colonie appelée la France antarctique. Ils y édifièrent Fort-Coligny, mais l'établissement se trouva vite voué à l'échec à cause des dissensions religieuses. Et en 1565, après de sanglantes batailles, les Portugais chassèrent définitivement les Français alliés aux Indiens tamoios.

Évidemment, le site qui fut le théâtre de ces événements a extrêmement changé. Les gratte-ciel sont omniprésents quand ils n'ont pas laissé la place à des usines ou à des raffineries de pétrole.

L'Ilha da Paquetá

Avant qu'ils ne commencent, dans les années 30, à fréquenter les plages de l'Océan, les Cariocas se contentaient de la baie quand ils désiraient se baigner, pique-niquer ou pêcher.

Les gens des classes aisées construisirent leurs maisons secondaires sur l'**Ilha da Paquetá**, la plus grande des 84 îles. La mer, comme aujourd'hui, n'y était pas agitée et venait doucement lécher le sable.

Même si l'on ne peut plus s'y baigner, à cause de la trop forte pollution, Paquetá reste un lieu charmant, car elle a survécu aux outrages du temps. Elle semble d'une époque où l'on prenait le temps de vivre. Les maisons, toutes fleuries, ne dépassent pas un étage, et les voitures particulières sont interdites. On se déplace à pied, à bicyclette (elles sont à louer par centaines) ou en voiture à cheval pour un prix raisonnable.

L'île, où l'on découvre aussi une réserve naturelle, est dotée d'une structure d'accueil : trois petits hôtels, quatre restaurants de fruits de mer et de nombreux bars le long du rivage. L'embarcadère pour s'y rendre est situé à proximité de la Praça 15, dans le centre de Rio. En ferry le trajet dure une heure ; en hydroglisseur (*aerobarco*), deux fois moins de temps.

Qui voudrait ne pas traverser la baie ?

Durant la traversée, on jouit d'un beau panorama. Vus de loin, les immeubles de Rio de Janeiro paraissent petits, semblables à des dominos que l'arrière-plan de collines vertes et sombres rapetisse encore. Alors qu'ils sont si écrasants quand on se trouve dans les rues de Copacabana...

Merveilleusement isolée, sur l'île voisine de **Brocoio**, s'élève l'une des résidences d'été du gouverneur de l'État de Rio de Janeiro.

Les autres îles

En 1929, lorsque l'on construisit l'Académie navale sur l'Ilha de Villegaignon (où fut créée l'éphémère France antarctique), on relia cette île à l'aéroport Santos-Dumont, lequel repose, près du centre-ville, sur les déblais du Morro do Castelo, arasé en 1921-1922 (voir p. 85).

Plus au nord, l'**Ilha das Cobras** est aujourd'hui le port des frégates de la marine et de l'unique porte-avions brésilien. Autrefois, avant que des moines n'y bâtissent un monastère, c'était là que les vaisseaux négriers débarquaient le « bois d'ébène ».

L'**Ilha Fiscal**, reliée à l'Ilha das Cobras, est connue pour son étrange palais vert, autrefois caserne des douaniers, surmonté d'une flèche dorée. Le gouvernement impérial y donna son dernier bal, en 1889.

Plus au nord, après les docks, on passe sous le gigantesque **pont Rio-Niterói**, au-delà duquel commence la baie proprement dite. Mais le paysage n'est plus vraiment le paradis tropical qu'avait eu le bonheur de connaître Jean-Baptiste Debret (voir p. 88) au début du XIXe siècle.

En effet, plusieurs îles sont utilisées par la marine, les compagnies pétrolières ou certaines industries. Et sur l'**Ilha do Governador**, la plus vaste (32 km²), s'étend l'aéroport international de Rio (Galeão).

Un peu plus au large, il existe tout de même des îles qui conservent leur végétation luxuriante. Dans l'une d'elles, l'**Ilha de Sol**, prospérait Luz del Fuego,

Ci-dessous, on remonte le temps à Paquetá en voiture attelée ; à droite, Rio vu de Niterói.

une star de cabaret. Vers 1950, elle établit dans ce paradis tropical la première colonie de nudistes du Brésil. Cette femme, qui donnait des soirées auxquelles se rendaient nombre de gens distingués, connut une fin mystérieuse.

Niterói

En général, les Cariocas dédaignent **Niterói**, qu'ils considèrent comme une ville de deuxième classe par rapport à la leur. Cependant, ils concèdent que, de là-bas, la vue sur Rio est magnifique.

Les gens choisissent de vivre à Niterói quand ils recherchent une tranquillité un peu provinciale. On se rend dans cette agglomération qui, à 18 km, fait face à Rio en prenant le ferry ou l'hydroglisseur à partir de la Praça 15 de Novembro. Les départs s'effectuent toutes les vingt minutes, et la traversée dure un quart d'heure. Ou bien, si l'on est motorisé, on franchit le pont long de 15 km, inauguré en 1974.

Niterói ne manque pas d'agrément. On accède par une route serpentant à travers une réserve naturelle au **Parque da Cidade**, à 270 m au-dessus du niveau de la mer, pour jouir d'un panorama beau à couper le souffle : d'un côté la baie, de l'autre le continent avec ses mornes verdoyants. Et si l'on a le cœur bien accroché, on peut s'élancer de cet observatoire en deltaplane.

En 1996 a été inauguré le **Museu de Arte Contemporãnea**, l'une des dernières œuvres d'Oscar Niemeyer, qui a conçu une étonnante architecture florale pour cet établissement situé heureusement sur un promontoire, du sommet duquel on aperçoit Rio.

Si l'on désire visiter certains monuments historiques, tel l'ensemble fortifié **Rio Branco-Imbui-São Luis** (accessible par une piste), on doit obtenir une autorisation et disposer d'un moyen de transport privé.

L'effort que demande l'ascension vers ces forteresses est récompensé par la vue, imprenable, et par la poésie des ruines prises dans la végétation. Et le porche de São Luis est splendide et bien conservé.

Ferry et hydroglisseur se croisant dans la baie.

Un chef indien

Dans **São Lourenço dos Indios** serait enseveli Arariboia. Celui-ci, sanctifié sous le nom de São Lourenço par les jésuites, était le chef de la tribu des Temiminos, qui vivait de l'autre côté de la baie. Vers 1555, il mena, aux côtés des Portugais, une campagne victorieuse à Niterói contre les Français alliés aux Tamoios. En récompense de cette victoire, les Portugais lui donnèrent des terres situées là où se trouve maintenant le port de Rio, avant de les lui échanger, en 1573, contre d'autres, à Niterói. Le héros s'installa dans son nouveau fief le 22 novembre 1573. (Ce jour est resté comme la date anniversaire de la fondation de la ville.) Au bout d'un siècle, les Portugais oublièrent leur dette envers l'Indien et chassèrent ses descendants.

Le gigantesque pont reliant Rio à Niterói.

Plus on s'éloigne du centre de Niterói, plus les plages sont belles : **Sambanguia** et son yacht-club, **Jurujuba** et ses restaurants de fruits de mer, enfin les anses jumelles d'**Adão** et **Eva**.

Le fort de Santa Cruz

A l'extrémité du promontoire se dresse la **Fortaleza da Santa Cruz**, qui allie avec bonheur trois siècles d'architecture militaire. La visite de ce monument demande au moins trois heures. Les parties les plus anciennes, telles la chapelle Santa Barbara et la chambre de torture, datent du XVIᵉ siècle.

Deux hommes célèbres furent détenus dans ce fort : Giuseppe Garibaldi (1807-1882), qui, avant de devenir le célèbre patriote italien, participa en 1836 à l'insurrection du Rio Grande do Sul ; et José Bonifácio de Andrada e Silva (1763-1838), Premier ministre du nouvel Empire brésilien mais partisan d'une Constitution libérale et de l'abolition de l'esclavage.

Comme ce fort fait encore office de prison militaire et que les visites aux prisonniers s'effectuent le samedi et le dimanche, les touristes sont accueillis les autres jours de la semaine. (Téléphoner préalablement au 711 0166 ou au 711 0462.)

COPACABANA

« La plus belle est la plage de Copacabana. Couché dans le sable on regarde s'ébattre des prestigieuses femmes blanches, on entend rire à gorge déployée les insouciantes mulâtresses cariocas, et crier de joie les ribambelles des petits enfants heureux de vivre [...]. Le simple fait d'exister est un véritable bonheur. » Voilà ce qu'écrivait Blaise Cendrars dans *Le Brésil,* album de photographies édité en 1952.

Copacabana, la plage la plus mythique de Rio, est continuée, en direction du Pão de Açúcar, par celle de **Leme**. Sur 4,5 km de sable blanc, elle dessine une courbe parfaite le long d'un quartier à la densité de population parmi les plus importantes du monde. Ce qui n'était autrefois qu'un petit village de pêcheurs, **Sacopenapã**, s'est développé autour de l'église Nossa Senhora da Copacabana, depuis longtemps démolie (voir pp. 26-27). Aujourd'hui, avec ses 300 000 habitants, Copacabana est une ville dans la ville. C'est le lieu le plus animé de Rio, et, durant l'été, une foule de vacanciers s'y presse.

Des tunnels pour communiquer

L'histoire de Copacabana est relativement récente. La naissance du quartier a coïncidé avec la fin de la monarchie et l'avènement de la République brésilienne, en 1889. A cette époque, les urbanistes s'occupaient d'abord d'installer les équipements collectifs (gaz, électricité et transports publics), avant de promouvoir le peuplement des nouvelles zones d'habitation. Ainsi, c'est l'implantation du tramway et les travaux de percement des tunnels par la Light & Power Company of Canada, plus communément appelée

Pages précédentes : la plage de Copacabana forme un magnifique croissant de lune ; de beaux cerfs-volants sont à vendre ; marché aux bikinis. A gauche, le bain de foule se prend sur la plage.

Light, qui marquèrent la naissance véritable du quartier. Le premier tunnel, dit **Túnel Velho**, fut percé en 1892 et permit de relier le centre de Botafogo aux Ruas Figueiredo de Magalhães et Siqueira Campos, au cœur de Copacabana. En 1904, un second tunnel, l'**Engenheiro Marques Porto**, ou **Túnel Novo**, assura la jonction entre la Via Princesa Isabel, à Copacabana et Leme, et l'anse de Botafogo.

Le quartier se développe

Après 1910, l'urbanisation s'intensifia avec la construction de logements dans les dunes. Le **Copacabana Palace** (voir pp. 33-34), le premier hôtel de luxe de toute l'Amérique latine, fut inauguré en 1923 et devint immédiatement le centre des activités du quartier. Pendant les années 30 affluèrent à Copacabana les personnes riches et élégantes du monde entier, qui, en compagnie du Tout-Rio, fréquentèrent les boîtes de nuit et vinrent jouer dans

les casinos apparus en un temps record autour du palace.

Cependant, le décret d'avril 1946 mit fin brusquement à cette effervescence. Le jeu étant déclaré hors la loi, quelque soixante-dix établissements durent fermer leurs portes. Copacabana connut alors une accalmie, qui ne dura pas.

En effet, à l'époque de la Seconde Guerre mondiale eut lieu une nouvelle vague de développement. Les maisons individuelles et les immeubles d'habitation poussèrent comme des champignons et occupèrent le moindre terrain constructible. Copacabana devint l'endroit commerçant de la ville et le quartier résidentiel le plus recherché. On y trouvait les grands hôtels et restaurants de Rio, ainsi que des boîtes de nuit très animées.

Pour agrandir le quartier, il n'y avait plus d'autres choix que d'ajouter des étages. Ainsi, année après année, les immeubles prirent toujours plus de hauteur. Mais la construction de gratte-ciel en front de mer eut pour

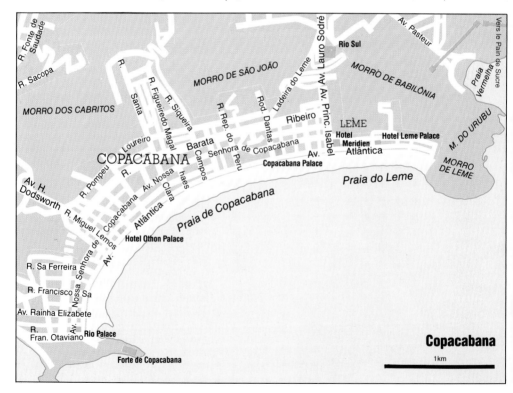

conséquence de priver de soleil les plages dès le milieu de l'après-midi. Ce grave inconvénient, ajouté aux embarras d'une circulation automobile impossible, amena les autorités municipales à engager des travaux d'élargissement. L'**Avenida Atlântica** passa de deux à six voies et fut bordée de larges trottoirs célèbres pour leurs mosaïques décoratives, dues à l'architecte paysagiste brésilien Roberto Burle Marx. En outre, comme il fallait faire face à la demande touristique toujours grandissante, plusieurs hôtels importants furent édifiés.

Au milieu des années 70, Copacabana avait radicalement changé de physionomie. Une dizaine d'années auparavant, le quartier avait perdu son dynamisme du fait que, en 1960, Rio avait dû laisser son titre de capitale du Brésil à Brasília. Au tournant de la décennie 80, Copacabana, avec sa plage agrandie, était redevenu une étape obligatoire, où se pressaient, chaque fin de semaine, des centaines de milliers de Cariocas et de touristes.

Le soleil se lève à l'aube du jour de l'an.

Hôtels et restaurants de prestige

Copacabana possède deux hauts lieux incontournables, au sens propre comme au figuré. Un troisième a failli voir le jour, mais de nouvelles normes de construction empêchèrent la multiplication des gratte-ciel et imposa aux architectes de l'actuel Rio Palace Hotel de revoir à la baisse la hauteur prévue sur les plans initiaux.

A la frontière de Leme, le **Méridien** se dresse sur 37 étages. Il est couronné par l'un des temples de la gastronomie, **Le Saint-Honoré**, dirigé par le chef Paul Bocuse, où le bonheur du palais n'a d'égal que le plaisir des yeux prodigué par l'époustouflant panorama sur la ville.

L'autre haut lieu de Copacabana, l'**Othon Palace**, de 27 étages, s'élève à l'angle de l'Avenida Atlântica et de la **Rua Xavier da Silveira**. Mais c'est au **Rio Palace Hotel**, inauguré en 1979 à l'autre extrémité de Copacabana, que l'on doit en partie le nouvel engouement pour le quartier. Dès son ouver-

ture, l'hôtel a présenté des spectacles ayant pour têtes d'affiche des vedettes telles que Frank Sinatra. Comment ne pas mentionner également son excellente table, **Le Pré Catelan**, au nom bien français. Le chef Gaston Lenôtre veille à la qualité de la cuisine nouvelle qui figure à la carte.

Quelques-uns des restaurants ouverts dans les années 40 sont toujours là et se portent plutôt bien. Citons celui du Copacabana Palace, le **Bife de Ouro**, datant de 1938, le **Lucas**, situé à l'angle de l'Avenida Atlântica et de la Rua Souza Lima, le **Bolero**, table jouissant d'une très bonne renommée, et le **Bec Fin**, dont le nom augure bien de la cuisine française que l'on y sert.

Faire ses emplettes

Malgré sa densité de population, Copacabana a conservé ses marchés. C'est pourquoi la visite du quartier se révélerait incomplète si l'on ne consacrait pas le temps nécessaire à décou-vrir des fleurs et des fruits inconnus en Europe. Le lundi, les amateurs vont **Rua Gustavo Sampaio**; le mercredi, **Rua Domingos Ferreira**; le jeudi, **Ruas Belford Roxo** ou **Ronald de Carvalho**, et le dimanche, **Rua Decio Vilares**.

Les souvenirs les moins inintéressants s'achètent dans les magasins situés entre les **Ruas Paula Freitas** et **Rodolfo Dantas**, à proximité du Copacabana Palace. Pour ceux qui aiment flâner dans les galeries marchandes, nombre de boutiques de mode sont ouvertes au **Rio Sul**, près du Túnel Novo. La galerie la plus moderne est sans conteste, à deux pas du Rio Palace, le **Cassino Atlântico**. A cet endroit, on a le choix entre nombre de magasins d'art et d'antiquités et de belles boutiques de cadeaux.

Les habitants de Copacabana se différencient des autres Cariocas en cela qu'ils sont plus traditionnalistes, plus jaloux aussi de leur « copacabanitude » ! Ils ont appris, notamment, à préserver leur qualité de vie.

Jeune et tout sourire, on flirte gentiment.

Confrontés, comme tant d'autres, aux difficultés de stationnement, ils ont pris le parti de marcher et de faire leurs courses non loin de chez eux. Ainsi ont fleuri, non seulement les commerces de proximité, mais encore les bars, le long de la plage, qui jouent ici le rôle des pubs londoniens : jour après jour aussi bien que nuit après nuit s'y rend une clientèle d'habitués, des Copacabanais, évidemment !

La plage, un mode de vie en soi

A l'évidence, la plage de Copacabana, plus que les autres, sans doute, engendre, pour ceux qui la hantent, un mode de vie particulier, différent de celui que connaissent les purs citadins. Elle est fréquentée à tout moment, y compris pendant la nuit, car elle est éclairée. Aussi n'est-il pas rare d'y rencontrer des coureurs à pied ou des joueurs de football noctambules qui s'adonnent à leur passion.

En ce qui concerne les sportifs, les travaux d'élargissement ne les ont pas oubliés : la plage, transformée en impressionnant « boulevard » de sable, a été dotée d'immenses terrains de volley-ball et de foot. On comprend mieux maintenant pourquoi et comment le Brésil arrive aux premières places dans les championnats internationaux.

En 1948, un événement d'un genre un peu spécial, presque une révolution, secoua la société de l'époque. Devant le Copacabana Palace, trois jeunes Argentines osèrent se montrer en maillot de bain de deux pièces. Le précurseur du bikini, lequel se réduirait au fil des ans en *fio dental* (« fil dentaire », le remarquable maillot carioca actuel), fit de Rio de Janeiro, et particulièrement de Copacabana, le fer de lance incontesté de la mode balnéaire universelle.

On ne s'ennuie jamais sur la plage carioca, bien que la baignade y soit fortement déconseillée en raison, hélas, de la pollution de l'eau. Le sable est une scène où se joue sans discontinuer le théâtre de la vie, avec ses

Mini-snack près de la plage.

beautés et ses figures mémorables. Ici la ségrégation n'a pas cours : les jeunes gens côtoient les familles comme les touristes, ces « visages pâles » immédiatement repérables... et repérés.

On ne répétera jamais assez que la plage est le terrain de prédilection des petits voleurs, souvent démunis de tout et attirés par ce que les touristes laissent sans surveillance. Il est donc conseillé de n'emporter que le strict minimum et surtout rien qui ait de la valeur. Bien que les patrouilles de police se soient multipliées ces derniers temps, les endroits les plus sûrs restent ceux qui font face aux grands hôtels, protégés par un service de sécurité.

Attention aux courants

Dans cette région de l'océan Atlantique, il existe de forts courants qui se révèlent dangereux pour les nageurs inexpérimentés et incapables de résister à l'appel de l'eau. Le mieux est de prendre exemple sur un autochtone,

suffisamment averti pour ne pas se laisser prendre aux pièges de la mer.

Les accidents ont lieu généralement quand on panique. Il n'y a pourtant pas lieu de s'en faire : les eaux de Copacabana sont sillonnées en permanence par des vedettes et survolées par des hélicoptères très efficaces. Et, contrairement à ce qui se passe ailleurs, les surfeurs ici sont responsables et font volontiers attention. Le cas échéant, ils n'hésitent pas à offrir leur planche pour le salut des malheureux qui n'arrivent plus à rejoindre le rivage. En outre, tout le monde devrait garder dans la mémoire que le courant de Copacabana ramène le nageur vers la plage, et non l'inverse. Enfin, que le baigneur veille à émerger des vagues pas trop loin de sa serviette. Sinon, il risque de passer de longues minutes à tâcher de la retrouver parmi la foule !

Vu sa longueur, la plage est jalonnée de plusieurs postes de surveillance, les *postos*, qui sont également des points de repère pour se situer plus aisément.

A gauche, les jeux de raquette ont du succès sur les plages cariocas ; ci-dessous, une belle s'est fait tatouer côté cœur.

Lors de l'élargissement de la plage, dans les années 80, les anciens *postos* sont devenus obsolètes, et on en créa de nouveaux. Seul le Posto 6, qui correspond au secteur s'étendant de la **Rua Sá Ferreira** au Rio Palace, a été gardé en service. Toutefois, les habitudes restent bien ancrées, et les Copacabanais continuent de mentionner les anciens *postos* pour fixer un rendez-vous. Ainsi le **Posto 1** correspond à la plage de Leme, et les **Postos 2** à **6** s'échelonnent le long de la grève de Copacabana.

Le temps de la fête

Tout événement, sportif ou politique notamment, est l'occasion de faire la fête. Et celle-ci dure un mois quand il s'agit de la Coupe du monde de football. Peu importe, d'ailleurs, que le Brésil gagne ou perde ! Mais s'il vient à gagner, Copacabana s'embrase de joie, et la foule en liesse parcourt les rues, particulièrement la **Rua Miguel Lemos**.

La fête principale est bien sûr le carnaval. Même si le quartier se trouve un peu éloigné de la Rua Marquês do Sapucai et de l'Avenida Rio Branco, lieux des défilés, le temps du mardi gras est ici animé. Pendant cinq jours et presque 24 heures sur 24, les orchestres de rue tiennent le haut du pavé. Ceux de Copacabana, *Banda do Leme*, *Banda da Sá Ferreira*, *Banda da Miguel Lemos*, *Banda da Vergonha do Posto 6* et *Banda do Arroxo*, sont excellents. La musique commence, en principe, vers 16 heures. Suivis par des milliers de fêtards, les orphéons animent les rues jusqu'à épuisement, conduisant bien souvent les bamboucheurs jusqu'à l'aube du jour suivant. Tous les styles cohabitent ; on peut donc trouver à s'amuser dans toutes sortes de bals, qu'ils soient privés, dans les grands hôtels, ou organisés par les bars, les clubs ou les boîtes de nuit du quartier.

Il existe une autre fête, que les touristes ont généralement moins présente à l'esprit. C'est l'hommage que

Tableau automobile sur décor de mosaïque.

les fidèles rendent à la déesse de la mer, Iemanjá, chaque 31 décembre. Cette réjouissance est la plus importante du culte de l'*umbanda*, expression carioca de la *macumba*, nom générique donné à toutes les pratiques religieuses d'origine afro-brésilienne.

Vers la fin des années 30 s'est fait sentir la nécessité de codifier les différents cultes résultant du mélange de l'animisme africain avec des éléments de la mythologie indienne, du rituel catholique et du kardecisme (du nom d'Allan Kardec, occultiste français du XIXᵉ siècle et fondateur du spiritisme).

L'*umbanda*, ou magie blanche, retient du catholicisme sa vocation à l'universalisme, son histoire de la création et nombre de ses saints. Dans le spiritisme kardeciste l'intéresse la notion de karma et la croyance en la réincarnation ; dans les traditions africaine et afro-brésilienne, une partie de leur panthéon ainsi que les rites de possession et d'incorporation des esprits. De fait, ce culte qui, dans un premier temps, avait trouvé un écho dans les milieux populaires, a progressivement touché de plus en plus de gens appartenant à la classe moyenne.

Symbole de la création et de la fécondité

Représentée en jeune femme aux longs cheveux noirs, vêtue de bleu clair, Iemanjá est la protectrice du genre humain. Dans le culte *umbanda*, elle est associée à la Vierge Marie des catholiques. Le 31 décembre, avant de passer à l'année nouvelle, des milliers de fidèles occupent les plages de Rio et portent une myriade d'offrandes lumineuses à la mère de tous les dieux. Ils viennent déposer fleurs, parfums et bijoux au bord de l'eau. Si ces dons sont emportés au large et coulent au fond de l'Océan, c'est signe que Iemanjá les accepte. En revanche, si les objets sont ramenés sur la grève, le présage est mauvais : le rejet des offrandes par la déesse n'augure pas d'une bonne année.

A Copacabana, c'est carnaval tous les dimanches.

PLAISIRS DE LA TABLE

Rio est une ville cosmopolite où se dégustent aussi bien des plats étrangers que des spécialités brésiliennes, lesquelles sont souvent d'origine indienne, portugaise ou africaine.

Un simple repas, mariant des saveurs peu connues en Occident (celles du manioc, de l'huile de palme, des fruits tropicaux...), peut ainsi devenir un voyage gustatif. D'autant plus que les grands chefs qui officient dans de bons restaurants inventent des recettes combinant diverses traditions culinaires.

Sur le pouce

La journée commence par un *café da manhã*, petit déjeuner, que les Cariocas réduisent souvent à un *café com leite*, café au lait. On devient brésilien au déjeuner de midi quand on le prend debout dans une *lanchonete*. Il se compose alors de sandwiches, de salades, d'œufs, de cuisses de poulet panées et de *pasteis*, sorte de beignets fourrés aux cœurs de palmier, aux crevettes, à la viande hachée épicée, au poulet ou au fromage. Les *casas dos pasteis* en servent de plus recherchés : *pastel de lombinho com abacaxí* (au filet mignon de porc et à l'ananas), *pastel de camarão com catupiry* (aux crevettes et à une crème de gruyère assez forte)...

A part l'eau, la bière et les jus de fruits, les Brésiliens consomment du *caldo de cana*, jus de canne à sucre, du *limãozinho*, thé glacé, ou du *guaraná*, boisson gazeuse, voisine du Coca-Cola, aromatisée avec la baie d'une plante amazonienne. Le déjeuner rapide peut se terminer par un *cafezinho*, un café très serré et fort sucré.

A Rio, on trouve un peu de tout partout, même si chaque type de commerce a sa spécialité. On peut ainsi demander des sandwiches, des *pasteis* et quelques sucreries dans une *casa de suco*, sorte de bar à jus de fruits. Une fois que l'on a choisi un parfum, il faut savoir si l'on désire un pur jus, *suco*, ou un milk-shake, *vitamina*. Certaines *casas de sucos* proposent nombre de fruits tropicaux inconnus en Europe : l'*acerola*, sorte de grosse cerise claire, la *caja*, dont la saveur se rapproche de la poire, la *jaca*, jaque, au parfum exquis, la *graviola*, anone, la *jabuticaba*, sorte de très grosse myrtille, ou encore la *carambola*, carambole qui, coupée en tranches, produit autant d'étoiles vertes dans l'assiette. Enfin, on trouve dans la rue à se désaltérer avec de l'*água de coco verde*, jus de coco.

L'apéritif, au cœur de la convivialité

A Copacabana, on s'habille confortablement, même dans les endroits chics. La soirée débute par l'apéritif, qui permet de se retrouver autour d'un verre. Le *chopp* (voir p. 43) est alors très demandé, même si l'on trouve toutes sortes de *cervejas*, bières en bouteilles.

Les cocktails sont souvent à base de *cachaça* (alcool de canne à sucre, dit aussi *pinga*, « goutte », ou *aguardente*, « eau-de-vie »), qui entre en composition, avec du citron vert, du sucre et de la glace pilée, dans la célèbre *caipirinha*. La *cachaça* se retrouve aussi, mêlée de jus de fruits, dans la *batida*.

Bière et eau-de-vie sont servies dans les *botequims*, au comptoir, ainsi que dans les bars-restaurants, les bars et les boîtes de nuit. Les grands amateurs de bière préféreront une *chopperia*, par exemple le **Sindicato do Chopp**, au n° 3806 de l'Avenida Atlântica.

Le vin est produit dans le Sud. Le rouge (*vinho tinto*) est moins bon que le blanc (*vinho branco*). On le préfère donc du Chili ou de l'Argentine.

A l'heure de l'apéritif, il est agréable de s'installer devant la piscine du **Copacabana Palace** ou devant celle du **Rio Palace**, d'où la vue sur la baie et Niterói est splendide. Du bar sur le toit de l'**Othon Palace**, on voit les célèbres mosaïques des trottoirs de l'Avenida Atlântica. Le **Beachfront Bar** est également une bonne adresse.

Autour d'une table

A Rio, on ne dîne guère avant 22 heures, que ce soit dans un restaurant ou un *botequim*. La plupart des

A Copacabana, les terrasses de cafés vivent jour et nuit.

bars-restaurants ont un plat du jour, *prato feito*. Les portions, copieuses, sont souvent suffisantes pour deux personnes. Actuellement, de nombreux établissements proposent des buffets *a kilo*, « au kilo » : on compose son assiette, et on paie en fonction du poids.

Une formule intéressante et tout à fait carioca consiste à s'offrir dans une brasserie un copieux apéritif qui se transforme en repas quand on commande beaucoup de *tira gostos* (« amuse-gueules »). Ce peut être de petites portions de filet mignon de porc (*porçõezinhas de lombinho*), de racine de manioc frite (*aipim frito*), de fromage frit, de crevettes, etc.

Les Cariocas aiment la viande, moins chère qu'en France et d'excellente qualité. Du zébu (*zebu*), on consomme la bosse. La garniture se compose, parmi d'autres légumes, de cristophine (*xuxu*, qui se prononce « chouchou »), d'igname ou de patate douce.

Comme les gauchos du Rio Grande do Sul, les Cariocas sont friands de viande grillée et fréquentent beaucoup les *churrascarias*. Dans ces établissements, la formule *rodizio* indique que la viande est servie à volonté, à plusieurs reprises et qu'on la découpe sous les yeux du client.

A Copacabana, les *churrascarias* ne manquent pas. La plus ancienne, **Jardim**, se trouve Rua República do Peru ; le **Mariu's**, au n° 290 de l'Avenida Atlântica, se distingue par la variété des garnitures proposées ; le **Carretão**, Rua Siqueira Campos, 23, et le **Palace**, Rua Rodolfo Dantas, 16, sont également réputés.

La « feijoada », un plat carioca

La *feijoada*, avant d'être nationale, est carioca. A Rio, tout le monde, riches et pauvres, l'apprécient, et particulièrement le samedi à midi, quand on a du temps devant soi.

Jadis, ce plat était réservé aux esclaves, qui ajoutaient aux haricots noirs les restes provenant de la table de leurs maîtres. Aujourd'hui, on y met de l'oreille, de la queue, du pied et du

La nuit, il fait chaud à Copacabana.

museau de porc, bas morceaux que les meilleurs restaurants ne présentent pas.

La *feijoada* actuelle contient différentes viandes séchées, salées ou fumées, et les haricots sont relevés avec de l'oignon, de l'ail et du laurier. Elle est servie accompagnée de *farofa* (farine de manioc cuite dans du beurre), de riz, de chou revenu dans de l'huile et de rondelles d'orange. On propose à part une sauce à base d'oignon et de piment fort. Les Brésiliens arrosent leur ragoût de bière glacée.

A Copacabana, on le déguste au **Moenda** (hôtel **Trocadero**) ou au **Café de la Paix**, Avenida N-S de Copacabana.

Spécialités de la mer

Les plus grandes boîtes de nuit se trouvent à Rio.

Les Cariocas accommodent le poisson au four avec des oignons, des tomates et des herbes ou bien ils le grillent en filets. Les restaurants affichent souvent à leurs cartes du *peixe a brasileira*, c'est-à-dire du poisson accompagné de *pirão*, racine de manioc cuite dans son bouillon. Crabes et crevettes font l'ob-

jet de préparations telles que la *casquinha de caranqueijo* et la *casquinha de siri*, deux espèces de crabe dont la chair est mélangée à de la *farofa*.

Les bons restaurants de poisson sont, à Copacabana, le **Marisqueira**, Rua Barata Ribeiro, et, à Leme, le **Real**, Avenida Atlântica, et le **Shirley**, Rua Gustavo Sampaio, qui propose également des spécialités espagnoles et portugaises (paella, morue). A Ipanema, le **Grottamare**, Rua Gomes Carneiro, est également une bonne adresse.

Spécialités bahianaises et amazoniennes

Les cuisines bahianaise et amazonienne réservent des surprises aux palais non initiés, en raison surtout des produits utilisés. Les recettes de Bahia, influencées par l'Afrique, sont épicées, voire très piquantes, et préparées avec du *dendê*, de l'huile de palme. A Rio, on peut déguster une grande spécialité, la *moqueca*, un mélange de crevettes ou de crabe, de noix de coco, d'ail, d'oi-

LA NUIT À RIO

La nuit, à Copacabana ou dans d'autres quartiers, il ne manque pas d'endroits pour se distraire.

Cinéma et théâtre

Le cinéma brésilien ne cesse de gagner en popularité. Toutefois, la plupart des films diffusés sont des productions étrangères, en particulier américaines.

Le programme se trouve sous la rubrique *cinema* de la presse locale et dans le supplément dominical du journal *O Globo*, qui dit tout sur les événements culturels et les distractions de Rio.

Neuf salles de cinéma existent à Copacabana. Les meilleures sont le **Roxy** et le **Condor Copacabana**, ainsi que le **Cinema 1**, le **Ricamar** et le **Studio Copacabana**, trois salles d'« art et essai ».

La vie théâtrale à Rio est intense après le carnaval et jusqu'en novembre. Toutefois, il est difficile de juger de la qualité des spectacles proposés si l'on ne comprend pas la langue. Quant aux spectacles folkloriques, ils ont lieu surtout en été.

Musique et danse

Les Brésiliens ont le sens du rythme. Du fait de l'étendue du pays, la musique populaire reste très variée, et il existe divers genres musicaux auxquels s'associent des danses distinctes. Chaque région présente des traditions différentes. La bossa-nova, née à Ipanema, la samba, le *choro* et la *seresta* sont particulièrement populaires à Rio.

On découvre la musique brésilienne lors de concerts, qui sont légion, dans les boîtes de nuit, où de nombreux artistes se produisent, ou encore, pour ce qui concerne la samba, dans les *pagodes* (voir p. 152). Pas exactement localisé à Copacabana, mais à proximité du centre commercial **Rio Sul**, le **Canecão** est l'une des grandes salles de concerts de Rio. Seule la **Scala**, à Leblon, a l'envergure du Canecão, autour duquel se trouvent les salles plus modestes et nettement moins fréquentées du **Golden Room**, dans Copacabana Palace, du **Raquel** et de l'**Arena**.

Lors des très grands concerts donnés par des vedettes nationales, telles que Caetano Veloso ou Chico Buarque, ou bien par les Rolling Stones, Sting ou Madonna, le public se presse dans le stade de **Maracanã** (dans la *zona norte*), qui a accueilli jusqu'à 200 000 spectateurs. Le **Metropolitan** a été construit à Barra pour offrir une alternative à l'utilisation de ce stade.

La « gafieira », à découvrir accompagné

La *gafieira* a vu le jour au début du siècle dans les quartiers populaires de Rio. « Moins touristique, plus secrète, très populaire, celle-ci est à la fois une école de danse et une manière de danser : le rock, le boléro, le fox, le tango, et même la samba. » (*Rio de Janeiro*, « Les amoureux de la *gafieira* », Éditions Autrement.)

On s'y rend accompagné, de préférence en couple. Chaque fin de semaine, toutes sortes de gens se pressent dans les *gafieiras*, situées notamment dans le centre-ville. Elles ont pour nom l'**Elite**, par exemple, ou l'**Estudantinha**, à Lapa.

Un piano-bar à Copacabana.

Entrer dans ces lieux particuliers implique l'observation d'un ensemble de règles et de rituels tacites. Ainsi, en matière de tenue vestimentaire, les femmes portent une jupe longue et des talons hauts, tandis que les hommes arborent un pantalon « au pli impeccable qui se casse sur le cou-de-pied d'une chaussure fine ». Le comportement entre les sexes est également très surveillé : attention aux couples qui se serrent de trop près. De toute façon, à la *gafieira*, c'est la danse qui importe, et n'est pas consacré *dançarino* qui veut. C'est lui qui mène le bal, et alors la magie est au rendez-vous.

Bars et boîtes de nuit

A deux heures du matin, quand les restaurants ont fini de prendre commande, les bars et les boîtes de nuit de la ville commencent vraiment à s'animer. Ils ne ferment leurs portes qu'à l'aube.

Cela fait une douzaine d'années que le jazz est devenu très à la mode à Rio. Les amateurs copacabanais vont l'écouter au **Round Point**, dans l'hôtel Méridien, ou au **Horse's Neck**, dans le Rio Palace.

La nuit, pour les Cariocas, commence tard et dure jusqu'au matin.

Si la musique à écouter a gagné du terrain, celle qui se danse, notamment au **Palace Club**, dans le Rio Palace, au **Studio C**, dans l'Othon Palace, et au **Privé**, dans le Méridien, a encore de belles nuits devant elle. Avenida Atlântica, le **Help**, qui se dit la plus grande discothèque d'Amérique latine, organise un bal très animé lors du carnaval. A la même adresse, le **Sobre as Ondas** est moins survolté, tout comme le **Vinicius**, au-dessus de la *churrascaria* **Copacabana**.

Le gros de la clientèle des bars est constitué de Cariocas qui — on ne s'en serait pas douté — se lèvent tôt le matin. On a du mal à comprendre comment ces hommes et ces femmes réussissent à garder la santé malgré le manque de sommeil, les contraintes du travail et le temps de transport, souvent long, que la plupart d'entre eux subissent quotidiennement. Question d'habitude, répondrait-on. En tout cas, à peine arrivés au bureau, ces joyeux lurons préparent déjà leur prochaine soirée.

Car la devise des Cariocas est simple : la vie est trop courte pour n'avoir qu'un samedi soir dans la semaine.

gnon, de persil, de poivre, de piment, de tomate, de jus de citron et de *dendê*, le tout accompagné de riz cuit dans du lait de coco.

On se régale également de *vatapá*, purée de poisson et de crevettes assaisonnée au *dendê*; de *peixada*, poisson et différents légumes cuits au court-bouillon et recouverts d'un hachis d'œufs durs; de *bobó de camarão*, crème épaisse à base de manioc, de crevettes séchées, de lait de coco et de noix de cajou; ou encore de *xinxim de galinha*, poulet frit dans du *dendê* avec de l'ail, du sel et du citron et auquel on ajoute des crevettes et des cacahuètes.

Plusieurs restaurants cariocas proposent à la carte certains de ces plats, mais on les trouve à coup sûr au **Netas de Maria de São Pedro**, à Copacabana, Rua Miguel Lemos, 56 B. Cet établissement est dirigé par deux petites-filles de Maria, une autorité du monde gastronomique de Salvador de Bahia.

L'**Arataca**, Rua Figueiredo de Magalhães, 28, à Copacabana, cuisine des plats de l'Amazonie et du Nordeste. On y goûte au *tucupi*, sorte de bouillie à base de feuilles de manioc, au *pirarucu*, poisson amazonien qui devient succulent quand on le farcit, et bien sûr aux fruits dont les noms n'ont pas d'équivalents français, tels le *cupuaçú* ou la *pupunha*.

Plaisirs sucrés

Les desserts brésiliens sont à base de fruits, dont la noix de coco, d'œufs et de lait. Compotes, confitures, *marmelada* (pâte de coings) et *goiabada* (pâte de goyaves) accompagnent souvent le *queijo minas*, fromage doux, originaire du Minas Gerais et dont la consistance rappelle le tofu japonais.

L'avocat se consomme au dessert; on le mange avec du sucre et du jus de citron ou bien frappé, avec du lait. Parmi les fruits « courants », il existe de nombreuses variétés d'oranges et de bananes. Dans la recette du *carioca-de-salto-alto*, la banane d'eau, plus juteuse que la banane que nous connaissons, est cuite dans un jus d'orange caramélisé et servie coiffée d'une boule de glace que l'on nappe de chocolat chaud.

Les gâteaux s'apparentent plutôt à des entremets et se présentent sous la forme de bouchées individuelles. Parmi les nombreuses variantes de *docinhos*, le *quindim* est une sorte de flan; il est fait avec des jaunes d'œuf et de la noix de coco.

A Rio, les glaces et sorbets industriels sont d'une qualité satisfaisante. Mais, si l'on désire se faire plaisir avec des sorbets aux fruits frais, il faut se rendre dans une *sorveteira*. C'est l'occasion de compléter son tour d'horizon des espèces tropicales, que l'on a amorcé, le plus souvent, dans une *casa de suco*.

Contrairement à une idée répandue, le *prato de verão* (littéralement « plat d'été ») n'est pas une salade de fruits. Il se commande dans les restaurants et consiste en une assiette sur laquelle sont disposés du jambon, ou de la viande froide, accompagné de fruits. Quant à la vraie salade de fruits, elle est évidemment proposée un peu partout. A Rio, les variétés entrant dans sa composition étant nombreuses, ce dessert est copieux et vraiment coloré.

Ci-dessous, dans une « churrascaria », on découpe la viande sous vos yeux; à droite, danseuse de samba dans une boîte de nuit.

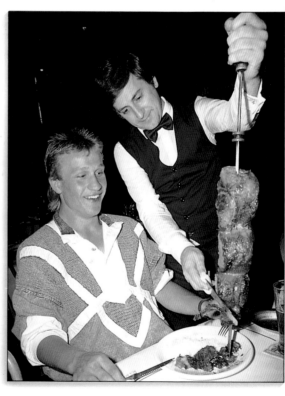

POINTS DE VUE

Depuis sa découverte, en 1502, par l'explorateur André Gonçalves, le site de Rio de Janeiro séduit ses visiteurs.

La physionomie de la ville a évidemment beaucoup changé en quatre siècles, mais la beauté du paysage où elle s'inscrit, émerveille toujours. S'il faut s'en convaincre d'emblée, le mieux est d'aller se poster sur l'une des hauteurs naturelles au cœur de la métropole.

La visite de Rio s'effectue plus ou moins complètement, selon le temps que l'on peut y consacrer. Trois parcours sont proposés ici : un premier, classique et quasi obligatoire ; un autre, davantage hors des sentiers battus, et un troisième pour ceux qui disposent de plus de temps et ont un peu le goût de l'aventure.

Un premier parcours

Le panorama dont on jouit du haut du **Pão de Açúcar**, du Pain de Sucre, est irremplaçable. De son sommet, à 395 m, le regard embrasse aussi bien le croissant de la **Praia de Copacabana** et l'**anse de Botafogo** que le **pont Rio-Niterói** et, par temps clair, les sommets tourmentés de la **Serra Fluminense**. L'ascension du Pain de Sucre s'effectue toutes les demi-heures, de 8 h à 22 h. Le téléférique part de la **Praça General Tibúrcio** (Praia Vermelha).

Incontournable également, la montée au **Corcovado**, le « bossu » (704 m). Il est surmonté du célèbre *Christ Rédempteur*, haut de 30 m. Cette œuvre du sculpteur français Paul Landowski, secondé par une équipe d'artisans, fut achevée en 1931, neuf ans après la célébration du centenaire de l'Indépendance, à l'occasion de laquelle la statue aurait dû être mise en place. Paul Landowski dut demander l'appui du Vatican pour réunir l'investissement nécessaire à l'achèvement du projet.

Coucher de soleil sur la Lagoa Rodrigo de Freitas.

Pour accéder à ce sommet, le plus agréable est d'emprunter le funiculaire qui part de l'**Estação da Estrada de Ferro Corcovado**, à **Cosme Velho**, toutes les trente minutes (de 8 h à 18 h 30) et suit un chemin pittoresque. Cette voie ferrée fut réalisée sous la direction de l'ingénieur Pereira Passos et inaugurée en 1884. Les premiers trains qui gravirent le flanc du « bossu » étaient à vapeur. Le trajet, assez pénible, requérait un certain stoïcisme. Quand, en 1912, la Rio de Janeiro Tramway, Light & Power Company électrifia la ligne, le nombre des passagers augmenta. Aujourd'hui, assis confortablement dans un des wagons du funiculaire, on profite d'une belle vue et du délicieux passage par le tunnel de verdure de la **Floresta da Tijuca**, forêt classée parc national.

Préférer la voiture au funiculaire présente l'avantage de pouvoir sillonner à loisir ce qui reste de la jungle qui ceignait jadis Rio. La forêt ne couvre plus que 120 km², mais sa traversée reste captivante. Une fois que l'on a dépassé les belvédères de **Vista Chinesa** (ce nom rappelle la présence de Chinois qui, sous Jean VI, s'essayèrent à la culture du thé) et de la **Mesa do Imperador** (lieu aimé de Pierre II), on gagne **Alto da Boa Vista**, puis la **Cascatinha Taunay**, une cascade haute de 35 m.

Quand on vient de Botafogo ou de Cosme Velho pour se rendre au Corcovado, il ne faut pas manquer de faire une station à **Dona Marta Belvedere**. De son joli patio, on embrasse du regard la ville, les plages et les montagnes. Droit devant, le Pain de Sucre domine admirablement l'anse de Botafogo.

C'est un avant-goût du panorama qui s'offre du sommet du Corcovado, d'où l'on aperçoit la **Lagoa Rodrigo de Freitas**. Au milieu des gratte-ciel en rangs serrés de la *zona sul*, la lagune apparaît comme un havre de grâce. Au-delà de l'Avenida Borges de Medeiros, qui borde le plan d'eau à l'ouest et au sud-ouest, et derrière la Praia do Vidigal, se dresse la **Pedra Dois Irmãos**. Plus loin, on reconnaît le sommet plat de la **Pedra da Gávea**.

La plage de São Conrado et l'imposante Pedra da Gávea.

En retour, le Corcovado s'observe bien des rues proches du **Jardim Botânico**, à deux pas de la Lagoa.

Les cinéphiles se rendront au carrefour des **Avenidas Atlântica** et **Princesa Isabel**, à la limite de Copacabana et de Leme. Cet endroit leur évoquera sans doute une scène des *Enchaînés*, d'Alfred Hitchcock, dans laquelle Cary Grant et Ingrid Bergman dînent agréablement sur la terrasse d'un bel appartement.

Du bout de la célèbre plage de Copacabana, à la hauteur du **Posto 6**, à la fois poste de surveillance et lieu de rendez-vous, le point de vue sur le Pain de Sucre, au nord, est remarquable.

Si l'on se rend nettement plus au sud, on rejoint, à partir de **Leblon** — par l'**Avenida Niemeyer**, qui s'élève en bordure de la mer —, le quartier de **São Conrado**, accroché à l'un des versants de la Pedra da Gávea.

Enfin, une promenade en bateau dans la **Baía de Guanabara** complète agréablement une première prise de contact avec Rio. Si l'on désire excursionner dans la charmante **Ilha da Paquetá**, la plus vaste des îles de la baie, des ferries et des hydroglisseurs partent plusieurs fois par jour de l'embarcadère situé à proximité de la **Praça 15 de Novembro**.

Rio hors des sentiers battus

Santa Teresa est l'un des quartiers mal connus des visiteurs de Rio. Il est construit, non loin du centre de la métropole, sur des collines se découpant sur la Floresta da Tijuca. Vers 1800, la bourgeoisie y avait élu domicile et fait bâtir de belles demeures coloniales qui sont encore debout. Santa Teresa a perdu sa réputation dans les années 60, quand artistes et hippies sont venus s'y installer en nombre. Si la mauvaise image de marque donnée au quartier n'était pas méritée à l'époque, elle est moins injuste aujourd'hui, à cause de la proximité de favelas, en contrebas.

Il est conseillé de se rendre à Santa Teresa par le *bonde*, un tramway pittoresque pour la conservation duquel les usagers se sont battus bec et ongles. Il se prend dans le centre de Rio, près de l'Avenida República do Chile, en face de l'immeuble de la Petrobrás.

Au deuxième arrêt du tram, la baie de Guanabara apparaît, magnifique, entre des villas et des arbres. Néanmoins, c'est sans doute du jardin du ravissant **Museu da Chácara do Céu** (un musée d'art très intéressant) que le panorama sur Rio et la baie est le plus remarquable.

Si l'on désire continuer sa visite hors des sentiers battus, il est nécessaire de disposer d'un véhicule personnel. Il permet de sortir de la métropole et de se diriger, par exemple, vers le sud-ouest et la Costa Verde. La route serpente le long de la côte et dessert des grèves éloignées, au-delà de **Barra da Tijuca**. La longue **Praia dos Bandeirantes** est, plus encore que celle de Copacabana, le royaume des surfeurs.

Après **Recreio dos Bandeirantes**, la route s'élève sensiblement et offre à chaque détour des points de vue spectaculaires sur l'Océan. Puis elle descend sur **Prainha** et, peu après, sur **Grumari**, deux plages qui s'étendent au pied de collines verdoyantes. Prainha, grâce à ses vagues, est recherchée par les surfeurs, tandis que Grumari l'est surtout pour sa beauté et pour les crabes excellents que l'on déguste dans le restaurant face à la mer.

Ensuite, par une petite route assez mal entretenue, on rejoint doucement **Barra de Guaratiba**. On ne regrette pas d'avoir enduré les nids-de-poule, car le tableau qui s'offre alors pourrait être de la main de Gauguin : une plage immaculée dans un écrin de collines couvertes de végétation tropicale. Et si l'on poursuit la montée, le panorama qui se déroule est fort beau ; il comprend les **marais de Guaratiba** et la longue flèche de sable de la **Restinga de Marambaia**, qui ferme la **Baía de Sepetiba**, une vaste baie où commence véritablement la **Costa Verde**.

A partir de Rio, une autre excursion pleine d'intérêt invite, cette fois, à se

Vue sur Rio de la Vista Chinesa, l'un des belvédères dans la Floresta da Tijuca.

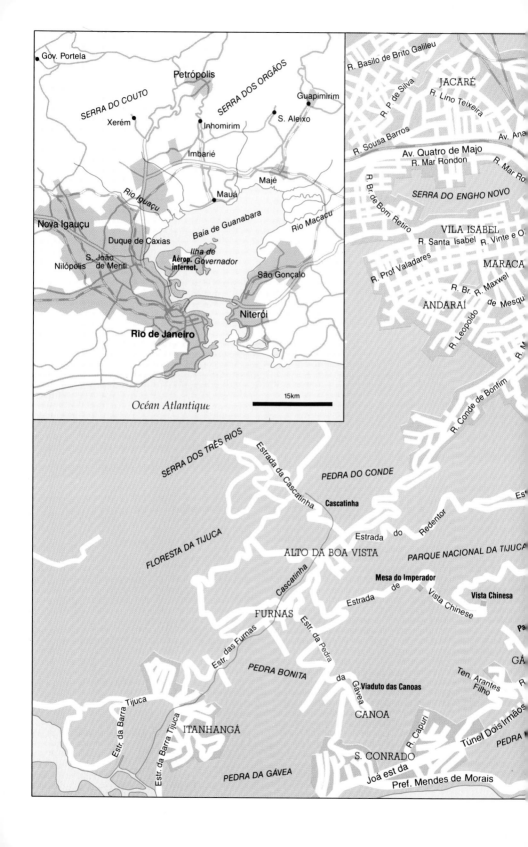

Gov. Portela

Petrópolis

SERRA DOS ORGÃOS

SERRA DO COUTO

Guapimirim

Xerém
Inhomirim
S. Aleixo

Imbarié

Majé

Mauá

Nova Igauçu

Rio Iguaçu

Baia de Guanabara

Rio Macacu

Duque de Caxias
Ilha de
Aérop. Governador
internat.

Nilópolis
S. João
de Meriti

São Gonçalo

Niterói

Rio de Janeiro

Océan Atlantique

15km

R. Basilo de Brito Galileu

JACARÉ

R. P. de Silva

R. Lino Teixeira

Av. Ana

R. Sousa Barros

Av. Quatro de Majo
R. Mar Rondon

R. Mar Ro

R. Br. de Bom Retiro

SERRA DO ENGHO NOVO

VILA ISABEL

R. Santa Isabel

R. Vinte e O

MARACA

R. Prof Valadares

R. Br. R. Maxwel

ANDARAÍ

de Mesqu

R. Leopoldo

R. M

R. Conde de Bonfim

SERRA DOS TRÊS RIOS

Estrada da Cascatinha

PEDRA DO CONDE

Cascatinha

Es

Estrada do Redentor

FLORESTA DA TIJUCA

ALTO DA BOA VISTA

PARQUE NACIONAL DA TIJUCA

Cascatinha

Mesa do Imperador
de Vista Chinese

Vista Chinesa

Estrada

FURNAS

Estr. das Furnas

Estr. da Pedra

Pa

GÁ

PEDRA BONITA

da

Gávea

Viaduto das Canoas

Ten. Arantes
Filho

R

Estr. da Barra Tijuca

Tijuca

CANOA

R. Capuri

Túnel Dois Irmãos

Estr. da Barra Tijuca

ITANHANGÁ

S. CONRADO

PEDRA

PEDRA DA GÁVEA

Joá est da

Pref. Mendes de Morais

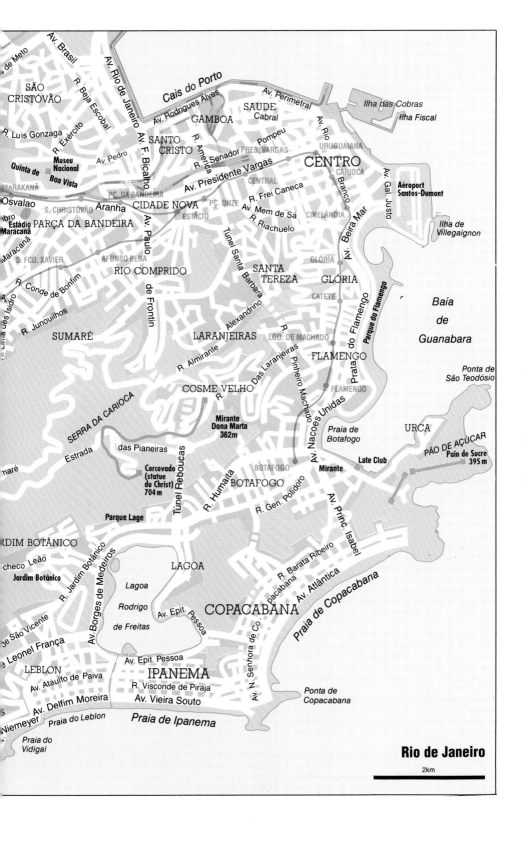

Rio de Janeiro

2km

diriger vers l'est et à traverser la Baía de Guanabara, soit — quand on est en voiture — par le très grand pont qui relie Rio à **Niterói**, soit par le ferry ou l'hydroglisseur, à partir de la Praça 15 de Novembro.

A peine le ferry s'est-il éloigné du quai que la capitale de l'État et ses mornes apparaissent dans leur splendeur. Une fois débarqués à Niterói, si l'on désire jouir sans attendre de points de vue remarquables sur la baie, il faut se rendre sur les plages qui font face à Rio ; à commencer par l'étroite **Praia Gragoatá**, située à environ 1,5 km du centre de Niterói.

La vue est sensiblement la même à partir de la **Praia de Icaraí**, qui longe un quartier ressemblant fort à Copacabana par ses immeubles, ses nombreux bars et restaurants et l'intense circulation.

Si l'on revient sur ses pas en suivant la grève vers la Praía Gragoatá, on ne peut manquer de voir l'extraordinaire corolle en béton du **Museu de Arte Contemporãnea**. Cette construction, qui surplombe la **Praia da Boa Viagem**, a été inaugurée en 1996 ; elle est due au talent de l'architecte brésilien Oscar Niemeyer.

A l'extrémité ouest de la plage, un escalier donne accès à l'**Ilha da Boa Viagem**. Toutefois, il faut s'assurer, avant de se lancer dans cette petite expédition, que le portillon qui permet l'accès à l'île n'est pas verrouillé. Si l'on a pu le franchir, on arrive presque immédiatement à **Nossa Senhora dos Navegantes**, une charmante chapelle bâtie en 1734, dont les murs, tout blancs, contrastent joliment avec le vert de l'exubérante végétation environnante. De l'île, aucun obstacle ne gêne la vue sur Rio, qui se révèle, autant que cela est possible, encore plus magnifique.

Si l'on dispose de plus de temps

A partir de Niterói, de la **Praia do Saco de São Francisco**, on effectue une vingtaine de kilomètres le long de

Botafogo et le Pain de Sucre vus de Dona Marta Belvedere.

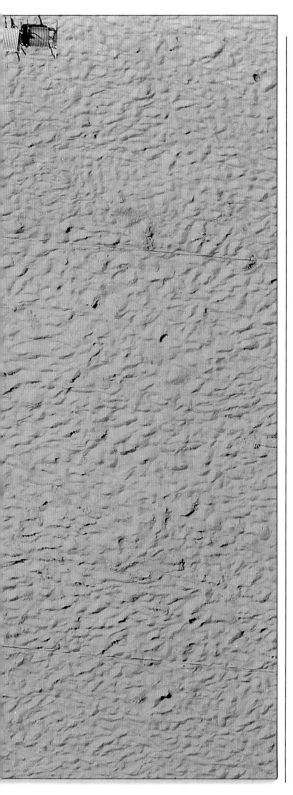

plages isolées, situées entre l'Océan et des lagunes dont celle d'**Itaipú**. De cet endroit, le point de vue sur Rio se révèle encore différent. On reconnaît, dans le lointain, le sommet arasé de la Pedra da Gávea, et on distingue notamment le Pico da Tijuca, qui culmine à 1 020 m.

Ensuite, on rejoint la route principale en parcourant quelques kilomètres vers l'intérieur des terres avant de tourner à droite, en direction d'**Itaipuaçu**. La route monte à travers une forêt tropicale, puis descend pour atteindre l'immense **Praia de Itaipuaçu**, une plage quasi sauvage.

Les amateurs de beaux points de vue ne manquent pas, lorsqu'ils s'aventurent dans la région de **Teresópolis**, de s'arrêter, à environ une heure de Rio, sur l'aire d'observation aménagée à l'embranchement de l'autoroute en direction de Teresópolis. Par temps clair, on distingue clairement la ligne de partage entre les eaux étales de la baie et celles, houleuses, de l'Océan, qui commence au-delà du Pain de Sucre.

Enfin, il n'est pas nécessaire d'être un marcheur exercé pour entreprendre l'ascension du **Pico da Tijuca**. Pour y parvenir, on s'enfonce profondément dans la Floresta da Tijuca. Après avoir laissé son véhicule sur le parking attenant à l'aire de pique-nique **Bom Retiro**, il faut marcher pendant 3 km par des sentiers souvent mal balisés. Ensuite, il ne reste plus qu'à traverser une rocaille de quelques dizaines de mètres avant d'accéder au sommet. Tout ce parcours demande, en moyenne, une heure et quart.

En haut, certains peuvent avoir le vertige ; aussi est-il naturel que l'on ressente d'abord le besoin de s'asseoir, d'autant que l'espace pour s'installer n'est pas très étendu. Cependant, on ne regrette pas d'être arrivé là, car le regard, dans toutes les directions, ne rencontre pas d'obstacle. A plus de 1 000 m, on dépasse les sommets des alentours, et il est vraiment saisissant de se voir au-dessus de la cime des plus grands arbres de la forêt.

Au-dessus d'une partie de volley-ball.

IPANEMA ET LEBLON

Des hauteurs de la Floresta da Tijuca, on distingue l'immense Lagoa Rodrigo de Freitas, les plages et les gratte-ciel d'Ipanema et de Leblon, lesquels forment un ensemble homogène d'habitations où vit une bonne partie de la classe aisée carioca.

Haut lieu des discothèques et des boîtes de nuit sélects, des restaurants les plus élégants, des appartements les plus luxueux, des galeries d'art célèbres, des boutiques de mode, des cinémas et des théâtres, Ipanema et Leblon sont réputés pour être les quartiers les plus chics et les plus cosmopolites de Rio, le rendez-vous des artistes et des intellectuels.

Certes, Ipanema ressemble à Copacabana, mais à une différence près : l'opulence, ici bien plus importante. Les appartements donnant sur l'Avenida Vieira Souto et sur l'Avenida Delfim Moreira, qui la prolonge, à Leblon, sont les plus recherchés de tout Rio et se vendent rarement à moins d'un million de dollars.

Des bungalows à l'explosion immobilière

A la fin du XIXᵉ siècle, Ipanema (nom d'origine indienne signifiant « eaux dangereuses ») ne désignait encore qu'un endroit désert perdu dans les dunes où s'élevaient une poignée de *barracas* desservies par des pistes mal entretenues. Mais un restaurant, aussi fréquenté que La Mère Louise (cabaret très connu de Copacabana, près du célèbre Posto 6), s'était installé dans les parages.

En 1904, la création de l'Avenida Vieira Souto, sur le front de mer, et de la Praça Nossa Senhora da Paz, marquèrent l'essor du quartier. Le canal du Jardim de Alá (ou Alah), qui relie l'Atlantique à la Lagoa Rodrigo de Freitas, fut rénové et réduit au cinquième de sa largeur pour permettre la construction d'un pont. Peu à peu, la zone qui s'étendait de l'autre côté du canal prit le nom de Leblon, du nom du Français Charles Leblon qui, au XIXᵉ siècle, y avait installé sa propriété.

Dans les années 50, le manque de place commença à faire fuir les bourgeois de Copacabana vers le sud, entraînant une véritable flambée immobilière et une explosion démographique à Ipanema. Les anciennes routes furent transformées en rues pavées et en larges avenues, les bungalows en maisons ou en immeubles cossus ; des galeries marchandes fleurirent un peu partout.

Puis, dès les années 60, des gratte-ciel vinrent remplacer les premiers petits immeubles à quatre étages, dont il ne reste aujourd'hui que quelques exemples. Comme à Copacabana, ces transformations suscitent encore le mécontentement des habitants d'Ipanema qui, rompant avec la nonchalance si caractéristique des Cariocas, mobilisent leurs forces pour protéger leur cadre de vie. Une initiative bienvenue dans une ville si souvent défigurée par les promoteurs.

La « nouvelle vague » et le tropicalisme

Au début des années 60, comme aux États-Unis et en Europe, un vent de liberté commença à souffler sur Ipanema. L'élite cultivée du Brésil allait s'y donner à cœur joie. Le mensuel satirique *Pasquim* alla même jusqu'à proclamer avec humour la « république indépendante d'Ipanema ».

La comédienne Leila Diniz, célèbre pour avoir défilé en tête de l'orchestre de rue La Banda de Ipanema lors du carnaval, devint le symbole de la femme indépendante et l'égérie du mouvement anticonformiste (elle scandalisa la bourgeoisie de Rio en se montrant sur la plage enceinte, en bikini).

Trois bars animaient alors la capitale de la « république » : le Zeppelin, quartier général de la Banda de Ipanema, le Jangadeiros et, rue Nascimento Silva, le Veloso. C'est là, parmi les écrivains et les musiciens qui se donnaient rendez-vous au Veloso ou dans l'appartement de Tom Jobim,

A gauche, Ipanema est l'une des plages les plus fréquentées du centre de Rio.

que naquit la bossa-nova, la « nouvelle vague » du Brésil. En 1962, les « fils chéris » de la « république », Tom Jobim, le compositeur le plus accompli dans cette musique discrète et élégante, et le poète Vinícius de Moraes, allaient rendre célèbres non seulement la musique brésilienne, mais aussi la plage d'Ipanema avec le grand succès mondial *A Garota de Ipanema* (voir pp. 138-139).

Quelle autre description saurait mieux traduire la vie à Ipanema durant cette période que celle rendue par Tom Jobim ? *« Ipanema était un paradis, un des plus beaux endroits au monde. J'ai toujours préféré Ipanema à Paris, à Rome et à New York. Pas à cause de ce qu'on y faisait, mais pour sa nature et sa beauté. [...] On avait l'Océan d'un côté, la lagune de l'autre, du poisson en abondance, des eaux limpides, des forêts et des montagnes. Et encore, cela ne donne qu'une toute petite idée de ce qu'était Ipanema. [...] Lorsque je suis allé pour la première fois aux États-Unis avec ma chanson,* *elle a été refusée; personne, là-bas, n'avait jamais entendu parler d'Ipanema. J'ai dû me bagarrer. L'année suivante, on vit apparaître des hôtels et des touristes. [...] Un jour, j'ai même été interpellé dans la rue par un gars très en colère qui accusa ma chanson, et moi avec, d'être responsable de la flambée des loyers du quartier. »*

Mais le coup d'État militaire de 1964 annonça la fin de la « nouvelle vague » et de sa douce insouciance. Avec l'étiolement de la bossa-nova et l'apparition de nouvelles tendances, Gilberto Gil et Caeteno Veloso, influencés par le rock and roll, fondèrent un mouvement plus engagé, le tropicalisme (*tropicalismo*), qui regroupait musiciens, poètes, chanteurs et plasticiens.

En 1968, le président Artur da Costa e Silva instaura un régime de terreur, et la censure fut appliquée à tous les médias. Pour la bohème de gauche d'Ipanema, qui était devenue la plus progressiste de tout le pays, le coup était particulièrement rude, et

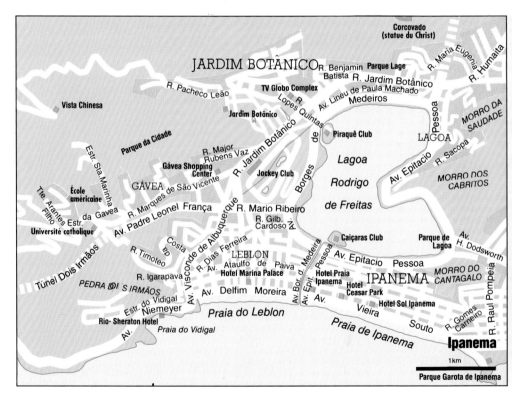

plusieurs de ses militants, comme Gilberto Gil et Caeteno Veloso, s'exilèrent à Londres, où ils devaient rester plusieurs années. L'écrivain Heloisa Hollanda se souvient ainsi : « *Le quartier perdit d'un coup son innocence... Il y eut une crise et, soudain, la fête était finie.* »

En 1972, triste symbole de la fin de cette période, la muse de la « république indépendante », Leila Diniz, trouva la mort dans un accident d'avion.

Les plages de la jeunesse dorée

Le quartier d'Ipanema (65 000 habitants) s'étire sur plus de 2 km de long, de la petite plage d'Arpoador au canal du Jardim de Alá, qui le sépare de Leblon.

La toponymie du quartier rend hommage aux illustres fondateurs de la bossa-nova. A la hauteur du Posto 9, près de l'avancée rocheuse Ponta do Arpoador, qui marque la limite entre Copacabana et Ipanema, le **Parque Garota de Ipanema** est le cadre de concerts en plein air.

A l'ouest de la presqu'île, la **Praia do Arpoador** est réservée aux amateurs de surf.

Frangée de palmiers et dominée, à l'ouest, par la **Pedra Dois Irmãos** (« montagne des deux frères »), la Praia do Ipanema est particulièrement belle au coucher du soleil, heure à laquelle des amoureux de tout âge flânent sous la lumière dorée. Fidèle à son histoire, Ipanema est aussi l'une des rares plages où l'on voit des femmes en monokini.

Le matin, le front de mer est envahi de coureurs à pied et de cyclistes, tandis que les adeptes de la gymnastique font leurs exercices sur le sable. Plus tard dans la journée, la *praia* est le rendez-vous de la jeunesse dorée de Rio, plutôt encline au farniente. Enfin, à l'aube, de nombreux Cariocas viennent ici finir leur nuit de fête, tandis qu'arrivent les premiers pêcheurs.

Moins animée que Copacabana, Ipanema est néanmoins l'une des plus fréquentées des vingt-trois plages de

Derrière le béton, la plage.

LA FILLE D'IPANEMA

Olha que coisa mais linda
Mais cheia de graça
É ela menina que vem e que passa
Seu doce balanço
Caminho do mar
Moça do corpo dourado
Do sol de Ipanema
O seu balançado é mais que uma poema
É a coisa mais linda que eu já vi passar...
(« Voici que s'avance la chose la plus belle, la plus gracieuse, la jeune fille qui vient et qui passe, s'avançant douce- ment vers la mer, jeune fille au corps doré du soleil d'Ipanema, son balance- ment est plus qu'un poème, c'est la chose la plus belle que j'aie vue passer [...] »).

C'est en 1962 que ces paroles de *A Garota de Ipanema* (*The Girl from Ipanema*), chantées par Astrud Gilberto sur une douce mélodie rehaussée par les accents du saxophone ténor de Stan Getz, firent soudain connaître la bossa- nova et ses auteurs, le compositeur Antônio Carlos Jobim, surnommé Tom Jobim, et le poète et parolier Vinícius de Moraes. En fait, le premier morceau à avoir défini le style de la bossa-nova a été *Chega de saudade*, composé en colla- boration avec le guitariste João Gilberto.

On a souvent dit que la bossa-nova est issue du jazz, en particulier du be- bop, mais Tom Jobim affirmait préférer les standards de Glenn Miller aux impro- visations expérimentales de Charlie Parker, et se disait surtout influencé par Debussy, Villa-Lobos, Stravinski et Chopin.

Tom Jobim naquit dans les faubourgs nord de Rio, à Tijuca. De formation clas- sique, ce fumeur invétéré (il consommait 80 cigarettes par jour) a bourlingué dans tous les bars de la *zona sul*, tels le Mocambo, le Vogue et l'Acapulco, jouant au piano tout ce qui pouvait l'être, tango, boléro ou fox-trot. Jobim fut aussi arrangeur, et il avait pour répu- tation d'être le meilleur improvisateur d'Ipanema.

Deux années (1956-1958) suffirent pour le rendre célèbre, mais aux scènes gigantesques devant des dizaines de mil- liers de spectateurs, il préférait les lieux

Le musicien Tom Jobim entouré de la « garota » d'Ipamena et de la fille de celle-ci.

plus intimes. Quand Jobim apprit que Frank Sinatra l'invitait à New York pour y enregistrer un disque, il était au Veloso, centre névralgique de la bossa-nova. Cependant, à New York, on ne le laissa pas au piano, et on lui fit jouer de la guitare, l'instrument emblématique de la musique populaire brésilienne. A sa mort, en décembre 1994, à soixante-sept ans, Tom Jobim avait écrit plus de 300 chansons et vendu 7 millions de disques, dont 4,2 millions rien que pour *A Garota de Ipanema*. Quant à Vinícius de Moraes, il mena une double carrière d'ambassadeur et de poète. Il disparut en 1980.

Le tandem Tom Jobim-Vinícius de Moraes fut fécond. On lui doit, notamment, ainsi qu'à Luis Bonfa, la musique du film *Orfeu Negro*, tourné en 1959 par Marcel Camus. La tragédie d'Orphée et d'Eurydice est transposée dans le Rio des années 50, sur fond de carnaval et de favelas.

La *garota* d'Ipanema, Heloisa Pinheiro, a réellement existé et vit toujours. Collégienne à Ipanema, elle passait deux fois par jour devant le Veloso, dans l'ancienne Rua Montenegro (devenue depuis ce temps-là Vinícius de Moraes), sur son trajet de la maison au collège. C'est là que Jobim la remarqua.

Heloisa attribue sa célébrité involontaire au fait de *« s'être trouvée au bon endroit au bon moment »*. Mais pour Jobim, Heloisa était le prototype même de la beauté des femmes de Rio : *« Elle avait cette longue chevelure dorée, ces yeux d'un vert brillant et une silhouette fantastique. »*

Les retombées du succès de la chanson sur la jeune fille furent immédiates. *« Un jour, un journaliste brésilien me dit que j'avais inspiré une chanson, et ça, je ne pouvais le croire. »* Cette renommée inattendue lui ouvrit des portes. Elle posa comme mannequin dans plusieurs journaux, joua dans des séries à l'eau de rose pour la télévision et participa à des émissions destinées aux femmes. Aujourd'hui dans la fleur de la quarantaine, Heloisa est une femme d'affaires qui tient, avec son mari, un magasin spécialisé dans le son, ainsi qu'une agence de mannequins à São Paulo, où elle réside. Mère de trois filles et d'un garçon, elle est fière de sa fille aînée, Kiki, la nouvelle *garota de Ipanema*, qui a remporté il y a quelques années le titre de Miss Ipanema.

Vision moins romantique des beautés d'Ipamena.

Rio. Cependant, comme son nom l'indique, les courants peuvent être forts et les rouleaux dangereux ; les baigneurs doivent donc rester prudents.

Au large, le petit groupe d'îles, dont l'Ilha Cagarras, est très apprécié des amateurs de pêche sous-marine.

Après la plage, les emplettes

Pour les amateurs de lèche-vitrines, Ipanema occupe une place privilégiée à Rio. Longtemps, seule une poignée de boutiques assurait la vie commerçante du quartier.

Mais, récemment, un grand centre commercial a ouvert ses portes, et, tout au long de l'année, les Cariocas alléchés par ses devantures luxueuses et la qualité de ses produits affluent de toute part pour y faire leurs emplettes.

Les célèbres boutiques de mode et de décoration se concentrent dans la rue principale, Rua Visconde de Pirajá, et dans les rues attenantes, entre les Ruas Garcia d'Ávila et Aníbal de Mendonça.

La **Feirarte**, aussi connue sous le nom de **Marché hippie** (voir p. 205), tradition instaurée à Ipanema en 1975, se tient tous les dimanches de 9 h à 18 h sur la Praça General Osório. Certes, les objets typiquement « hippies » ont progressivement fait place à des articles plus classiques, mais il est toujours agréable d'y flâner et d'essayer d'y dénicher quelque « trésor » de l'artisanat brésilien : maroquinerie, sculptures, bijoux, etc.

Ipanema est aussi le centre de la joaillerie de Rio de Janeiro (voir pp. 206-207). Sur la Rua Visconde de Pirajá et la Rua Garcia d'Ávila brillent les enseignes prestigieuses des grands maîtres joailliers de réputation internationale, tels **H. Stern**, **Amsterdam Sauer** ou **Roditi**. Des visites guidées sont organisées pour permettre d'admirer leurs remarquables collections de pierres précieuses.

Un dîner à Ipanema

A Ipanema, contrairement à Copacabana, ce ne sont pas les grands complexes hôteliers qui orchestrent la vie nocturne. Sur toute leur longueur, les plages d'Ipanema et de Leblon ne comptent que cinq hôtels, et seuls trois cafés jalonnent le front de mer (deux à Ipanema, un à Leblon).

Cependant, pour les amateurs de bonne chère, le **Caesar Park**, hôtel très fréquenté par les hommes d'affaires, mérite le détour. En plus de la qualité irréprochable de son service, cet établissement de luxe possède deux restaurants excellents : le **Mariko**, dont la cuisine japonaise est inégalée à Rio, et le **Petronius**, qui, spécialisé dans les fruits de mer, sert une cuisine internationale de premier ordre.

Tous les samedis et mercredis, à l'heure du déjeuner, les amateurs de *feijoada* se donnent rendez-vous au Caesar Park pour savourer le plat national, préparé ici comme nulle part ailleurs (mais qui reste malgré tout relativement bon marché). Le dimanche, on vient pour se régaler de *cozido*, sorte de ragoût préparé à par-

A l'ombre des palmiers royaux du Jardim Botânico.

tir de filet de porc, de saucisses et de légumes qu'on laisse mijoter pendant des heures pour faire ressortir la saveur de chaque ingrédient. Le tout est accompagné de sauces variées.

La **Rua Barão da Torre** abrite un grand nombre de restaurants : au n° 192, le **Satyricon** sert des fruits de mer à des prix fort raisonnables ; au n° 218, comme de nombreuses *churrascarias*, le **Porcão** propose une formule *rodizio* (assortiment de viandes grillées servies à volonté) ; au n° 348 se niche le coquet restaurant portugais **Negresco** ; au n° 368, le bar-restaurant **Banana Café**, très en vogue, sert 19 sortes de pizzas ainsi que des sandwichs ; enfin, au n° 600, la *churrascaria* **Esplanada Grill** continue d'attirer une clientèle chic.

Sur la Rua Prudente de Morais, au n° 129, le **Streghe** est un restaurant italien réputé, dont l'esprit se rapproche de la nouvelle cuisine.

Comme son nom l'indique, le très « british » **Lord Jim Pub**, au n° 63 de la Rua Paul Redfem, accueille une

Après la plage, les jeunes Cariocas se retrouvent souvent autour d'un verre.

grande partie de la communauté anglaise de la ville, qui vient se rappeler les saveurs du pays natal autour d'un *fish and chips* ou d'un *Yorkshire pudding*.

La **Praça Nossa Senhora da Paz** est le quartier général de la jeunesse. Autour de la place et dans les rues adjacentes défile un ballet ininterrompu de voitures, de motos et de scooters pétaradants. A proximité de petites pizzerias et de terrasses de cafés, le restaurant brésilien **Sal e Pimenta** possède un piano-bar, l'**Alô-Alô**. Non loin, l'**Hippopotamus**, qui sert de la cuisine française, est aussi un club privé fort élégant, le plus branché du moment. Enfin, **Caligula** est l'une des boîtes de nuit les plus fréquentées du quartier. On peut y dîner, danser sur du disco ou converser entre amis près d'un piano.

Leblon

Leblon compte moins de boutiques qu'Ipanema, mais il est célèbre pour

son grand centre commercial consacré à l'ameublement et à la décoration intérieure, le **Rio Design Center** (au n° 270 de l'Avenida Ataulfo de Paiva).

De même, il compte aussi de nombreux restaurants. Les *churrascarias* **Dinho's Place**, au n° 57 de la Rua Dias Ferreira, et **Buffalo Grill**, Rua Rita Ludolff, ont des cartes appétissantes. Sur l'Avenida General San Martin, **Mr. Zee**, au n° 1219, est le restaurant chinois le plus chic de tout Rio, et le **Florentino**, au n° 1227, est devenu le lieu de rendez-vous privilégié des Cariocas fortunés.

Les célébrités se retrouvent à l'**Antiquarius**, au n° 19 de la Rua Aristides Espínola, qui propose des spécialités portugaises, notamment de bons plats de *bacalhau* (« morue »). Le **Celeiro**, Rua Dias Ferreira, présente un fantastique buffet de salades. Le bar dansant **Un, Deux, Trois**, Avenida Bartolomeu Mitre, est animé par des orchestres.

Le soir, la jeunesse se retrouve dans Baixa Leblon (« Bas-Leblon »), au pied de la Pedra Dois Irmãos. Les rues et trottoirs y débordent de joyeuses bandes, tandis qu'autour, bars et restaurants accueillent une clientèle nombreuse, en particulier à la belle saison et en fin de semaine.

Depuis peu, les nuits de Leblon sont très animées. Tous les soirs, la **Scala** et la **Plataforma 1**, deux boîtes de nuit très en vogue, passent de la musique de carnaval — les deux établissements proposent en outre des revues de qualité. Avenida Ataúlfo de Paiva, 500, la boîte de nuit **Alvaro's** ferme ses portes relativement tôt mais, au n° 984 de la même avenue, les folles nuits du **Luna Bar** se prolongent jusqu'à 5 h du matin.

Enfin, en haute saison, les bals attirent une foule de Cariocas et d'étrangers.

La Lagoa

Une demi-douzaine de lagunes s'étendaient jadis derrière Ipanema. Mais la **Lagoa Rodrigo de Freitas** est la seule à

A gauche, quand il fait chaud, un « chopp » s'impose; ci-dessous, un artiste d'Ipanema.

avoir survécu au raz-de-marée urbain. Ce lac naturel, qui, au XVIᵉ siècle, faisait partie d'une plantation de canne à sucre, a été ramené aux deux tiers de sa surface d'origine et ne s'étire plus que sur 2,5 km de long.

Cependant, pour les Cariocas, cette étendue d'eau est l'un des rares espaces protégés de la *zona sul*, et les occupants des beaux appartements qui la bordent défendent énergiquement ce lieu « sacré » entre tous. Grâce à leur acharnement, la Lagoa n'est plus le vidoir où se déversaient jadis les eaux usées non retraitées. Pollution et odeurs fétides ont disparu, laissant aux poissons une eau à nouveau pure et limpide.

Dominé par le Corcovado et le *Christ Rédempteur*, le rideau vert de la Floresta da Tijuca, la Pedra Dois Irmãos et, plus loin, le plat sommet du morne de Gávea, le site bénéficie d'un cadre enchanteur.

Bronzage en tandem.

Du lever au coucher du soleil, le ciel, l'eau et les montagnes composent une symphonie de formes et de couleurs, dont la palette des bleus, des verts et des gris se fond en un subtil arc-en-ciel.

La lagune est appréciée des amateurs d'activités en plein air. Dès le petit matin, les joueurs de tennis envahissent les courts qui jouxtent le plan d'eau, tandis que coureurs à pied, cyclistes et marcheurs empruntent le sentier qui en fait le tour (plus de 9 km). L'après-midi, nombre de Cariocas se retrouvent dans les clubs privés qui bordent la rive.

Autour de la lagune

Bon nombre de restaurants et de bars agrémentent les lieux.

Sur la rive sud, Avenida Epitácio Pessoa, 1484, le **Rive Gauche** est un restaurant spécialisé, comme son nom le laisse entendre, dans la cuisine française ; il offre un cadre intime et musical, avec une vue imprenable sur la lagune. Au sous-sol, le **Biblos Bar** est fréquenté par les célibataires.

Lieu idéal pour les gourmets romantiques, le restaurant de cuisine inter-

nationale **Antonino**, situé au n° 1244 de la même avenue, offre également un beau panorama. Enfin, le **Bar Lagoa**, réputé pour la verve de ses serveurs, et le très « branché » **Chico's Bar** sont aussi fort agréables.

L'hippodrome

Entre la rive ouest de la Lagoa et la Praça Santos-Dumont, l'hippodrome **Jóquei Clube** fut inauguré en 1926. Les courses ont lieu tous les samedis et dimanches après-midi, ainsi que les lundis et jeudis en soirée. Les courses hippiques viennent après les matches de football dans le cœur des Brésiliens, et les enjeux sont importants.

Le Jardim Botânico

Un peu plus au nord, accessible par la Rua Jardim Botânico, le **Jardim Botânico** s'étend sur 140 ha. Cette oasis de calme (en semaine) abrite environ 135 000 plantes et arbres représentant plus de 5 000 variétés.

Le jardin est l'une des grandes réalisations qui firent de Rio une ville moderne et « civilisée ». Un premier jardin fut aménagé en 1808, selon les instructions de Jean VI, dans l'ancienne propriété de Rodrigo de Freitas, non loin de l'usine de poudre à canons que le prince régent venait de faire construire. Le souverain portugais y planta de ses mains une bouture d'un palmier originaire du jardin Gabrielle, sur l'île Maurice, et fit venir de nombreuses espèces d'autres régions du monde. On peut ainsi admirer de très belles collections d'orchidées et de cactées ainsi qu'une composition de plantes de la forêt amazonienne. A l'entrée du parc, la majestueuse allée est bordée d'une double rangée de 134 palmiers royaux, de plus de 30 m de haut, plantés en 1809. On raconte que le roi en était si fier qu'il en fit interdire la vente de graines et de boutures.

Échappée à Gávea

A proximité du Jardin botanique, le beau **Parque Lage** mérite aussi un

détour. Un autre bel espace vert, le **Parque da Cidade** (« parc de la ville »), s'étend sur 47 ha dans le quartier de Gávea. A l'extrémité du parc, le **Museu Histórico da Cidade do Rio de Janeiro** n'est accessible que par l'Estrada de Santa Marinha. Cet imposant monument fut construit au XIXe siècle dans la plantation du marquis São Vincente. En 1887, le nouveau propriétaire, le comte de Santa Marinha, entreprit des travaux qui donnèrent à l'intérieur de la demeure son style actuel. Le musée évoque le développement de Rio, de sa naissance, en 1565, à la moitié du XXe siècle, à travers une collection unique de 17 000 pièces. On peut y admirer notamment des meubles, des photographies et des œuvres réalisées par de grands artistes brésiliens ou français, dont Eliseu Visconti, Vítor Meireles, Nicolas Antoine Taunay, Grandjean de Montigny, ainsi que des sculptures de Mestre Valentim. En outre, des expositions temporaires et des animations y sont régulièrement organisées.

A gauche, derrière les gratte-ciel, e Parque da Catacumba est le site de concerts en plein air ; à droite, quand balai et samba s'accordent.

SÃO CONRADO ET BARRA

Au-delà de Leblon, vers le sud, s'étendent les plages les plus éloignées du centre de Rio et naturellement les mieux préservées. La première, la **Praia do Pepino**, à **São Conrado**, s'inscrit dans une petite baie en amphithéâtre, bordée de montagnes couvertes de forêt tropicale. Parmi elles se distingue la **Pedra da Gávea**, morne au sommet plat si singulier. La plage est très appréciée par la jeunesse de la métropole et par les adeptes de deltaplane.

On s'y rend, en venant d'Ipanema, par le **Túnel Dois Irmãos**, qui passe sous le mont du même nom. Ou bien — et le chemin se révèle plus spectaculaire — par l'**Avenida Niemeyer**, achevée en 1917. Elle suit un tracé audacieux pour la réalisation duquel les ingénieurs de l'époque ont dû faire preuve d'une grande maîtrise technique. L'avenue commence au bout de la plage do Leblon et s'élève le long de versants abrupts. Par endroits, le regard plonge à pic dans l'océan.

Toutefois, le plus beau est pour la fin du trajet, quand on commence à redescendre vers la mer : on découvre soudainement l'Océan azur, l'anse sableuse et la silhouette massive du mont Gávea. Il est vrai qu'à Rio les points de vue merveilleux ne sont pas rares, mais l'arrivée sur São Conrado est vraiment impressionnante.

Vidigal

Vidigal borde, à flanc de falaise, une partie de l'Avenida Niemeyer. C'est un quartier contrasté, où voisinent riches et très pauvres. La favela de Vidigal a gagné les pentes de la colline mitoyenne avec São Conrado, jusqu'à former un bidonville très important.

De l'autre côté de l'avenue, côté mer, s'est installé le Sheraton, l'un des deux complexes hôteliers de Rio. Bien que la loi brésilienne garantisse à chacun l'accès à toutes les plages, cet hôtel

En deltaplane au-dessus de São Conrado.

de luxe a privatisé *de facto*, au profit de ses clients, la minuscule plage de Vidigal — mais heureusement ce genre d'initiative n'a pas pu se répéter à Rio. Contrairement aux établissements de Copacabana et d'Ipanema, le Sheraton et son voisin, l'Inter-Continental, situé en contrebas de la route qui mène à São Conrado, jouissent d'un espace remarquable, ce qui leur a permis de creuser de grandes piscines et d'aménager plusieurs courts éclairés la nuit. Les deux grands hôtels possèdent en outre d'excellents restaurants et des boîtes de nuit où viennent volontiers se distraire les noctambules cariocas.

São Conrado

São Conrado, pourtant très urbanisé, est séparé en deux par un vaste espace vert, le **golf de Gávea** (18 trous).

A l'époque coloniale, ce quartier n'était que champs de canne à sucre. La vie paisible a continué là jusque dans les années 60, quand fut édifié, sur la plage, le **Hotel Nacional**. Les quelques dizaines de maisons charmantes qui existaient déjà limitèrent la construction d'immeubles d'habitation sur le pourtour du golf.

La **Vila Riso** reste le témoin du domaine sucrier d'autrefois. On visite la *casa grande* (la maison de maître), en très bon état et toujours au milieu de ses terres.

São Conrado reproduit en réduction la géographie sociale de Rio. En « bas », sur le front de mer et autour du golf, vivent des Cariocas de la haute et de la moyenne bourgeoisie, qui habitent des appartements luxueux, des résidences en copropriété ou des maisons individuelles. Cette zone résidentielle et aérée de São Conrado est l'une des plus belles qui existent de par le monde.

Mais les magnifiques jardins s'arrêtent net là où commence la plus grande favela du Brésil, **Rocinha**, qui a investi la colline de haut en bas. Dans cette fourmilière traversée par un impressionnant maillage de ruelles et d'allées habitent plus de 60 000 personnes — beaucoup plus selon certaines sources —,

Barra da Tijuca, le nouveau quartier en vogue.

la plupart dans des maisons plus ou moins branlantes (quand ce ne sont pas de simples cabanes) et contiguës les unes aux autres.

Deltaplane à São Conrado

A l'extrémité du quartier où l'autoroute monte derrière la Pedra da Gávea, des mordus de deltaplane, suspendus à 550 m au-dessus de la mer, s'apprêtent à atterrir sur la Praia do Pepino. A main droite, une autre route, à flanc de montagne, conduit à la rampe de Pedra Bonita, d'où décollent les hommes-oiseaux de Rio. Si on la poursuit, elle mène à la Floresta da Tijuca et au Corcovado. Cette route réserve, à presque chaque détour, à travers l'épaisse végétation tropicale, de plaisants points de vue sur les plages en contrebas.

Courses tranquilles loin de l'agitation du centre de Rio.

Ceux qui désirent connaître la sensation de s'élancer dans les airs pour planer doucement, trouveront plusieurs pilotes expérimentés avec qui sortir en tandem. Il suffit de s'adresser à l'**Associação Brasileiro de Vôo Livre** ou bien au **Clube Vôo Livre**, où se retrouvent les amateurs de vol libre. Ledit club est installé au bout de la Praia do Pepino, à la hauteur de l'Avenida Prefeiro Mendes de Morais.

Barra da Tijuca

De São Conrado on se rend par une corniche à des plages très au sud de la métropole. La route, sinueuse, conduit aussi à quelques villas accrochées au flanc des collines abruptes. Au débouché d'un tunnel s'étend **Barra da Tijuca**, une zone d'habitation en plein développement pour la classe moyenne de Rio. Le plan d'occupation de cette vaste plaine, barrée à l'ouest par des montagnes, confirme l'orientation urbanistique adoptée pour la plupart des banlieues d'Amérique du Sud : habitations basses à l'intérieur de la zone et hauts immeubles sur le front de mer.

Le centre commercial le plus colossal de l'agglomération carioca a pris place à Barra. Pour certains, c'est un paradis

de la consommation, pour d'autres, un enfer. A Barra, la voiture se révèle nécessaire, car, contrairement à Copacabana ou à Ipanema, où les commerces sont regroupés dans un périmètre praticable à pied, les distances entre chaque lieu sont assez importantes.

Malgré les apparences, l'histoire de Barra da Tijuca n'est pas toute récente. Elle remonte en fait à 1624, quand les terres de cet endroit furent attribuées à un noble Portugais. C'étaient des marécages (Tijuca, nom donné par des esclaves africains, signifie cela), et cette zone resta longtemps ignorée. On commença à parler d'elle en 1710, quand s'y basa un Français, le capitaine de vaisseau Du Clerc, qui voulut prendre Rio par surprise. La tentative échoua, mais Du Clerc, tué par les Portugais, fut vengé l'année suivante par le corsaire Duguay-Trouin (voir p. 28).

Durant le XIXe siècle et jusque dans les années 60, Barra, partagé en petites exploitations agricoles, continua de vivre à l'écart des feux de la rampe.

Puis une route fut construite, et le quartier se développa beaucoup mais de manière bien anarchique. Un premier programme d'urbanisation, conçu en 1969 par Lúcio Costa, l'urbaniste de Brasília, n'a jamais vu le jour. Ce n'est que récemment que Barra a été doté de l'infrastructure indispensable à son expansion.

A l'instar de ce qui s'est passé à Ipanema et à Leblon dans les années 70 et 80, des constructions basses de Barra ont dû laisser la place à des gratte-ciel. L'urbanisation se poursuit, et les habitants du quartier ne savent pas encore exactement jusqu'où elle ira.

La plage la plus longue

La plage de Barra, avec ses 18 km, est la plus longue de Rio et la plus tranquille en semaine. Mais on ne peut pas en dire autant les week-ends, quand l'**Avenida Sernambetiba**, le long de la mer, devient impraticable pour les voitures à cause d'une circulation trop intense. Comme les touristes ont afflué

Des collines verdoyantes ceinturent la plage de Grumari

régulièrement, les hommes d'affaires n'ont pas été longs à convertir plusieurs bâtiments en appart-hôtels, voire en résidences incluant piscines, courts, saunas et salles de gymnastique, vendus à des prix plus raisonnables qu'à Copacabana, Ipanema ou São Conrado.

Le fait que ces opérations immobilières ont pu être réalisées si loin du centre de Rio est une preuve du désir des Cariocas de s'évader de l'agitation urbaine à laquelle certaines zones résidentielles anciennes n'échappent pas. A Barra, contrairement à Copacabana et à Ipanema, trop construits et trop peuplés, on ne rencontre pas de difficultés quand on désire s'adonner à des plaisirs simples : se promener, soigner son jardin ou (excepté, bien sûr, en fin de semaine)… se garer.

A Barra, les projets de constructions ne manquent pas.

Sortir à Vidigal, à São Conrado et à Barra

Les quartiers de Vidigal et de São Conrado recèlent deux des meilleurs restaurants de Rio. Le **Valentino's**, au Sheraton, a été salué par la critique pour la créativité de son chef, et ses plats de l'Italie du Nord réjouiront tous les gourmets. Sans parler du cadre, élégant, et de la douce ambiance distillée par le piano. La carte du **Monseigneur**, restaurant de l'hôtel Inter-Continental (situé non loin du précédent), propose de l'excellente cuisine française, où l'invention s'associe fort bien à la tradition dans un décor soigné.

Désormais, Barra ne souffre plus de l'absence d'une vie nocturne digne de ce nom. En effet, quelques bonnes adresses sont à signaler Avenida Sernambetiba et à proximité du centre commercial. Situé dans la **Casa Shopping**, une galerie marchande spécialisée dans l'ameublement, le **Rodeio**, succursale carioca d'une chaîne pauliste de *churrascarias*, est remarquable pour la qualité de sa viande. **Porção**, situé Avenida Armando Lombardi, 591, est un *rodizio* fameux qui convient aussi très bien aux amateurs de grillades. Au n° 175 de la même avenue, **La Mole** propose des plats italiens à des prix plus

que raisonnables. Face à la mer, Avenida Sernambetiba, 6250, **Le Petit Paris** concocte sans chichis des mets français. Dans la même avenue, au n° 330, service impeccable (convenant aux hommes d'affaires qui l'apprécient) et recettes internationales de qualité sont au rendez-vous chez **Nino**.

Et bien sûr — mais cela vaut-il la peine de le mentionner ?— la restauration rapide n'a pas boudé Barra. Quant aux boîtes de nuit, bars et autres clubs, ils ne manquent pas dans le quartier.

Les roulottes de Barra

Cependant, l'originalité du quartier, disons sa petite différence la nuit surtout, réside dans son indescriptible alignement de roulottes qui proposent à boire et à manger — et davantage — le long de l'Avenida Sernambetiba. Pendant la journée, les vendeurs sont à pied d'œuvre pour satisfaire les estivants en boissons fraîches et en plats chauds. Et la nuit, pendant les week-ends, certaines de ces échoppes ambulantes se convertissent en lieux de rendez-vous et centres de samba, les fameux *pagodes*, bondés de gens évidemment affamés et assoiffés, mais aussi désireux d'écouter de la musique et de danser.

Les *pagodes* sont nés au fond des jardins des maisons pauvres des quartiers nord, où des musiciens amateurs étaient engagés pour « faire le bœuf ». Quand ils se déplacèrent dans la zone sud de Rio, les *pagodes* abandonnèrent leur côté confidentiel et s'attachèrent à l'intérêt commercial de l'entreprise tout en conservant la qualité de leurs prestations musicales. Aujourd'hui, ce sont d'authentiques clubs de samba en plein air, où les chansons sont reprises en chœur par des gens heureux qui ne sauraient comprendre qu'on ne goûte pas à ces plaisirs, ne serait-ce que le temps d'une soirée.

Le Barramour, une institution

Barra et amour ne sont pas deux noms réunis par hasard. En effet, le quartier a vu fleurir au fil du temps des dizaines

Un jeune vendeur des rues propose des crabes vivants.

de motels qui, à Rio comme dans tout le Brésil, sont destinés aux amoureux. Les chambres, équipées en conséquence, disposent de saunas, de Jacuzzi et... de miroirs au plafond.

A l'origine, ces motels étaient conçus pour offrir aux jeunes couples l'intimité que la vie en famille ne leur permettait pas (les Brésiliens restent généralement chez leurs parents jusqu'à leur mariage). Maintenant ils abritent aussi les aventures extraconjugales des hommes d'affaires. Les secrets sont bien gardés derrière des murs imposants, et des garages privés sont mis à disposition pour éviter d'éventuelles rencontres inopportunes. En outre, quantité de couples mariés fréquentent ces temples d'Aphrodite (dont certains rivalisent en luxe avec les meilleurs cinq-étoiles de la métropole) afin de pimenter un peu leur union.

Recreio dos Bandeirantes

Dégustation de fruits de mer au Candido's, à Pedra de Guaratiba.

Après Barra da Tijuca s'étend, entre l'Océan et la Lagoa de Marapendi, la longue **Praia dos Bandeirantes**. Au-delà de **Recreio dos Bandeirantes**, la route grimpe dur pour redescendre sur **Prainha**, plage appréciée des surfeurs, puis **Grumari**, une merveilleuse grève isolée. Quant on suit la route, assez mauvaise, pour atteindre le sommet de la colline, on voit la **Baixada de Guaratiba** (des marais) et la longue flèche de sable de la **Restinga de Marambaia**, zone militaire, donc interdite.

De l'autre côté de la plaine marécageuse, **Pedra de Guaratiba**, un village de pêcheurs, est en ce moment à la mode à cause de ses restaurants de fruits de mer (le **Candido's**, le **Tia Palmira** et le **Quatro Sete Meia**), pour lesquels des Cariocas délaissent volontiers les établissements similaires à Rio.

Il est bon de faire la promenade de São Conrado à Guaratiba doucement, en un jour ou deux, le temps de jouir à son aise de l'espace et du calme relatif que réservent ces plages à l'écart de la métropole... Sans oublier les petits plaisirs de bouche, qui ne sont pas les moindres du voyage.

PETRÓPOLIS

Petrópolis, Teresópolis et Nova Friburgo sont trois stations climatiques situées dans une magnifique région de montagnes. La sérénité que ces villes dégagent, due à leur charme désuet et à leur climat tempéré, et la beauté de la Serra dos Orgãos, attirent de nombreux habitants de l'État de Rio de Janeiro durant la saison chaude.

La marque de Pierre II

Avec son côté suranné et chaleureux, **Petrópolis**, ville moyenne de 270 000 habitants, dont beaucoup sont ouvriers et commerçants, a l'allure d'une ville un peu baroque dont le plan tranche avec celui des cités aux rues tracées au cordeau. Malgré son statut de première villégiature de montagne de l'État de Rio de Janeiro, et en dépit d'un centre commercial passablement démesuré, Petrópolis garde partout l'empreinte de Pierre II, empereur du Brésil de 1831 à 1889, année de son exil.

En 1814 Pierre Ier, à la recherche de terres dans la **Serra Fluminense** pour y établir sa résidence d'été, jeta son dévolu sur ce qui n'était alors qu'un hameau, **Corrego Seco**. L'empereur avait besoin d'un havre où fuir les chaleurs de l'été carioca. Mais c'est seulement sous Pierre II, qui entreprit, en 1845, l'édification du palais, que la ville se développa.

Petrópolis peut être reconnaissant à ce monarque éclairé d'avoir su créer un ensemble à échelle humaine, accueillant et pas tape-à-l'œil, fait de beaux monuments et de nature savamment travaillée. En fait, le lieu ressemble à son fondateur, mélange de sagesse, de diplomatie et d'éducation raffinée. Rappelons que le Brésil de Pierre II a vécu dans la paix et la prospérité pendant presque un demi-siècle, tandis que les pays voisins connaissaient guerres civiles et misère endémique. D'ailleurs, le président des États-Unis Abraham Lincoln le considérait comme le seul chef d'État capable d'arbitrer le conflit entre sudistes et nordistes lors de la guerre de Sécession. Cet empereur n'est sans doute pas aussi majestueux que ceux qu'a connus l'Europe, mais cela n'empêche pas les Brésiliens d'être fiers des souverains de leur passé.

De Rio à Petrópolis

Situé à 65 km de la capitale, Petrópolis est accessible par autoroute. Celle-ci contourne des parois montagneuses au détour desquelles se découvrent des vues pareilles à des images aériennes. En effet, une heure et quart environ après avoir quitté Rio, au niveau de la mer, on se trouve déjà à 840 m d'altitude.

Au cours du trajet, on aperçoit des tronçons de l'ancienne voie pavée dont l'entretien tenait les cantonniers occupés à plein temps. Les conducteurs intrépides qui seraient tentés de s'engager sur cette route d'autrefois doivent savoir qu'elle n'est pas assez large, le plus souvent, pour permettre à deux véhicules de se croiser. Si, en dépit de ce risque, ils choisissent de la prendre, ils auront sans doute l'impression, tout le temps de la gravir, durant une heure, de remonter dans le temps.

Le centre de Petrópolis comprend les **Ruas do Imperador** et **15 de Novembro**, les seules à posséder des immeubles de plus de cinq étages. Ces rues sont séparées par un canal bordé d'arbres centenaires aux feuilles caduques. Les températures sont plus basses à Petrópolis qu'à Rio, et les habitants de cette ville montagnarde ont toujours les bras couverts, même durant les mois chauds, qui prennent là un caractère automnal.

Perpendiculaire à la Rua do Imperador, l'**Avenida 7 de Setembro**, voie impériale traversée, elle aussi, par un canal, est plantée de grands arbres dont les frondaisons viennent chatouiller la végétation luxuriante du **Parque Imperial** voisin. Des calèches attendent le visiteur pour une promenade sur les vieux pavés.

Dans l'enceinte des jardins, le **Palácio Imperial**, legs de Pierre II, a été reconverti en **Museu Imperial** en 1943. Il est noyé dans la verdure que traversent en tous sens des allées bien entretenues. Le palais, dont la façade rose regarde l'Avenida 7 de Setembro, semble bien

A gauche, les fleurs montagnardes abondent aux environs de Petrópolis.

modeste pour une résidence impériale. En face, sur l'esplanade de couleur jaune, un kiosque vieux style est tenu par un fonctionnaire en costume d'époque. Il vend un bulletin historique plein d'articles érudits et de photographies désuètes sur l'ancienne dynastie.

Au Museu Imperial

Le musée n'est ouvert que l'après-midi. A l'entrée, on est prié de chausser des pantoufles de feutre avant de fouler les parquets en jacaranda et en brésil, ce fameux bois, rare aujourd'hui, qui a donné son nom au pays.

Au deuxième étage, la collection personnelle de Pierre II comprend, outre des œuvres d'art, un télescope et un téléphone, témoins de la passion de l'empereur pour la technique. Les salles, toutes lambrissées, sont meublées de façon cossue sans aller jusqu'au luxe. Parmi les objets exposés, on admirera la couronne, joyau de près de 2 kg, incrustée de 639 brillants et 77 perles fines, et, dans la garde-robe impériale, la pèlerine multicolore faite en plumes de toucan d'Amazonie. Les photographies montrent pourtant que Pierre II était plus à l'aise en costume civil qu'en tenue d'apparat. Au même étage, la salle du trône reconstituée abrite le très inconfortable siège impérial. Le souverain lui préférait l'intimité de son bureau, dont les meubles et le rutilant téléphone auraient pu se trouver dans une agence télégraphique du XIXᵉ siècle. C'est de cette petite pièce que Pierre II gouvernait le pays six mois par an.

Sur la place, l'édifice qui fait face au palais est le **Pavillon royal**, domicile et propriété de dom Pedro d'Orleans e Bragança, arrière-petit-fils de Pierre II. Parfois, aux abords de sa demeure, qui ne se visite pas, on aperçoit l'héritier du trône en train de deviser avec ses voisins ou de monter à cheval.

Catedral et Palácio de Cristal

La **Catedral de São Pedro de Alcantara** s'élève en haut de l'Avenida Koeler. Sa

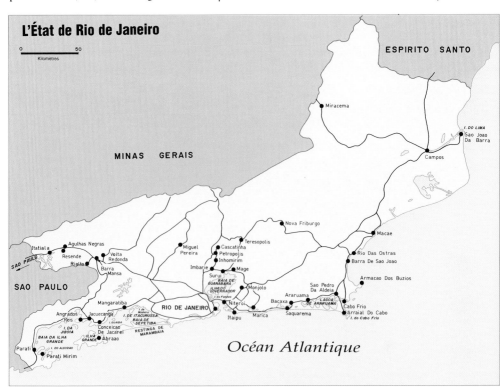

L'État de Rio de Janeiro

0   50
Kilomètres

ESPIRITO SANTO

MINAS GERAIS

Miracema

I. DO LIMA
Sao Joao
Da Barra

Campos

Nova Friburgo

Macae

Itatiaia
Agulhas Negras
Resende
Volta Redonda
Rialto
Barra Mansa
Miguel Pereira
Teresopolis
Cascatinha
Petropolis
Inhomirim
Imbarie
Mage
Rio Das Ostras
Barra De Sao Joao

SAO PAULO

I. DO ALGODAO

Surui
BAIA DE GUANABARA
ILHA DO GOVERNADOR
I. DE Paqueta
Monjolo
Armacao Dos Buzios

Mangaratiba
Niteroi
Bacaxa
Sao Pedro Da Aldeia
Araruama
LAGOA DE ARARUAMA
Cabo Frio

Angra dos Reis
Jacuecanga
I. DE ITACURUSSA
I. GUAIBA
RIO DE JANEIRO
Itaipu
Marica
Saquarema
Arraial Do Cabo
I. do Cabo Frio

I. DA JBOIA
Conceicao De Jacarei
BAIA DE SEPETIBA
RESTINGA DE MARAMBAIA

BAIA DA ILHA GRANDE
ILHA GRANDE
Abraao

Parati

Parati Mirim

Océan Atlantique

construction débuta en 1884 mais ne s'acheva qu'au bout de cinquante-cinq ans. C'est là que sont enterrés Pierre II, mort à Paris deux ans après son exil, sa femme, l'impératrice Thérèse, ainsi que sa fille, Isabelle, et son gendre, le comte d'Eu, morts au début des années 20 sans jamais être retournés dans leur pays. Ce n'est qu'en 1925 que le gouvernement brésilien autorisa le rapatriement des corps et leur inhumation dans la cathédrale.

A partir du grand édifice, un réseau de ruelles ombragées s'enfonce vers le quartier résidentiel. Petrópolis est célèbre pour ses maisons roses (dont certaines appartiennent aux membres de la famille royale) et pour ses nombreux parcs et jardins à la végétation exubérante, ensemble harmonieux qui faisait la fierté de son créateur.

Dans la Rua Alfredo Pachá s'élève le **Palácio de Cristal**, un pavillon de verre et de métal construit en France, puis importé, en 1879, pour abriter une serre montrant la flore régionale. Un centre culturel, qui organise des manifestations artistiques, occupe actuellement cette architecture. Celle-ci rappelle le Crystal Palace (édifié à Londres en 1851 mais détruit en 1936), dont beaucoup s'inspirèrent en Europe à cette époque. Le jardin est égayé par des jets d'eau qui semblent vouloir rivaliser en hauteur avec les grands arbres voisins.

Un as de l'aviation

Non loin du Palácio de Cristal, la **Casa de Santos-Dumont** abrite les objets personnels du célèbre aviateur. Pour les Brésiliens, Alberto Santos-Dumont (1873-1932) est l'inventeur de l'aéroplane. C'est en 1906, au cours de son long séjour à Paris, qu'il effectua le premier vol propulsé homologué en Europe, dans un engin conçu et réalisé par ses soins. Quant au vol des frères Wright qui avait eu lieu en 1903, en Caroline du Nord, il ne fut homologué qu'en 1908. Santos-Dumont est aussi passé en avion sous la tour Eiffel.

En 1918, dégoûté par l'usage qui avait été fait de l'aviation pendant la

Le Dedo de Deus (« doigt de Dieu ») vu de Teresópolis.

guerre, l'aviateur a éprouvé le besoin de se retirer du monde. Il s'est installé dans une maison qu'il a dessinée lui-même. Elle n'a qu'une pièce et ne comporte ni tables, ni cuisine (il faisait livrer ses repas par l'hôtel voisin), ni escalier, ni lit. En revanche, elle est équipée de nombreuses étagères et d'échelles dont l'une permet d'atteindre la mezzanine, meublée d'une commode dont le plateau lui servait de lit. Et Santos-Dumont a imaginé un moyen d'accès amusant à sa demeure.

Sur les hauteurs de Petrópolis

L'un des autres monuments intéressants à Petrópolis est le **Quitandinha** (voir p. 37), sur la route qui mène à Rio. Cet ancien palace, de style normand, prévu pour accueillir un casino, fut terminé en 1944. Malheureusement, quinze mois plus tard, le gouvernement du président Eurico Dutra proclama l'interdiction dans tout le pays des jeux d'argent et de hasard. L'hôtel se trouva alors en difficulté, et il ne devait jamais se relever totalement de son infortune. Aujourd'hui, l'édifice est une banale copropriété. Avec son hall, ses nombreux salons, ses deux piscines et ses cabarets, le Quitandinha aurait pu servir de décor à plus d'une comédie musicale hollywoodienne des années 30.

Tout en haut de Petrópolis, après avoir tourné plusieurs fois à droite à partir de l'hôtel Margaridas, on parvient au **Trono de Fátima**, sculpture importée d'Italie, haute de 3,50 m, qui représente Notre-Dame de Fátima. De là, on jouit d'un beau panorama sur la ville et les montagnes environnantes.

Par ailleurs, Petrópolis a des points d'intérêt nettement plus contemporains, tels le « **remonte-pente impérial** » et la **piste de ski artificielle**, installés au-delà de la Rua Silva Jardim, à 5 km du centre de la ville. Même si la piste ne présente guère d'intérêt pour des skieurs chevronnés ou simplement habitués à des pentes couvertes de vraie neige, cette montée insolite en téléski, qui atteint 910 m d'altitude, permet de voir la ville dans son ensemble.

Le Museu Imperial, ancienne résidence de l'empereur.

A 8 km du centre, dans la Rua Maestro Octávio Maul, la délicieuse **pépinière Florália**, avec ses parterres de roses joliment disposés et son salon de thé original, exhale un parfum délicieux. Chaque année y sont exposés des spécimens d'orchidées rares.

Emplettes et restaurants

Petrópolis est l'endroit idéal pour réaliser de bonnes affaires. En matière de vêtements, du jean à la tenue pour enfant, les boutiques de la **Rua Tereza**, longue voie sinueuse du centre de la ville, reçoivent directement leur marchandise des fabriques de textile de la ville et de ses environs.

Autres produits intéressants, les meubles en bois et les objets décoratifs, que l'on négociera **Avenida 15 de Novembro**. Enfin, les amateurs de vieilles choses seront heureux de chiner dans les quelques magasins d'antiquités ayant pignon sur rue dans le centre. **Solar Imperial**, Rua Coronel Veiga, 1080, est un véritable musée.

Quand la faim se fait sentir, on a le choix entre **Don Corleone** et **Falconi's**, deux pimpants restaurants italiens parmi beaucoup d'autres, en plein quartier commerçant du centre. La Rua 16 de Março regorge de cafés-restaurants : le **Kafta**, au n° 52, sert une cuisine arabe, le **Mauricio's**, au n° 154, poissons et fruits de mer, et le **Midas Steak House**, au n° 170, de la viande de bœuf, comme son nom l'indique.

Si l'on désire prendre un verre, il y a l'élégante **Casa d'Angelo**, à l'angle des Ruas do Imperador et da Imperatriz.

Teresópolis

Cinquante-trois kilomètres séparent Petrópolis de Teresópolis, une ville sans grand intérêt mais un paradis pour les alpinistes. La route pour s'y rendre est superbe et bordée d'hortensias l'été ; elle passe à travers le massif de la **Serra dos Orgãos** et traverse, au fond de vallées verdoyantes, de charmantes bourgades qui semblent vivre encore au rythme du XIXe siècle.

Le tombeau de l'empereur, dans la cathédrale de Petrópolis.

Le nom de Teresópolis est un hommage de Pierre II à sa femme, l'impératrice Thérèse. La ville, nichée à 910 m d'altitude, à 92 km de Rio, est la plus élevée de tout l'État de Rio de Janeiro. Mais, sans aucun doute plus que la cité, qui compte 115 000 habitants, c'est son cadre naturel qui attire les nombreux visiteurs.

Teresópolis se trouve au cœur des étranges montagnes en tuyaux d'orgue du **Parque de la Serra dos Orgãos**. Ce parc national, qui couvre 10 000 ha, compte sept pics spectaculaires : la **Pedra do Sino** (2 263 m), la **Pedra do Açu** (2 230 m), l'**Agulha do Diabo** (2 020 m), la **Nariz do Frade** (1 919 m), le **Dedo de Deus** (1 651 m), la **Pedra da Ermitage** (1 485 m) et le **Dedo de Nossa Senhora** (1 320 m).

L'alpinisme et la randonnée pédestre se pratiquent évidemment ici, malgré un balisage inexistant. Comme les cartes sont tout aussi succinctes, il est conseillé de se faire accompagner par un guide ou de se joindre à un groupe d'un club de randonnée.

La jungle dans cette région est du type *floresta atlântica* («forêt vierge de l'Atlantique»). Il y pousse des espèces que l'on connaît en Europe (cèdre, épicéa, acacia, chêne) et d'autres, qui sont locales (guatambu, gequitiba...)

Le paysage autour de la ville se prête aussi au motocross et surtout à l'équitation. Les meilleurs pur-sang du Brésil sont élevés dans la région. Quant au sport national, le football, doit-on rappeler que l'équipe brésilienne de Coupe du monde est basée à Teresópolis ?

Beaucoup de Cariocas aiment s'arrêter dans cette ville le temps d'un déjeuner. A la **Taverna Alpina**, Rua Duque de Caxias, 131, on mange saucisses, choucroute et autres spécialités germaniques arrosées de bière fraîche, dans une ambiance de chalet alpin. En bas de la même rue, la **Maison Louis** ne prépare que des recettes montagnardes, principalement des fondues. Praça Baltazar da Silveira, 16, le bar **Gota da Água** cuisine des truites servies avec une sauce au choix : goûter à la sauce à l'*alcaparra*, légume amer proche du

Bananiers dans les montagnes proches de Petrópolis.

petit pois. Au n° 112 de la même place, pâtes et pizzas se dégustent à la **Cantina Riviera Italiana**, ou encore chez **Dom Vito**, Rua 1 de Agosto, 40, lequel propose des plats plus originaux. Rua Delfim Moreira, 409, le soufflé de *bacalhau* (« morue ») est la spécialité du restaurant **Tudo em Cima**.

Le **Hotel Pinheiros** est le cadre rêvé pour une lune de miel. A partir du centre, il faut faire 6 km sur une route cahoteuse avant de dénicher cet hôtel ancien. Le rose pastel des pavillons, dont l'architecture date de la fin du XIXᵉ siècle, se détache sur le vert profond de la forêt. On a l'impression d'être arrivé dans un lieu où le temps s'est arrêté, à mille lieues du centre de Teresópolis, qui a souffert de sa modernisation.

En revanche, la ville ne décevra pas celui ou celle qui cherche à faire de bonnes affaires. Les amateurs de meubles en bois et de tapis y trouveront leur bonheur.

Nova Friburgo

A l'est de Teresópolis, **Nova Friburgo**, le « nouveau Fribourg », a 100 000 habitants. C'est en 1818 que 400 familles reçurent l'aval du roi Jean VI pour fuir la misère et franchir l'Océan. Les survivants d'une traversée qui laissa en route beaucoup de morts s'implantèrent dans ces montagnes. Nova Friburgo possède parcs et jardins, et, aux environs, cascades, forêts, hauts sommets et sentiers invitent à la promenade.

Le faubourg de **Cónego**, avec ses chalets de bois et ses fleurs alpines, ressemble à un village suisse en miniature.

On peut monter au **Morro da Cruz** (1 800 m) par le téléférique qui se prend Praça Suspiro, week-ends et jours fériés uniquement, de 10 h à 18 h.

Quand on arrive au bout du raidillon de 6 km qui conduit au sommet du **Pico da Caledônia** (2 310 m), la vue est saisissante.

Dans un rayon de 25 km, **Bom Jardim** et surtout **Lumiar** sont des villages bien connus des routards et des passionnés de canoë-kayak.

Beaucoup des meilleurs hôtels de la région se situent à proximité de la route de Nova Friburgo à Teresópolis.

Vendeur de bananes au bord d'une route.

Certains sont des hôtels-fazendas. Ils s'élèvent au milieu de vastes jardins arborés où l'on s'adonne au tennis et à l'équitation. La **Fazenda Rosa dos Ventos** est une retraite luxueuse.

Des fazendas bien préservées

Vassouras est situé dans les contreforts de la Serra de la Mantiqueira. Cette ville, la plus grande de la vallée de Paraíba pendant la première moitié du XIXᵉ siècle, était célèbre pour les fazendas (grands domaines) de ses « barons du café », dont 18 furent anoblis par la Couronne portugaise.

Les fazendas étant assez loin de la cité, il vaut mieux disposer d'un véhicule pour s'y rendre — en sachant qu'il faut l'autorisation des propriétaires avant de les visiter. Le mieux est de se renseigner à la **Casa da Cultura**, Praça Barão do Campo Belo. La plus ancienne, la **Fazenda Santa Eufrásia**, se trouve à 9 km de Vassouras, au-delà de **Varão de Vassouras** et de l'imposante **Fazenda Santa Monica**.

BÚZIOS ET LA COSTA DO SOL

Les historiens datent la découverte de **Búzios** du XVIe siècle et l'attribuent à des aventuriers portugais, alors que les autochtones ont le sentiment que l'endroit est resté dans l'ombre jusqu'en 1964, quand vint Brigitte Bardot.

On doit à un ami argentin de l'actrice de l'avoir convaincue de venir explorer ce paradis tropical. Ce qu'elle a fait à deux reprises. Búzios était alors un paisible village de pêcheurs. Depuis le passage de la vedette de cinéma, il est devenu subitement synonyme de splendeur tropicale, avec ses plages de sable blanc, ses eaux cristallines, ses palmiers, ses cocotiers et son incomparable douceur de vivre. Le plus étonnant est que cela a toujours été vrai.

La véritable histoire de Búzios

Au moment de sa découverte, Búzios, comme toute la majeure partie de la côte de l'actuel État de Rio de Janeiro, était occupé par les Tamoios. Cette tribu indienne conclut une alliance avec les Français qui tentaient de fonder une colonie, la « France antarctique », sur le site de la métropole. Mais après leur défaite, ces derniers se replièrent plus loin sur la côte et se mirent à piller les navires chargés de marchandises en partance pour le Portugal. Lorsque le péril français fut définitivement écarté, la région se consacra longtemps à l'élevage, puis, à la fin du XIXe siècle, à la culture du bananier, dont le fruit était écoulé principalement vers l'Angleterre. C'est seulement à la fin de la Seconde Guerre mondiale, avec l'ouverture de la route entre la région de Búzios et Rio de Janeiro, que les Cariocas commencèrent à découvrir les charmes de la Costa do Sol. Mais c'est notre B.B. nationale qui fit connaître le nom de Búzios dans le monde entier. La ville et ses environs ne devaient plus jamais vivre comme avant.

Un pêcheur lance son filet au coucher du soleil.

De paisibles villages de pêcheurs

On a souvent comparé Búzios, situé à 200 km à l'est de Rio, à Ibiza, île des Baléares, ou à Saint-Tropez. Cette villégiature balnéaire de renommée internationale n'est pas une ville en soi, mais comprend trois bourgades sur la péninsule (Armação, Ossos et Manguinhos) et une autre, Rasa, plus au nord sur le continent.

La plus ancienne et la plus charmante est Ossos (littéralement «les os»); la plus commerciale, Manguinhos. Entre les deux, Armação est celle qui détient les services et les meilleurs restaurants. Malgré son apparence de tranquille village de pêcheurs la plus grande partie de l'année, Búzios déborde de touristes au cœur de la saison estivale, c'est-à-dire avant, pendant et juste après le carnaval, au point de quintupler sa population de 10 000 habitants.

Malgré de tels atouts, Búzios n'a jamais perdu la maîtrise de sa croissance, surtout depuis les années 70, où il a été élu station favorite du Rio mondain. Grâce à une réglementation imposant une hauteur limitée à ses édifices, Búzios n'a pas subi la construction de gratte-ciel en front de mer. Ses maisons particulières s'intègrent au paysage et ne nuisent pas au bon effet des maisons traditionnelles. D'ailleurs, les premiers étrangers à y posséder un pied-à-terre ont acheté des maisons de pêcheurs dont ils ont conservé l'aspect extérieur tout en remodelant l'intérieur.

En outre, on ne trouve pas de grands hôtels à Búzios. L'hébergement se fait dans des *pousadas*, auberges comprenant généralement une douzaine de chambres. L'hôtel le plus important, qui dispose de 70 chambres, s'est établi au large de la côte, sur l'**Ilha das Rocas**, une île au paysage féerique. Tout cela a permis de préserver le charme et le caractère des villages.

Certaines des 23 plages de la région de Búzios occupent de petites anses calmes, d'autres, au contraire, s'étalent face à l'Océan. Si Ossos, Geriba et Ferradura sont d'un accès facile à pied ou en voiture, les «meilleures» plages,

Chez Michou, lieu couru par les noctambules de Búzios.

comme on peut s'y attendre, sont aussi les plus retirées. Elles nécessitent une longue marche bien souvent sur des rochers, ou bien un trajet sur un terrain défoncé ou sur des pistes en montagnes russes. Au terme du « voyage », **Tartaruga**, **Azeda** et **Azedinha**, **Brava** et **Forno** offrent ce qu'elles ont promis : eaux calmes et limpides, mais aussi farniente dénudé (plus une plage est isolée, plus elle attire les nudistes).

Il est fatigant et inutile de faire le tour des grèves par la terre ferme. Les pêcheurs de Búzios sont de très bons guides, et comme ici tout se prend en location, on peut louer leur bateau à l'heure ou à la journée. Il est possible aussi de disposer d'un voilier et d'un équipement complet de plongée sous-marine, ou bien d'un scooter des sables, d'un cheval, sans oublier les voitures, motocyclettes et bicyclettes.

Une journée à Búzios

Promenade le long de la côte de Búzios.

Les journées commencent tard à Búzios, où personne ne se lève avant onze heures. Après un copieux petit déjeuner, la plage est là pour se baigner. Puis on se promène avant de se restaurer de crevettes grillées ou d'huîtres arrosées de bière glacée ou de *caipirinha*. A l'heure des emplettes, on va flâner Rua José Bento Ribeiro Dantas, plus connue sous le nom de **Rua das Pedras**, et **Rua Manuel Turibe de Farias**.

Dès le coucher du soleil, la vie de bohème reprend ses droits. En dépit de sa petite taille, Búzios est l'une des trois premières villes du Brésil pour les plaisirs de la table. On a le choix entre plus d'une vingtaine de restaurants pour déguster de la cuisine brésilienne, italienne, française ou portugaise, sans compter ceux qui servent de succulents fruits de mer ou... des crêpes. Le **Streghe Búzios** (spécialités italiennes), **Au Cheval blanc** (gastronomie française) et l'**Adamastor** (fruits de mer) sont considérés comme les trois meilleures adresses de la ville.

Parmi les tables plus modestes mais de qualité, dont de nouvelles apparais-

sent chaque année et d'autres disparaissent, citons le **Satiricon**, La Nuance, **Casa Velha** et l'**Auberge l'Hermitage**. Attention toutefois à l'addition, souvent beaucoup plus élevée qu'à Rio.

Après le dîner, les Brésiliens se retrouvent volontiers autour d'un verre dans l'un des nombreux bars de la ville, qui proposent souvent un agréable spectacle en prime. Depuis Brigitte Bardot, de nombreux étrangers ont trouvé le chemin de Búzios. Mais si B.B. est repartie, beaucoup d'autres sont restés et ont ouvert des auberges, des restaurants, des bars et des boutiques qui confèrent un caractère cosmopolite à la ville. Les habitants brésiliens de Búzios ont été rejoints depuis quelques années par des Français, des Suisses, des Scandinaves et des Américains qui ont tous juré de ne jamais repartir.

A Búzios, certains bars et restaurants sont connus pour la personnalité de leurs propriétaires. Parmi eux, Mme Michou accueille ses hôtes dans sa célèbre crêperie, **Chez Michou**, qui

affiche une carte d'une longueur indubitable. A **La Nuance**, François Le Mouellic et Viviane Debon invitent des groupes de musiciens, présentent des spectacles de marionnettes et débouchent le champagne au sabre. L'Américain Bruce Henry, excellent musicien de jazz, épaulé par Morris, le barman irlandais, et par un cuisinier hollandais, possède l'**Estalagem**. Dans son restaurant le **Maruelle**, de style troglodytique, Michelle Blondin expose ses œuvres en bois sculpté.

En outre, on a parfois la chance de croiser Pierre Bloch, un résistant pendant la Seconde Guerre mondiale qui est devenu pêcheur à Búzios, ou Matthew, un peintre néo-zélandais qui a élu domicile dans une grotte au bord de la mer.

La route qui relie Búzios à Rio étant mal entretenue, il est vivement conseillé de rouler en plein jour. Le trajet prend environ deux heures et demie en temps normal et quatre heures, voire plus, en période de vacances et le week-end. Les visiteurs non motorisés attra-

Schooner ancré devant la plage d'Azeda, non loin de Búzios.

peront l'un des quatre autocars journaliers qui partent de l'Estrada da Usina Velha à Rio pour atteindre trois heures plus tard Cabo Frio. Il faut alors prendre un taxi ou bien l'autobus municipal, qui parcourt 20 km de voie pavée en... pas moins de 50 mn.

Cependant, voilà dix ans que l'aéroport de Búzios a été agrandi et que des avions (de la compagnie Costair) d'une capacité de 20 places assurent deux fois par semaine, davantage en haute saison, la ligne Búzios-Rio-São Paulo. On doit l'extension de l'aéroport à un homme d'affaires de Rio dont le projet ambitieux, le plus important de Búzios quand il sera achevé, concerne la construction d'une marina et d'un complexe touristique luxueux, incluant la création de canaux artificiels, d'un terrain de golf, d'un hôtel et d'une résidence de vacances.

La région des lacs

La Praia do Forte, à Cabo Frio.

Au sud-ouest de Búzios, en direction de Rio, d'autres havres de paix, à l'écart des plages bordées de gratte-ciel de la métropole, se trouvent entre l'Océan et des lagons bordés de bancs de sable blanc.

A 25 km de Búzios, sur l'une des rives du Canal do Itajuru, qui relie la Lagoa de Araruama à l'Océan, **Cabo Frio** est réputé pour la finesse de son sable, pour ses vagues à surfeurs et pour ses dunes (où il faut se méfier des voleurs).

En 1502, une flotte portugaise sous les ordres d'Amerigo Vespucci accosta sur la **Praia dos Anjos**, à Arraial do Cabo, où vivaient des Indiens tamoios et goitacazes. Vingt-quatre hommes furent laissés avec l'objectif de fonder là une des premières colonies portugaises des Amériques. Très vite, l'économie reposa sur le commerce prospère d'un bois, le brésil, avec le vieux continent. Les navires étaient attaqués par des corsaires français et hollandais, qui ne furent définitivement écartés qu'en 1615. Les Portugais prirent alors le **Forte São Mateus**, un fort français qui leur servit à se protéger des pirates, et

fondèrent Santa Helena de Cabo Frio. Bientôt, des franciscains bâtirent le **Convento Nossa Senhora dos Anjos**, puis des jésuites, la Fazenda Campo Novo. Plus près de nous dans le temps, la circonscription de Cabo Frio, frontière entre la zone des grands lacs et la Costa do Sol, comprenait la ville de Cabo Frio, la plus peuplée, Búzios et Arraial do Cabo. Au début du XIXᵉ siècle, les réserves de brésil étant épuisées, on se tourna vers la production de sel et, plus récemment, vers l'industrie chimique et le tourisme.

Arraial do Cabo est situé à l'extrémité de la **Praia Grande**, que prolonge, à l'ouest, la **Praia Maçambaba**. Le village s'étend à proximité de quatre baies dont les plages supportent la comparaison avec les meilleures de Búzios, qui se trouve à une quarantaine de kilomètres de là. Les habitants d'Arraial do Cabo travaillent principalement à la Companhia Nacional de Alcalis, qui produit du sel de table et des phosphates. Le tourisme n'a pas encore envahi le site, où ne se trouvent qu'une

poignée de petits hôtels. Pourtant, c'est ici un paradis pour les plongeurs, car les fonds marins sont les plus clairs de tout le sud du Brésil. Par endroits, le site offre des eaux calmes, turquoise, dans un cadre de collines étonnamment luxuriantes; ailleurs, il reçoit des vents forts qui font lever des vagues recherchées par les surfeurs.

A l'écart du littoral, sur l'**Ilha do Cabo Frio**, la **Gruta Azul** est une grotte sous-marine accessible selon les marées. On s'y rend par bateau à partir de la Praia dos Anjos.

Tout comme Búzios, Arraial est avant tout un village de pêcheurs réputé pour la fraîcheur du poisson pris chaque jour. L'eau est si limpide que certains, du haut des dunes, parviennent à repérer les bancs qu'ils vont pêcher.

Saquarema

A 100 km de Rio, **Saquarema** (nom indien qui signifie « lagune sans coquillages ») se déploie entre une plage très longue, des lagunes et des montagnes couvertes de végétation tropicale. Très à cheval sur la protection de son cadre de vie, la municipalité a interdit toute industrie susceptible de polluer, permettant ainsi aux paresseux et aux singes d'avoir devant eux de belles années de paix dans la jungle environnante. Prohibés également les bateaux à moteur, pour que les nombreux poissons et crustacés continuent de peupler les eaux pures des lagunes. Saquarema étant un centre d'élevage de chevaux, rien n'interdit d'effectuer d'agréables randonnées équestres.

Les plages du site, **Bambui**, **Ponta Negra** et **Jaconé**, sont exceptionnelles par leur longueur, la faiblesse de leur fréquentation et la grosseur de leurs vagues, lesquelles sont appréciées par les surfeurs qui s'affrontent, lors de compétitions annuelles, pendant la seconde quinzaine de mai, à Ponta Negra et à la **Praia Itaúna**.

Dans un autre ordre d'intérêt, pour les fêtes de Nazaré (à l'occasion de la Nativité de la Vierge Marie), des dizaines de milliers de personnes affluent à Saquarema, le deuxième centre de pèlerinage du pays après Belém.

A gauche, l'une des charmantes « pousadas » de Búzios; à droite, un pêcheur content de son bateau.

LA COSTA VERDE

La **Costa Verde**, la « côte verte », commence à environ 80 km à l'ouest de Rio et s'étend sur 260 km, jusqu'à rejoindre le littoral pauliste. Ainsi nommée en raison de la végétation luxuriante qui ourlait le rivage jusqu'à la mer, la Costa Verde a gardé par endroits une nature intacte. D'un accès très facile depuis la récente ouverture de l'autoroute du bord de mer, la sinueuse **Rio-Santos** offre des panoramas superbes, composés de plages, d'îles et de monts couverts de jungle, et traverse des stations balnéaires et des villages de pêcheurs pour aboutir à **Parati**, un joyau du passé colonial. Durant le trajet, on aperçoit aussi d'importants élevages de bétail et la seule centrale nucléaire du pays.

Une beauté à préserver

« *Mon Dieu, s'il existe un paradis sur terre, il ne doit pas être loin d'ici !* » Ces paroles, que n'importe qui aurait pu prononcer devant tant de beauté, sont d'Amerigo Vespucci, l'un des premiers à s'être approché des côtes du Brésil.

Oui, la Costa Verde est parsemée d'îles et de plages innombrables, petites criques blotties au pied de falaises abruptes et bordées de lagunes transparentes ou bien vastes étendues se déployant sur des kilomètres et battues par les rouleaux. On y pratique tous les sports, y compris nautiques.

Il n'y a guère plus d'une décennie que les Cariocas ont commencé à quitter l'horizon balnéaire de leur métropole ou celui de Búzios, villégiature numéro un du Rio mondain, pour s'aventurer sur les terres éblouissantes de la Costa Verde. Mais, hélas, l'image du petit paradis d'Amerigo Vespucci s'est considérablement ternie. Le rythme effréné de son développement a eu raison de sa forêt tropicale. Des montagnes entières ont été déboisées, sauf quelques vallées fertiles. Et les quelque 3 % restants

Pages précédentes : petites maisons de style colonial. Ci-contre, l'une des nombreuses criques à proximité d'Angra do Reis.

(beaucoup plus, toutefois, que partout ailleurs dans le pays) sont un trésor à préserver coûte que coûte. Si, dans les dix prochaines années, l'exploitation de ses ressources naturelles et l'implantation immobilière continuent à ce train d'enfer, la « côte verte » devra se trouver un nouveau nom.

Bien qu'il soit possible de visiter la Costa Verde en une journée, il est plus sage et plus plaisant de consacrer deux ou trois jours à la découverte de ses charmes. Le tourisme étant devenu la principale activité de la région, de nombreux hôtels et restaurants attendent le visiteur. Attention, si on loue une voiture, il faut éviter de rouler la nuit car la route est parfois dangereuse (virages très serrés, marquage au sol absent et éclairage défectueux).

On quitte Rio par l'Avenida das Americas, via Barra da Tijuca et Recreio dos Bandeirantes. C'est à **Itacuruçá** (« croix de pierre »), 65 km plus loin, que commence la Costa Verde. Chaque matin vers 10 h, une armada de goélettes s'éloigne du port

de cette bourgade de 2 000 habitants vers les îles tropicales (36 au total) de la **Baía de Sepetiba**. La baie, qui s'étend sur plus de 100 km de long, est fermée par un immense banc de sable, la **Restinga do Marambaía**, et par l'**Ilha Grande**.

Des excursions d'une journée sont proposées. Le prix du billet comprend une dégustation de fruits de mer. Parmi les étapes quasi obligatoires, les **Ilhas Martins**, **Itacuruçá** et **Jaguanum** permettent aux passagers de se baigner. Il est même possible d'y séjourner, par exemple au **Hotel Ilha de Jaguanum** et au **Hotel do Pierre**. En louant les services d'un pêcheur, il est facile de visiter des îlots tels que **Pombeba** et **Sororoca**.

Angra dos Reis

L'autoroute continue en passant par **Muriqui** et **Mangaratiba**, site d'un village du Club Méditerranée, pour aboutir enfin à **Angra dos Reis**, la « petite baie des rois ». C'est en effet le 6 janvier 1502, jour de la fête des Rois (ou

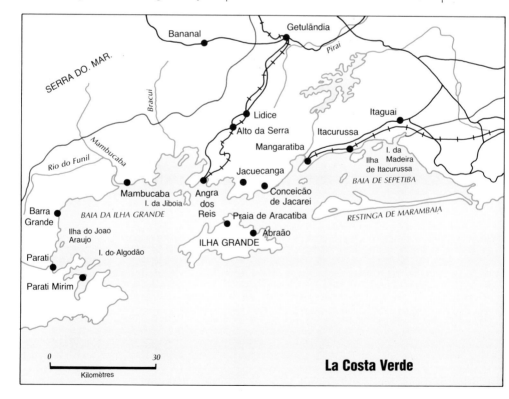

La Costa Verde

de l'Épiphanie), que le site fut découvert, cinq jours seulement après celui de la baie de Guanabara. Mais il a fallu attendre un demi-siècle avant que les premiers colons vinssent y planter de la canne à sucre et finissent par s'y installer. Cette ville de plus de 50 000 habitants, la plus grande de la Costa Verde, est une plaque touristique, un centre industriel et un port en plein essor.

Angra compte de belles églises. Le **Convento de São Bernardino da Sena**, du XVIIIe siècle, perché sur la **colline de Santo Antônio**, a conservé son horloge d'origine, dont les douze lettres du nom de la ville remplacent les chiffres qui indiquent les heures.

Angra s'étale sur des collines à l'entrée de la grande **Baía da Ilha Grande**, où l'on dénombre plusieurs dizaines d'îles, des centaines de plages et une myriade de criques. L'eau claire et chaude est un paradis pour poissons et crustacés, et la pêche sous-marine est l'un des passe-temps favoris des autochtones. On se procure cartes et brochures sur les hôtels et les excursions en

L'Igreja Santa Rita est un bon exemple de l'architecture baroque brésilienne.

bateau de la région à l'office de tourisme, situé juste derrière la gare routière, tout près du port. Les meilleurs établissements sont régis par la chaîne des hôtels Frade et possèdent leur goélette ainsi que leurs propres bus pour transporter les visiteurs à partir de Rio. Au **Hotel do Frade**, les amateurs de golf trouveront un parcours de 18 trous, le seul de toute la Costa Verde. Des tournois internationaux y sont organisés en juin et en novembre.

L'Ilha Grande

D'Angra dos Reis, il faut une heure et demie en bateau pour atteindre l'**Ilha Grande**, la plus grande de toutes les îles de la baie. Des bacs relient aussi **Abraão**, seule ville de l'île, à Mangaratiba. Sans trop exagérer, on peut qualifier l'Ilha Grande de paradisiaque : elle compte certaines des plus belles plages du Brésil. Il est possible d'y louer de petits bateaux pour visiter les grèves plus lointaines de **Lopez Mendes** (deux heures et demie), **Parnaioca**, **Das**

Palmas et **Saco do Céu**. L'île dispose de plusieurs terrains de camping et de deux hôtels, le **Pousada Mar de Tranquilidade**, à Abraão, et le **Paraiso do Sol**, à la Praia das Palmas.

Parati

Au-delà d'Angra, le village de pêcheurs de **Mambucaba** est l'étape précédant le merveilleux **Parati**, niché à l'autre extrémité de la baie. Ce joyau de l'époque coloniale a été classé par l'Unesco en 1966.

Parati, qui en langue indienne signifie « vivier », fut fondé en 1660. La ville connut son heure de gloire au XVIIIe siècle avec la découverte d'or et de diamants dans l'État voisin de Minas Gerais. Le métal et les pierres étaient alors transportés jusqu'à son port avant d'être embarqués pour Rio ou le Portugal. Les marchands qui circulaient entre São Paulo et Rio s'y arrêtaient aussi de manière presque obligée. Parati a ainsi prospéré pendant plus d'un siècle, comme en témoignent encore ses nombreuses demeures coloniales. Après l'indépendance du Brésil, en 1822, les exportations d'or cessèrent, mais la ville connut un regain d'opulence grâce au café. La construction d'une route directe entre São Paulo et Rio lui fit perdre définitivement sa position stratégique, et Parati tomba peu à peu dans l'oubli.

Préservée en raison de son éloignement, la ville se visite comme un musée à ciel ouvert. Le centre, colonial, est désormais piétonnier; il est sillonné de jolies petites rues pavées de la façon dite *pé-de-moleque* (« pas de gamin des rues »).

L'orientation dans la cité réserve parfois des surprises car de nombreuses rues portent plusieurs noms. Et quant à la numérotation des maisons, elle suit une logique qui pourrait échapper au visiteur.

Trois églises

Trois des nombreuses églises de la ville accueillaient les pratiquants suivant des critères pas vraiment « catholiques » : en effet, les esclaves allaient prier à Nossa Senhora do Rosário, les *mulatos* affranchis à Santa Rita et les autres (des Blancs pour la plupart) à Nossa Senhora das Dores.

L'**Igreja Nossa Senhora do Rosário e São Benedito dos Homens Pretos**, située Rua Samuel Costa, fut édifiée en 1722 par et pour les esclaves de Parati. **Santa Rita dos Pardos Libertos**, Praça Santa Rita, fut construite la même année que la précédente et se distingue par une architecture baroque typiquement brésilienne. Elle abrite aujourd'hui le **musée d'Art sacré**. Rua Dr Pereira, la **Capela Nossa Senhora das Dores** a été restaurée en 1901.

L'**Igreja Matriz Nossa Senhora dos Remédios** fut bâtie en 1787 à l'emplacement de deux églises du XVIIe siècle. Elle renferme des œuvres, anciennes et contemporaines, d'artistes locaux. Selon la légende, c'est grâce à un trésor caché par des pirates sur la Praia da Trinidade que l'édifice a pu voir le jour.

Après avoir fait le tour des églises, la meilleure façon de visiter Parati est de flâner dans ses rues, qui recèlent des

A gauche, l'un des schooners qui desservent les îles; à droite, une rue de Parati.

demeures coloniales, de petites auberges, des galeries d'art et des boutiques d'artisanat local. De l'extérieur, les maisons et les *pousadas*, avec leurs façades chaulées, leurs lourdes portes en bois et leurs volets bigarrés, évoquent leurs cousines de la lointaine Méditerranée. A l'intérieur, en revanche, l'atmosphère est éminemment tropicale, avec des patios plantés de fougères, d'orchidées, de rosiers, de violettes et de bégonias. Les plus beaux jardins sont ceux de la **Pousada do Ouro** et de **Coxixo**, juste en face.

Nourritures terrestres

Bien que Parati ne soit pas réputé pour ses plages, il semble difficile de ne pas en trouver une à sa convenance parmi les 300, dit-on, qui se trouvent dans la région. Et des goélettes sont à la disposition du visiteur pour explorer la soixantaine d'îles qui l'environnent. Voilà donc de quoi bien remplir plusieurs journées... et soirées, car Parati ne manque pas de ressources nocturnes.

Beaucoup d'excellents restaurants se sont établis dans la ville, mais, en raison de l'engouement qu'elle suscite, surtout d'octobre à février, en période de haute saison brésilienne, les prix ont tendance à s'envoler.

Rua da Lapa, la **Galeria do Engenho** sert des portions généreuses, ainsi que le **Vagalume**, Rua da Ferraria. Au coin de la Praça da Matriz, Rua da Cadeia, le **Hiltinho** est certes un peu plus cher mais tout aussi recommandable.

On pourra prendre un verre au **Café Parati**, situé à l'angle des Ruas do Comércio et da Lapa et écouter de la bonne musique au bar **Dinho**, lieu passablement branché, localisé à l'angle de la Praça et de la Rua da Matriz. Le **Taverna Club**, qui jouxte le restaurant Hiltinho, est le rendez-vous des amateurs de jazz.

Les fêtes de Parati, réputées pour leur originalité, attirent aussi les foules. La Festa do Divino Espírito Santo, qui débute neuf jours avant la Pentecôte, est la plus importante et se prépare toute l'année. Elle est célèbre pour ses

Maisons coloniales et rues pavées à Parati.

fólios, bandes de musiciens et de chanteurs qui viennent faire les bouffons d'une porte à l'autre. Les Festas Juninas se déroulent au mois de juin et sont l'occasion de danses traditionnelles, telles la *xiba*, ronde en sabots, et la *ciranda*, sorte de *xiba* accompagnée par le son de guitares. Les Juninas se terminent par une procession maritime qui a lieu le 29 juin en direction de l'**Ilha do Araújo**.

Enfin, Parati est un lieu de réjouissances très agréable pendant le carnaval, loin de la frénésie de Rio.

L'ancienne route de l'or

A quelques kilomètres de Parati, de ses églises, de ses boutiques et de ses plages, se trouve **Cunha**. On s'y rend par une petite route, l'ancienne voie de l'or, qui passe par la montagne couverte de jungle. L'**Igresinha da Penha**, modeste église accrochée à la paroi rocheuse, se reconnaît à ses trois tourelles. De là, un court sentier mène à une cascade. De Parati, les visiteurs non motorisés prendront l'autobus « Ponte Branca » jusqu'à l'église.

A 5 mn de Parati, toujours par la route de l'or, la **Fazenda Bananal-Engenho de Murycana** est une ancienne plantation du XVIIe siècle. Ce domaine comprend un zoo où sont élevés des lynx, des singes et des oiseaux rares, un restaurant et une ancienne distillerie de *cachaça* (alcool de canne à sucre), toujours en service, qui produit dix variétés différentes, proposées en dégustation et à la vente. D'ailleurs, la région est connue pour la qualité de cette eau-de-vie, ce qui a conduit les autorités municipales à instituer, en 1984, la fête de la Pinga (de la « goutte », autre nom de la *cachaça*) pendant un week-end du mois d'août.

Un coin de paradis

A 35 km au sud de Parati, juste avant la **Praia do Sono**, le village de pêcheurs de **Trinidade** et ses plages magnifiques sont comme un rappel de la beauté de la Costa Verde.

Dégustation de la bière locale.

LE CARNAVAL

Le plus grand symbole de Rio n'est pas un monument mais un événement : le carnaval. Ce spectacle unique au monde fait partie intégrante de la vie et de l'âme brésiliennes. Il exerce une influence sur tous les Cariocas — qu'ils l'aiment ou qu'ils le détestent. Et pas une classe sociale n'échappe à son emprise.

Une origine européenne

Les Brésiliens sont réputés dans le monde entier pour leur joie de vivre et leur amour de la musique. Ce trait de caractère, dont l'expression la plus accomplie est le carnaval, « la plus grande fête de la terre », est le résultat de plusieurs siècles de brassage ethnique.

Les racines du carnaval sont européennes, mais les linguistes divergent quant à l'étymologie du mot. D'après certains, « carnaval » viendrait de l'expression latine *carrum novalis*, qui désignait un char de fête romain. D'autres pensent à l'italien *carne vale*, « adieu à la viande », puisque le carnaval marque les derniers jours avant les quarante jours de jeûne du carême. Il semble en fait que carnaval vienne plus précisément de *carne levare*, qui veut dire en italien « ôter la viande ».

Les Romains antiques avaient plus de cent fêtes par an, mais les plus populaires étaient les saturnales, célébrées au solstice d'hiver et caractérisées par la disparition temporaire des distinctions entre classes. Maîtres et esclaves dînaient alors à la même table, se régalaient des mêmes vins et couchaient avec les mêmes femmes.

Depuis l'époque coloniale, la période qui précède le carême a toujours été fêtée au Brésil, mais, jusqu'au début du XXᵉ siècle, il s'agissait plutôt de pitreries que de véritables célébrations religieuses. Durant quelques jours de folie se déroulait la fête de l'*entrudo* (« carnaval »), venue du Portugal. On jetait n'importe quoi (de

Pages précédentes : le carnaval donne de l'énergie aux danseurs de tous âges ; les couleurs rose et vert de l'école de samba Mangueira ; deux beaux costumes. Ci-contre, l'ambiance de folie du carnaval.

l'eau, de la farine, de la peinture, etc.) sur n'importe qui.

L'*entrudo* dégénérait parfois en bataille rangée, et les honnêtes citoyens préféraient passer le carnaval enfermés chez eux. Il est tout de même intéressant de noter que l'*entrudo* était surtout le fait de fils de riches. Ce n'est qu'au XXᵉ siècle naissant que les autorités parvinrent à mettre un terme à cette pratique. Aujourd'hui, seuls les confettis et les serpentins sont encore autorisés.

Le carnaval contemporain inverse les rôles sociaux, comme au temps des Romains ou au Moyen Age. Cendrillon se

Mais déjà au XIXᵉ siècle, Joaquim Machado de Assis (1839-1908), né et mort à Rio, cofondateur, en 1897, et premier président de l'Académie brésilienne des lettres, en avait parlé dans ses œuvres. Tous les grands poètes en font une métaphore du Brésil lui-même.

Le poète du XIXᵉ siècle Olavo Bilac (1865-1918), qui fut proclamé « prince des poètes », décrit le *carnavalesco*, ou fanatique du carnaval, de façon éloquente : « *C'est une personne foncièrement différente, d'une race à part. Ceux qui aiment simplement le carnaval ne méritent pas le titre de "carnavalesco". Le vrai fanatique*

transforme en princesse, les miséreux se travestissent et forment un cortège royal devant les riches vêtus comme tous les jours. Le jour où les classes sociales s'estomperont, l'âme même du carnaval sera perdue.

Le carnaval dans l'art et la littérature

En littérature, c'est Jorge Amado (né à Bahia en 1912), romancier brésilien engagé en faveur du totalitarisme communiste, qui a rendu le plus bel hommage qui soit à cet événement, puisqu'il en a fait le titre d'un de ses livres : *País do carnaval* (« le pays du carnaval »).

est né pour le carnaval et pour le carnaval seulement. Il ne vit que pour ça : il compte les années en nombre de carnavals qu'il a fêtés ; sur son lit de mort, il n'a qu'un seul regret : il va manquer le prochain carnaval, et tous les autres carnavals qui marqueront la vie de Rio de Janeiro jusqu'à la fin des temps. »

Vinicíus de Moraes (1913-1980) le plaça au cœur de sa pièce lyrique *Orfeu da Conceição, uma tragédia carioca* (1956). C'est par l'intermédiaire du film *Orfeu negro*, tourné par Marcel Camus en 1959, que le monde entier découvrit cette œuvre, mais la pièce a aussi inspiré les paroles de chansons populaires.

Un Français, le peintre Édouard Manet, fut fortement impressionné par l'ambiance et les couleurs de l'événement lorsqu'il visita Rio, en 1875, alors qu'il était âgé de quarante-trois ans. L'artiste aurait même déclaré que ces souvenirs visuels avaient influé sur le développement de son art et de l'impressionnisme en général.

Mais c'est l'écrivain brésilien contemporain Isis Valeria qui a probablement saisi au plus près l'essence même du carnaval. Dans sa nouvelle intitulée *Folião*, un pauvre ouvrier qui a, pendant l'année, dépensé temps et argent afin de préparer le carnaval meurt, au moment où il est

Riches et pauvres

Depuis la naissance du carnaval, sa raison d'être n'a pas varié, chez les riches comme chez les pauvres. Les classes défavorisées veulent oublier leur pauvreté pendant les quatre jours de la fête ; les classes moyennes et riches se libèrent de leurs inhibitions. En outre, elles obéissent à une priorité : « paraître » dans les bals du dernier chic. Certains assistent à tant de fêtes en un soir qu'ils passent plus de temps dans leur voiture que sur la piste de danse.

Pour les pauvres de la capitale du Brésil, la musique, la danse et l'alcool étaient, et

proclamé gagnant d'un concours de costumes : « *Il esquissa un premier pas, peinant sous le poids de son costume, presque en transe. Il était au sommet de la gloire. Dans la salle, la foule était à ses pieds. Il s'effondra avant d'avoir pu traverser la pièce. La souffrance se lisait sur son visage, mais même dans la mort, un sourire grimaçant laissait entrevoir sa denture. On le transporta hors du théâtre. A l'extérieur, il fut entouré d'admirateurs peu attentifs qui le félicitaient de sa victoire.* »

A gauche, des clowns fantomatiques ; ci-dessus, les seins nus sont passés de mode sur les chars du défilé.

sont toujours, les principaux ingrédients du carnaval.

Un certain José Nogueira Parades, surnommé Zé Pereira, est à l'origine du premier club de carnaval. Son idée était de regrouper des gens et de leur faire jouer le même air, sur les mêmes tambours, afin de produire un rythme puissant et unifié. Cette technique est devenue la base de la *bateria* (ensemble des instruments à percussion) des écoles de samba modernes.

Les clubs des pauvres et des classes moyennes s'appelaient *cordões*, *ranchos* ou *blocos* et jouaient des *choros*, ballades d'origine européenne dont certaines sont encore très populaires.

A la fin du XIXᵉ siècle, à la suite de la sécheresse de 1877 qui avait dévasté le Nordeste et poussé les esclaves affranchis vers les villes du Sud, les Noirs prirent part pour la première fois à la préparation du carnaval. Ils enrichirent les manifestations de leurs musiques et danses traditionnelles. Dès les années 1890, des groupes noirs commencèrent à défiler dans diverses parties de la ville pendant les quatre jours de la manifestation.

Le déroulement du carnaval

La date du carnaval varie relativement à celle du début du carême, autrement dit en fonction de celle de Pâques. Le carnaval de Rio comprend trois types de manifestation : les bals traditionnels, les fêtes de rues et le défilé des écoles de samba.

Le samedi a lieu le défilé des orchestres de quartier. Le défilé des écoles de samba s'échelonne désormais sur deux jours, le dimanche et le lundi. Les écoles sont divisées en trois groupes. Le défilé du premier groupe est le plus apprécié, mais c'est aussi le seul dont les places soient payantes. Le lundi ont lieu en outre les spectacles des groupes folkloriques du Nordeste. Le mardi (mardi gras) est le jour des écoles de samba qui ont été primées le dimanche, et des grands chars. Le mercredi, tout le monde se repose : c'est le mercredi des Cendres, premier jour du carême. Le carnaval est terminé.

Les écoles de samba

A l'origine, la samba était une musique de pauvres et surtout de Noirs. La samba moderne naquit au XIXᵉ siècle, lorsque les rythmes primitifs des esclaves se mêlèrent aux musiques populaires européennes. Le mot « samba » vient du bantou *semba*, qui veut dire « nombril » et désigne une danse de fertilité d'origine angolaise dans laquelle les danseurs se frottent le nombril.

Les familles noires de Bahia réfugiées à Rio importèrent cette danse, alors associée au candomblé (culte proche du vaudou, syncrétisme de rites animistes africains et

A gauche, les chars du défilé reprennent le thème du costume des écoles de samba ; à droite, une participante dans un costume particulièrement somptueux.

du rituel catholique), mais qui perdit son caractère sacré.

Jusque vers 1910, la samba était une œuvre collective aux paroles improvisées. Puis apparurent des compositeurs. Le premier morceau du genre connu est le fameux *Peto Telefone*, qui fut un franc succès commercial. C'était en 1917. L'auteur s'appelait Ernesto dos Santos (surnommé Donga) et venait de Bahia. Depuis ses heures de gloire des années 30 et 40, marquées par des compositeurs légendaires, tels que Pixinguinha, Noel Rosa, Ari Barrosa et Cartola, la samba est devenue un symbole national.

La toute première école de samba, qui s'appelait Deixa Eu Falar (« laisse-moi parler »), fut fondée par des Noirs d'une favela d'Estácio en 1927. La Deixa Eu Falar a défilé pour la première fois en 1929. Les participants ne suivaient pas d'itinéraire préétabli et n'étaient que peu organisés. Mais leur nombre, leurs danses et leurs splendides costumes les distinguaient des *ranchos* et *blocos* traditionnels.

En peu de temps, les autres quartiers mirent sur pied des écoles concurrentes. En 1930, elles étaient déjà au nombre de cinq, et les spectateurs étaient si nombreux que la police dut dégager la Praça 11 de Junho pour leur défilé. C'est sans doute

L'ÉMOTION DU « SAMBISTA »

Comment vit-on un défilé de carnaval ? *« Une émotion intense »*, soupirent les Cariocas. Réponse qui en dit autant sur les valeurs brésiliennes que sur la samba. En fait, ce qui bouleverse les Cariocas, c'est la catharsis collective que provoque la fête précédant le carême.

Le plaisir commence avec l'anticipation du prochain carnaval. Dès la fin du défilé, on entend déjà circuler les premières rumeurs sur le prochain thème des écoles

quelques minutes avant le défilé. Le budget prévu est toujours dépassé. Mais de deux choses l'une, soit vous payez, soit vous n'avez rien à mettre pour le plus grand événement social de Rio.

Plusieurs mois auparavant, vous avez fourni à la couturière des mesures bien précises : tour de bras, tour de taille et tours de jambe, mollet, cheville, cou, longueur des épaules aux coudes... Rien ne manque. Mais, à l'arrivée, il y a toujours quelque chose qui cloche. Vous avez le chapeau de quelqu'un d'autre, les chaussures sont deux fois trop grandes. Bienvenue sur la ligne de départ du carnaval.

Durant les quelques heures précédant la fête, une ambiance surréaliste s'empare de

de samba. Vers le milieu de l'année, la samba est composée. En octobre, les croquis de costumes ont déjà quitté la planche à dessin, et les carnets de quittances pour les versements mensuels sont imprimés. Dans une école connue, le seul costume revient à plus de 1 300 F, alors que le salaire moyen à Rio est de 600 F.

L'une des règles d'or du carnaval : rien n'est impossible, surtout au dernier moment. Invariablement, les couturières promettent de livrer les habits plusieurs jours à l'avance, mais chacun sait qu'elles ne le font jamais : les costumes nécessitent des heures et des heures de préparation, et les *sambistas* n'ont leur tenue que

Rio. Vingt mille danseurs vêtus de somptueux costumes nommés *fantasias* (et qui vont du plus simple *dantal* aux déguisements les plus exubérants) convergent vers l'*area de concentração*, point de rencontre derrière le Sambódromo, la grande rue où se passe le défilé ; des rois en paillettes se bousculent dans les tourniquets du métro ; de vieilles femmes en jupes à cerceaux et costumes de *Baianas* (« Bahianaises ») entrent majestueusement dans les trains de banlieue bondés ; des automobilistes impatients cherchent une place de stationnement qu'ils ne trouveront pas, des pompons suspendus au rétroviseur et des chapeaux de plumes dépassant à l'arrière.

Et surtout, le spectacle est un des plus magiques qui se puissent concevoir : Cendrillons et princes d'une nuit descendent les rues pavées des favelas à flanc de colline ; dorures et sequins éclairent de lueurs éphémères l'obscurité de la nuit tropicale.

Les habitués arrivent munis de bouteilles Thermos, de piles de sandwiches et de packs de bières. Car l'autre règle d'or du carnaval, c'est que tout prend du retard ; cela signifie de longues heures d'attente dans la nuit. Partout dans les rues, des bouffées entêtantes de marijuana se mêlent à la fumée des barbecues improvisés. Les danseurs se maquillent les uns les autres et saupoudrent les étrangers de

elle renonce et s'en va chercher un coin tranquille de sa démarche chaloupée.

Une à une, les *escolas* placées devant vous démarrent, et vous progressez d'une place. L'attente est interminable. Ensuite, brusquement, c'est à vous. Votre samba résonne. Vous avancez en formation, vous tournez à droite, quittez l'obscurité de *l'area de concentração* pour vous trouver sous les projecteurs du défilé, et... le trac disparaît et toute la foule chante avec vous.

Les régisseurs de votre école de samba brandissent leur baguette et hurlent des ordres : *« Souriez, pour l'amour du ciel ! »*, *« Chantez plus fort, restez groupés ! »* Au cas où vous l'auriez oublié, il y a un

paillettes. Dans la foule du carnaval, les plus vaniteux sont les travestis, qui posent et font des mines. Avec leurs semelles compensées, ils dominent tout le monde de la tête et des épaules.

Une *Baiana* tente en vain de faire passer son costume par la porte de toilettes publiques. A la première tentative, elle tâche de passer avec sa jupe à cerceaux à l'horizontale. Puis elle essaie en levant les cerceaux à la verticale. De guerre lasse,

A gauche, deux joyeux danseurs qui n'en sont plus à leur premier carnaval ; ci-dessus, un jeune participant ; à droite, une imposante « Baiana » qui fait partie d'une « ala ».

concours à gagner. Et les concurrents sont nombreux ! A mi-chemin du défilé, l'euphorie s'installe. Vos membres s'agitent tous seuls, vous entonnez le refrain une nouvelle fois comme si votre vie en dépendait, mais votre voix semble appartenir à quelqu'un d'autre. En dansant, vous passez entre les percussionnistes, et vous sentez le souffle d'air provoqué par 300 mains battant simultanément les tambours.

En moins d'une heure, c'est terminé. Vous avez des ampoules aux pieds, vous avez laissé des lambeaux de costume sur l'avenue. On asperge les danseurs prostrés d'épuisement et couverts de sueur. Oui, vous avez vécu *« une émotion intense »*.

parce que les écoles du quartier les laissaient s'exercer sur leurs terrains pendant le week-end que les groupes de samba furent baptisées *escolas* («écoles»).

Les écoles de samba peuvent compter de 15 à plus de 5 000 membres! Ce dernier nombre correspond à l'une des plus anciennes, qui est aussi la plus nombreuse, la Portela. Elle met plus de deux heures à défiler.

En 1932, le journal *Mundo Esportivo* offrit une récompense à la meilleure école de samba. Ce fut l'école de samba Estação Primeira de Mangueira qui gagna le concours. Depuis, elle a été dix fois championne du carnaval, mais la Portela est la plus titrée, avec une vingtaine de victoires.

Le défilé des écoles de samba est une innovation du XXᵉ siècle. Tout le monde s'accorde à dire qu'il est l'événement le plus attendu du carnaval contemporain. Ces écoles défilent séparément, réparties en trois catégories.

A la simple évocation de quelques écoles de samba réputées, les Cariocas sont dans tous leurs états. Parmi les écoles du premier groupe, on peut citer : la Beija Flor, fondée en 1948 (qui porte les couleurs bleu et blanc); l'Em Cima da Hora, fondée en 1959 (bleu et blanc); l'Estação Primeira de Mangueira, fondée en 1928 (vert et rose), la préférée des Cariocas; l'Estácio (rouge et blanc), qu'on considère comme l'héritière de la Deixa Eu Falar; l'Império Serrano, fondée en 1947 (vert et blanc); la Mocidade Independênte de Padre Miguel, fondée en 1955 (vert et blanc), qui a reçu dix fois le prix de la meilleure batterie; l'Academicos de Salgueiro, fondée en 1953 (rouge et blanc); l'Unidos de Vila Isabel, fondée en 1946 (bleu et blanc); l'Imperatriz Leopoldinense, fondée en 1959 (vert, or et blanc); enfin, l'União da Ilha, qui porte les couleurs rouge, bleu et blanc.

Le défilé des écoles de samba

En 1935, le défilé de samba était déjà le clou du carnaval. Comme on comptait alors 25 écoles de samba, la municipalité décida d'accorder une petite subvention aux plus grandes et prit en main l'organisation du défilé et des concours.

En fait, le défilé de samba ne devint la principale attraction pour les touristes que dans les années 50. A l'époque, le saxophoniste et flûtiste Pixinguinha déclara : *« Il y a vingt ans, ceux qui jouaient de la samba se faisaient passer à tabac par la police. Aujourd'hui, nous incarnons la musique nationale. »*

De tous les spectacles du carnaval, ce défilé est le plus africain dans ses racines, surtout en raison de cette «musique nationale», mélange d'influences folkloriques européennes et de techniques africaines intégrées par les esclaves.

Ce défilé est d'abord un événement social. Les écoles de samba, constituées de représentants des classes laborieuses et pauvres des favelas ou des banlieues, prennent part aux concours de costumes. Les spectateurs plus aisés portent des vêtements de tous les jours, mais ils participent de plus en plus au défilé.

Récemment divisé en deux volets, sept écoles pour le dimanche et sept pour le lundi, ce défilé manifeste en deux nuits les cultures carioca et brésilienne ainsi que toute l'histoire de la samba et du carnaval.

Des millions de téléspectateurs regardent le spectacle, et 85 000 personnes y assistent dans le gigantesque Sambódromo, spécialement construit pour le défilé par le célèbre architecte brésilien Oscar Niemeyer et inauguré en 1984. C'est depuis cette date que le défilé a lieu en deux fois.

Il est vrai que ce spectacle est un véritable éblouissement pour les sens : costumes somptueux, chars démesurés, magie de la samba... Mais il y a plus. Derrière ce masque impressionnant se cache un élément autrement excitant : le défilé est avant tout une compétition.

Les 14 écoles de samba qui se produisent le long de l'Avenida Marquês do Sapucaí sont jugées par un jury nommé par le gouvernement. L'émotion (et les controverses) suscitée par ce concours exceptionnel est aussi intense que celle qui est créée par les matches de l'équipe nationale de football dans la Copa America.

Pourtant ce défilé reste une manifestation artistique, et pas seulement du point de vue visuel ou musical. Chaque représentation offre aussi une dimension littéraire. Elle doit s'articuler autour d'un thème central, l'*enredo* : un événement his-

Ci-contre, l'ambiance d'un bal pendant le carnaval.

torique (la découverte du Brésil ou la lutte des esclaves au XVIIIᵉ siècle), une personnalité connue ou une légende indienne. En période électorale, les thèmes sont souvent politiques. Les costumes correspondent à l'époque et au lieu choisis. La musique et les chants racontent et développent le sujet, tandis que les énormes chars qui descendent majestueusement l'avenue en illustrent les détails les plus marquants par le biais de peintures ou de mannequins en papier mâché.

Malgré cette liberté dans la créativité, le défilé doit faire revivre des thèmes de samba classiques. L'école ne peut pas sacrifier certains éléments qui reviennent chaque année. A elle de faire le lien entre ces « classiques » du défilé et son thème original. Ces paramètres indissolubles donnent une certaine unité au spectacle. Ce sont d'ailleurs ces thèmes traditionnels que les juges regardent de plus près. Mais, au fait, de quoi s'agit-il ?

L'*abre-alas*, littéralement « l'aile d'ouverture » : un groupe de *sambistas* (toute personne ayant un lien avec une école de samba) aux costumes bariolés, défile lentement auprès d'un char qui représente souvent un livre ouvert ou un ancien parchemin. Sur cette page imaginaire sont inscrites les lettres GRES (Grêmio Recreativo Escola de Samba, ou Guilde de récréation de l'école de samba). Le premier char est en effet la page de titre du thème de l'école de samba. Derrière les *sambistas* viennent la *Comissão de Frente*, « comité directeur » composé de membres en costumes officiels (directeur de l'école, compositeurs, etc.).

Les festivités ne commencent réellement qu'avec l'arrivée de la *porta-bandeira* (« porte-drapeau ») et du *mestre sala* (« maître de danse »), revêtus de superbes costumes du XVIIIᵉ siècle. La moitié du drapeau arbore les couleurs de l'école, tandis que l'autre présente le thème de l'année. Le couple exécute une chorégraphie compliquée et enchaîne une série de pas de danse périlleux. Deux consignes formelles : ne jamais casser le rythme et continuer d'avancer à bonne allure. Ils sont suivis par les autres danseurs et la *bateria*, le groupe chargé des percussions. Dans les grandes écoles, les percussionnistes se comptent par centaines. Ils doivent maintenir un rythme constant. Ainsi, l'en-

semble de la troupe peut suivre le tempo, et les spectateurs commencer à vibrer au rythme du spectacle.

Tous les membres de la *bateria*, parfois aussi baptisés *ritmistas*, doivent porter le même uniforme, qui s'inspire en général du thème de l'école. Au centre de l'avenue, la *bateria* s'arrête et exécute une performance assourdissante devant la loge des juges. Pendant ce temps, le reste de l'école progresse jusqu'à la fin du trajet (environ 1 km).

Derrière les percussions suivent les *alas*, groupes de danse constitués par les meilleurs *sambistas* de l'école. Leurs cos-

tumes illustrent divers aspects du thème. Par exemple, s'ils ont choisi de raconter une légende amazonienne, certains seront habillés en Indiens et d'autres déguisés en animaux de la jungle ou en figures mythologiques.

Toutes les écoles doivent obligatoirement inclure certaines *alas* dans leur spectacle. Par exemple, l'Ala das Baianas se compose d'une douzaine de femmes âgées, noires en général, revêtues du costume traditionnel de l'État de Bahia, lequel est le berceau des traditions africaines du Brésil. Elles honorent, par leur présence, l'histoire de la samba. Comme l'explique Maria de Lourdes Neves, qui appartient depuis longtemps à l'école de samba Império Serrano, « *toute* baiana *est une* senhora *respectée, de noble maintien et d'un âge avancé, mais elle doit être capable d'effectuer tout ce que fait une jeune personne* ».

Entre les *alas* les plus importantes, telle l'Ala das Baianas, des danseurs revêtus de costumes flamboyants interprètent les personnages principaux du thème. Il s'agit des *figuras de destaque*, littéralement « figures prépondérantes ». Ces rôles sont le plus souvent tenus par des célébrités locales, des actrices ou des mannequins aux formes voluptueuses.

produit un groupe de musiciens et un chanteur. Celui-ci, appelé *puxador de samba*, est chargé de chanter à pleins poumons la chanson de l'école. Du début à la fin de la représentation, tous les membres du défilé doivent reprendre les paroles derrière lui. Souvent, peu avant le départ, ils distribuent le texte de la chanson aux spectateurs dans les loges.

Enfin arrivent les chars géants, *carros alegóricos*, ou *alegorias*, faits de papier mâché et de polystyrène, qui représentent les éléments majeurs du thème. Pour reprendre l'exemple de la légende amazonienne, les chars pourraient alors repré-

D'autres groupes de danseurs, les *passistas*, se mêlent aux *alas* et paradent sur les chars géants de carnaval. Ces jeunes hommes et femmes d'une incroyable souplesse s'arrêtent au milieu de la rue pour interpréter des danses complexes. Ils se servent souvent de tambourins et exécutent même de véritables figures acrobatiques. Les femmes portent à peine un cache-sexe. Les *passistas* sont accueillis par une salve d'applaudissements.

Juste devant le char principal du défilé circule une petit roulotte bariolée où se

A gauche et ci-dessus, la faune et la flore du carnaval.

senter des personnages ou des événements célèbres ayant trait à l'Amazonie. Ils pourraient aussi figurer des arbres et des rivières ou des animaux sauvages. Les chars sont aussi l'occasion d'exhiber des mannequins vêtus de façon « minimaliste ».

Naturellement, tout le spectacle s'accompagne du *samba enredo*, version musicale du thème de l'école. Les musiciens de la *bateria* cognent sur leurs tambours comme des forcenés, le *puxador de samba* chante à tue-tête, et tous les *sambistas* s'en donnent à cœur joie pour produire une composition musicale aussi bruyante que possible.

La fête descend dans la rue

Comment décrire le carnaval de la rue ? On y trouve « tout et son contraire » : des hommes travestis en femmes, des enfants déguisés en adultes et des adultes transformés en enfants.

Les festivités commencent le vendredi qui précède la semaine sainte, lorsque le maire de Rio remet la « clef de la ville » géante au roi Momo, lors d'une cérémonie animée dans l'Avenida Rio Branco. Momo, le roi de la fête, symbolise la polygamie et l'indulgence qui règnent à Rio jusqu'au mercredi des Cendres.

Le samedi est le jour de défilé des *blocos* (groupes précédant ou suivant une fanfare). Le meilleur carnaval des rues enflamme les gigantesques quartiers ouvriers qui s'étendent loin du centre de la ville. Dans les banlieues de Meier, Madureira, Bangu et Realengo, des milliers de personnes descendent dans la rue, déguisées en clowns, en travestis, en personnalités de la télévision ou du monde politique et en animaux de toutes sortes.

Les hommes se travestissent le plus souvent en femmes. Les membres du Bloco das Piranhas, par exemple, s'habillent en prostituées de luxe. Ceux du Bloco dos Sujos se barbouillent de peinture et para-

dent dans les rues, costumés en Indiens ou en vagabonds. Le Bloco de Empolgação représente plus largement les phénomènes de rue auxquels on assiste pendant le carnaval. Il s'agit de se donner corps et âme à la danse, de tournoyer jusqu'au vertige, pour entrer dans une espèce de transe. Percussions et airs de samba connus favorisent cette frénésie, comme dans les grandes écoles de samba.

Malgré l'animation des quartiers de la banlieue nord, le siège officiel du carnaval de rue demeure l'Avenida Rio Branco. C'est dans cette grande artère que l'on décerne le prix des plus beaux costumes. Récemment, c'est un groupe d'hommes baptisés « les Jeunes Veuves » qui a décroché le gros lot. Magnifiquement habillés en bourgeoises, ils ont présenté devant les juges un spectacle de danse incomparable.

A Copacabana, on peut assister, voire participer à un autre défilé marquant, le Bloco dos Intocáveis (« des intouchables »), manifestation totalement désorganisée et ouverte à tous. Un organisateur définit les conditions d'admission en ces termes : « *Il suffit d'avoir vingt et un ans, pour pouvoir boire.* » Cette clause n'est même pas respectée.

En 1981, un événement peu banal marqua les esprits, l'apparition du Bloco Scandinavia. Ce groupe est entièrement constitué de strip-teaseuses qui offrent aux spectateurs une démonstration gratuite de leur art. Elles sont accompagnées par une armée de videurs qui tiennent le public à distance.

Dans la *zona sul*, les foules aisées sont moins enfiévrées que dans les quartiers ouvriers de la *zona norte*. Deux manifestations de joyeux drilles méritent cependant d'être citées : la Banda de Ipanema, forte de 15 000 personnes qui défilent chaque année dans les rues de ce célèbre quartier, en faisant une halte à chaque bar, et la Banda da Sá Ferreira à Copacabana.

Les bals masqués

Le carnaval est surtout l'affaire des couches populaires, mais classes moyennes et aisées ont elles aussi leur version de

A gauche, le rythme infatigable de la samba; à droite, toute la luxuriante Amazonie s'avance sur un char.

cette fête, sous la forme du bal masqué. On l'aura deviné, ces réjouissances se caractérisent par des costumes élaborés et par un volume sonore très élevé.

En Europe, à Paris et à Venise notamment, le bal masqué remonte au XVIIIe siècle. Ce n'est qu'en 1840 que le premier bal de ce genre eut lieu à Rio, dans l'hôtel Itália, sur la Praça Tiradentes.

A cet emplacement se dresse aujourd'hui le Teatro São José, qui est le cadre du bal annuel des travestis. L'hôtel Itália ayant perdu de l'argent lors de la première manifestation, il fallut attendre 1846 avant le deuxième bal masqué, organisé dans le

plus réputés sont les clubs de Sírio-Libanês, Flamengo, Fluminense et Monte Líbano. Ce dernier organise en particulier le superbe bal de la Nuit à Bagdad, qui a lieu la veille du mercredi des Cendres. Il est si célèbre que des émirs arabes viennent parfois y assister. Mais la notoriété se paie : salle de danse surchauffée et files d'attente interminables devant le bar et les toilettes.

Parmi les bals à retenir, celui qui se déroule au sommet du Pain de Sucre vaut le déplacement. Chaque année, son organisateur, Guilherme Araujo, invite une longue liste de personnalités étrangères,

quartier de São Cristóvão, quartier chic à l'époque. Grâce à la présence de têtes couronnées, les organisateurs purent attirer la fine fleur de Rio et augmenter le prix d'entrée.

Le premier bal masqué du XXe siècle eut lieu dans un hôtel de Copacabana en 1908 ; les invités y dansèrent la polka et des valses viennoises. En 1932, le premier bal masqué officiel de Rio de Janeiro s'ouvrait au Teatro Municipal et, depuis lors, les bals se comptent par centaines durant les quelques jours précédant le carême.

La nuit, le carnaval se passe principalement dans les clubs, où les bals attirent autant de Cariocas que de touristes. Les

met sur pied un spectacle de choix et prépare l'un des plus luxueux et pittoresques décors de la ville. La fête bat son plein toute la nuit, et en partant, les hôtes sont autorisés, voire incités, à emporter avec eux toutes les décorations de carton et de papier.

Le gouvernement propose un bal officiel, dit de la Ville, qui a lieu, le samedi soir, dans l'une des grandes boîtes de nuit de Rio. La musique est excellente, et toutes les célébrités cariocas viennent s'y montrer. Le meilleur moment de la soirée est le défilé des plus beaux costumes de l'année, du troubadour médiéval à l'archevêque catholique.

Les bals qui font le plus parler d'eux sont ceux des transsexuels, au Teatro São José, sur la Praça Tiradentes, le vendredi et le samedi. Ils défilent fièrement devant le théâtre, chemisiers ouverts, dévoilant sans complexe leurs nouveaux attributs féminins.

Un coût exorbitant

Les membres des grandes écoles de samba passent toute l'année à préparer l'événement. Il s'agit principalement de personnes défavorisées qui financent le projet grâce à une modeste subvention du gouvernement

Toutefois, les dons, principale source de revenus, viennent surtout des chefs de *jogo do bicho* (jeu illégal très répandu). Les chefs soutiennent la samba car il leur sied de jouer aux mécènes : c'est excellent pour leur réputation.

Cependant, certains désapprouvent le coût exorbitant de cette fête. Les grandes écoles dépensent jusqu'à 350 000 $ chaque année en préparatifs. Joãozinho Trinta, directeur artistique de l'école de samba Beija Flor, défend avec vigueur cette politique : « *Les intellectuels veulent de la pauvreté, mais pas le public. Ce que veut le public, c'est du luxe.* »

et aux cotisations des membres de l'école. Mais ils vivent surtout des dons des entreprises ou des habitants de leur quartier. En outre, depuis quelques années, les écoles de samba sont devenues un divertissement à la mode, même en dehors de la période du carnaval. Aussi, elles se produisent dans des boîtes de nuit ou donnent des concerts pendant l'année ; elles gagnent un forfait ou prélèvent un pourcentage sur les droits d'entrée.

A gauche, les spectateurs enthousiastes accompagnent les orchestres des écoles de samba ; ci-dessus, à la fin du défilé, les danseuses fatiguées rentrent chez elles.

L'annonce des écoles gagnantes, faite le jeudi suivant le carnaval, est l'un des événements les plus importants de l'année à Rio. Les juges notent l'homogénéité du groupe, la musique sur laquelle ce dernier évolue, l'agilité et la grâce des danseurs... Il faut savoir que les perdants s'estiment rarement satisfaits des résultats et que les accusations de fraude sont fréquentes.

En revanche, pour l'école gagnante et ses fervents admirateurs, c'est la gloire. Ses membres deviennent tout de suite les « rois de la samba », et le couronnement dure jusqu'au lundi suivant, voire toute l'année. Les autres écoles de samba rongent leur frein jusqu'au prochain carnaval.

BOUTIQUES ET MARCHÉS

Jusqu'à une époque récente, Rio était pour les touristes un paradis des bonnes affaires. Pendant les années 80 et au début des années 90, le Brésil subit une inflation très importante (1 700 % en 1989), et la devise du pays chutait chaque année davantage par rapport au dollar américain et aux autres monnaies fortes. Si l'on ajoute à ce facteur une main-d'œuvre bon marché, on comprend aisément que le prix des produits brésiliens était de plus en plus intéressant pour les étrangers.

Les appareils électroniques formaient la seule exception à la règle. Pourtant, l'industrie électronique de pointe du pays se portait bien, mais, après des décennies de protectionnisme, elle était peu compétitive. Le cruzeiro était indexé sur le dollar américain, et toute chute du dollar rendait comparativement le prix des produits brésiliens plus élevés.

Désormais, grâce au plan Real, l'inflation a été ramenée à des taux très bas (4,3 % en 1996), et les prix suivent une norme internationale.

En dehors des traditionnels commerces de souvenirs, la *cidade maravilhosa* abrite les plus fameuses boutiques de mode d'Amérique latine. Rio est la capitale universelle du vêtement estival, du tee-shirt au bikini, mais se distingue aussi par les articles de cuir et les pierres précieuses, qui ornent les vitrines dans nombre de rues de Copacabana et d'Ipanema.

Centres commerciaux

Le premier centre commercial de Rio n'a ouvert qu'au début des années 80. Grâce au centre commercial de Rio Sul, les Cariocas ont sans aucun doute découvert le plaisir du lèche-vitrines dans un lieu où l'air est conditionné — un agrément indispensable dans une ville où la température estivale atteint une moyenne de 35 °C. Depuis lors, les centres commerciaux se sont multipliés. Les habitants de la métropole et les touristes ont l'embarras d'un choix dont les principales options sont les suivantes.

Rio Sul, situé dans le quartier de Botafogo, à peu de distance de Copacabana, est le centre commercial le plus ancien de Rio de Janeiro et reste le favori des Cariocas vivant à proximité et des touristes. Des autocars transportent gratuitement les clients des hôtels de Copacabana à Rio Sul, où ils découvrent plus de 400 boutiques et restaurants, et même un supermarché, fait rarissime dans un centre commercial de Rio. Il est ouvert de 10 h à 22 h, du lundi au samedi.

Barra Shopping, le plus grand centre commercial du Brésil et (selon ses fondateurs) d'Amérique latine, occupe le cœur de Barra da Tijuca. A l'origine, les touristes étaient rebutés par la distance (une demi-heure de trajet) avec les quartiers hôteliers de Copacabana et d'Ipanema. Le service commercial a vite mis en place une ligne d'autocars gratuite avec air conditionné. Comme les autres centres commerciaux de la ville, Barra regroupe des boutiques de luxe, des grands magasins, un large éventail de restaurants, plusieurs cinémas, des librairies et des bijouteries. On y trouve même un mini-parc d'attractions pour les enfants, la seule patinoire de

A gauche, exposition de tableaux naïfs sur les trottoirs de la ville ; à droite, tee-shirts aux couleurs de Rio.

Rio et un bowling. Le centre est ouvert de 10 h à 22 h du lundi au samedi.

Au Rio Palace Hotel, sur le front de mer de Copacabana (Avenida Atlântica), **Cassino Atlântico** jouit d'un emplacement privilégié, mais ses commerces ne valent pas ceux de Rio Sul et de Barra Shopping pour la quantité et la qualité. Il abrite toutefois certaines des meilleures boutiques de souvenirs de Rio, des galeries d'art et des magasins d'antiquités excellents. Il est ouvert de 9 h à 22 h du lundi au vendredi, et de 9 h à 20 h le samedi.

São Conrado Fashion Mall, proche des hôtels Sheraton et Inter-Continental, à de Paiva, et **Casa Shopping**, derrière le centre commercial Barra Shopping.

Boutiques

Malgré le succès récent des centres commerciaux, les acheteurs de Rio apprécient toujours les magasins de quartier. Les boutiques de mode se concentrent sur l'**Avenida Nossa Senhora de Copacabana**, entre la Rua Paula Freitas et la Rua Constante Ramos, à Copacabana. Les boutiques de souvenirs s'étirent de l'Avenida Princesa Isabel à la Rua Paula Freitas, dans la Rua Visconde de Pirajá, à Ipanema, et dans

5 mn en voiture d'Ipanema, est, comme son nom l'indique, consacré à la mode : vêtements décontractés ou élégants pour hommes et femmes. Il est ouvert de 10 h à 22 h, du lundi au samedi.

Le **Shopping Center da Gávea** est à quelques minutes d'Ipanema et de Leblon. Il est réputé pour ses galeries d'art, qui figurent parmi les meilleures de Rio. Il compte aussi d'excellentes boutiques d'ameublement et de décoration intérieure.

Deux centres commerciaux sont exclusivement consacrés à l'ameublement et à la décoration intérieure : **Rio Design Center**, à Leblon, au n° 270 de l'Avenida Ataulfo certaines rues piétonnes qui partent de l'Avenida Rio Branco, dans le centre de Rio.

Les plus à la mode se trouvent à **Ipanema**, surtout dans la **Rua Visconde de Pirajá**, mais aussi dans les rues latérales. La **Rua Garcia d'Avila** est la plus fréquentée. Les visiteurs découvriront que le Carioca s'habille comme il aime vivre, décontracté et exubérant. Les vêtements sont gais et colorés, et les tenues de plage, superbes et de style plutôt jeune. Les boutiques d'Ipanema s'adressent à tous, hommes, femmes et enfants, pour leur proposer chaussures et articles de maroquinerie, vêtements et cadeaux. Reine incontestée du bikini, la boutique **Bum Bum** se situe au n° 437 de la Rua Visconde de Pirajá. La plupart des boutiques de luxe font partie des centres commerciaux de Rio Sul et Barra Shopping. Les cartes de crédit sont presque toujours acceptées.

Grands magasins

Le succès des petites boutiques nuit au développement des grands magasins. Aujourd'hui, les centres commerciaux leur ouvrent de nouveaux débouchés. **Sears** a un grand magasin qui donne sur la baie, à Botafogo, et à Barra Shopping. La plus importante chaîne brésilienne de grands

chés sont la meilleure solution. Le plus connu est le **Marché hippie** d'Ipanema (également appelé **Feirarte**), sur la Praça General Osório, le dimanche de 9 h à 18 h. On y trouve sculptures en bois, peintures, articles de cuir faits main et objets d'artisanat, tee-shirts-souvenirs avec des inscriptions en anglais. Les articles proposés sont de bonne qualité. Les vendeurs acceptent cartes de crédit et dollars.

Beaucoup proposent aussi leurs marchandises le soir, le long de la bande médiane de l'Avenida Atlântica, le front de mer de Copacabana. Depuis peu, l'endroit est devenu un point de vente très fré-

magasins, **Mesbla**, est présente à Rio Sul et à Barra Shopping, ainsi que dans le centre de la ville, Rua do Passeio.

Une autre grande chaîne, **C&A**, a des magasins à Rio Sul, à Barra Shopping et sur l'Avenida Nossa Senhora de Copacabana, 749.

Marchés en plein air

Pour ceux qui recherchent des produits plus authentiques, ou artisanaux, les mar-

A gauche, fruits et légumes frais sur un marché; ci-dessus, un artiste peint avec ses pieds à une foire artisanale.

quenté par les touristes, qui n'ont que l'avenue à traverser. C'est donc aussi de plus en plus un lieu de rencontre.

La **Feira do Nordeste** (« marché du Nordeste ») a lieu le dimanche, de 6 h à 13 h, sur une grande place de **São Cristóvão**. Le trajet prend une demi-heure à partir de Copacabana et d'Ipanema. Ce marché ne s'adresse pas aux touristes, mais aux milliers de Cariocas originaires du Nordeste, région au folklore très riche. Des dizaines d'éventaires en bois présentent des plats régionaux et des boissons. On trouve aussi quelques objets d'artisanat, mais les véritables bonnes affaires sont rares. L'intérêt d'une visite à ce marché est de pouvoir humer un peu l'esprit du Nordeste avant de quitter Rio.

Antiquités

Pour les passionnés d'objets anciens, la **Feira de Antiquidades** (« foire aux antiquités ») se déroule le samedi dans le centre-ville, Praça 15, de 8 h à 17 h. On y trouve des antiquités provenant de tout le Brésil.

Le Cassino Atlântico et le **Rio Design Center** contiennent aussi des boutiques d'antiquités.

Les amateurs d'art indien préféreront la boutique **Artindia**, Avenida Presidente

quartier résidentiel calme devient un dédale d'étals en bois, proposant tout, des bananes aux aubergines en passant par le poisson, la viande et les fleurs. Les vendeurs crient les prix au passage des chalands, prix qui chutent à l'approche de la fermeture, vers midi. Finalement, ces marchés ressemblent beaucoup à ceux du monde entier.

Bijouteries

Les bijouteries de Rio sont nombreuses, et quelques-unes sont devenues de véritables empires. Le Brésil est le plus grand pro-

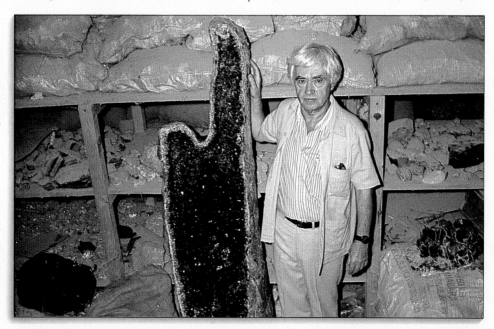

Wilson, 164, gérée par l'agence indienne du Brésil, Funai.

Marchés de fruits et légumes

Les marchés de fruits et légumes (*feiras* en brésilien) font partie pleinement des traditions de Rio. L'avènement des supermarchés aurait pu les reléguer au second plan, mais les Cariocas tiennent à ces marchés, qui causent parfois d'énormes embouteillages à Copacabana et à Ipanema.

Ils occupent toute la largeur des rues, sur des centaines de mètres. A l'aube, les vendeurs déchargent leurs camions et dressent les éventaires. En deux heures, un

ducteur mondial de pierres précieuses et fines de couleur. On s'en rend compte dès que l'on descend d'avion. Les grands fournisseurs de gemmes sont partout à Rio, comme leurs vendeurs. Ces derniers sont souvent polyglottes, cultivés et fascinants en eux-mêmes. Ils manifestent une confiance inébranlable dans la qualité de leurs produits. Le Brésil n'est pas connu seulement pour la variété de ses pierres précieuses, mais aussi pour ses prix imbattables, vu la qualité des gemmes, des montures et des formes. Les coûts sont peu élevés car la production reste nationale à 100 % : extraction des pierres, taille, sertissage et création des bijoux.

Naturellement, il vaut mieux se renseigner avant d'acheter. Mais à moins d'être un expert, il est vivement recommandé de s'adresser à un bijoutier de confiance qui conseille le client et lui vend exactement ce qu'il veut. Rio ne manque pas de joailliers réputés, de renommée internationale. Il ne faut pas acheter de pierres dans les boutiques de souvenirs ; trop souvent, ces commerces en proposent à prix réduits, mais ce n'est que du verre coloré.

Les deux plus grands bijoutiers de Rio sont Jules Sauer et Hans Stern, respectivement propriétaires d'Amsterdam Sauer et de H. Stern. Les deux hommes et leurs éta-

de Stern fait l'objet d'une visite intéressante. Le gratte-ciel, impressionnant, se dresse Rua Visconde de Pirajá, à Ipanema. Au rez-de-chaussée se trouve la boutique de cadeaux la plus chic de Rio. En outre, Stern propose gratuitement une visite guidée de toute la chaîne qui transforme une pierre brute en pièce de joaillerie. Les touristes peuvent s'inscrire pour cette visite dans tous les magasins Stern de Rio.

Si l'on ne recherche pas des gemmes mais seulement des pierres plus communes, on trouve, dans beaucoup de boutiques de souvenirs, des agates sur des montures très variées ou des cendriers de

blissements sont connus dans le monde entier. Sauer remporte la palme pour la qualité de ses créations, et Stern pour l'art de vendre. Les acheteurs recherchant des gemmes de qualité peuvent leur accorder une confiance totale.

Les bijouteries **Amsterdam Sauer** et **H. Stern** se trouvent dans le centre de la ville, les aéroports, les grands centres commerciaux, les rues marchandes et les meilleurs hôtels de Rio. Le siège mondial

A gauche, Jules Sauer montre un spécimen de la richesse du Brésil en pierres précieuses ; ci-dessus, des vêtements d'été bon marché sont vendus en plein air.

pierre polie. Ces magasins présentent aussi des figurines d'argile et des poteries typiques du Nordeste, des objets en stéatite de l'État de Minas Gerais (où se trouve la majorité des mines de pierres brésiliennes), des paniers et des chapeaux de paille, des hamacs de coton bariolés et des saladiers ou des plateaux de bois. Les peintures primitives brésiliennes sont également fort prisées.

La très respectable **Jean-Jacques Art Gallery**, Rua Ramon Franco, 49, à Urca, près du Pain de Sucre, est spécialisée dans les œuvres primitives et vaut la visite si l'on veut découvrir les couleurs éclatantes de l'art primitif brésilien.

CONDUIRE À RIO

« *Conduire à Rio me fait infiniment plus peur que piloter une voiture de course lors d'une compétition internationale* », affirme Nelson Piquet, l'une des figures les plus mythiques du sport brésilien, qui a remporté trois fois le titre de champion du monde de Formule 1.

Rio, la ville de l'embouteillage roi

A Rio, l'automobiliste est roi. Les transports publics sont gérés par une kyrielle de sociétés (huit privées et une vingtaine municipales) qui peinent à maintenir un réseau cohérent et à transporter, chaque année, 630 millions de voyageurs (ce qui ne fait pas plus d'une cinquantaine de voyages par habitant et par an).

Si les voitures sont partout, c'est qu'elles ne peuvent aller nulle part : la topographie accidentée de la métropole où s'entassent, entre mer et montagnes, six millions de personnes (une dizaine de millions pour la zone urbaine) fait de la circulation un problème insoluble. Sur un parc automobile de 1,2 million de véhicules, la métropole ne peut en absorber qu'un tiers.

L'habituel chaos matinal à l'heure de pointe se prolonge souvent jusqu'à midi, et parfois même au-delà, suivi par le capharnaüm récurrent et indescriptible à l'heure où les commerçants retournent chez eux et où les parents viennent chercher leur progéniture à la sortie de l'école, pour finir par l'embouteillage monstre quand les gens quittent les bureaux. Par exemple, Copacabana, qui compte 300 000 habitants, est quotidiennement sillonné par un demi-million de véhicules. Dès que l'un des six grands axes de circulation est engorgé, les quelques dizaines de rues secondaires sont aussitôt encombrées.

Les lois du chaos

Toutes choses égales d'ailleurs, les Cariocas font remarquer que, malgré le chaos, on circule dans la métropole.

A gauche, champion toutes catégories de la conduite; ci-dessus, quand l'embouteillage devient un style de vie.

La plupart des visiteurs qui découvrent Rio sont souvent surpris par l'incroyable tohu-bohu de la circulation. En outre, ils ne sont en sécurité nulle part : non seulement la chaussée est devenue un champ de bataille permanent, mais encore les automobilistes grimpent souvent sur les trottoirs pour tenter de sortir des embouteillages.

Pour bien vivre ce chaos permanent, les Cariocas sont devenus des as de la débrouille et de la transgression, de l'art de la godille et de la queue de poisson. Ils tournent ou accélèrent n'importe où, excepté là où on les attend. Ils méprisent les limitations de vitesse et le marquage au sol, rou-

lant en quatre files sur une route à deux voies, déboîtent sans prévenir, font piler leurs voisins, déclenchant des tonnerres de klaxons, puis reprennent leur train dans une nouvelle file. Seule l'exécution parfaite de ces figures imposées permet de déceler le vrai artiste-conducteur.

Doit-on s'arrêter aux feux ? Le jour, les Cariocas ont tendance à les ignorer, même lorsque le véhicule voisin est une voiture de police (qui, comme chacun, grillera le signal). Cependant, ils ralentissent et font (relativement) plus attention. La nuit, en revanche, s'arrêter à un feu rouge exposerait le conducteur et ses passagers à un braquage en bonne et due forme ; mais ce type d'agression est moins fréquent qu'on ne le croit, et il s'agit aussi d'une justification *a priori* pour mieux griller les feux la nuit.

Stationner à Rio : une gageure

En janvier et en février, l'heure de la canicule est aussi l'heure de rentrer chez soi, une épreuve non seulement parce qu'il s'agit de vaincre les embouteillages, mais aussi parce qu'il va falloir se garer. La ville ne compte en effet qu'une quinzaine de milliers de places de stationnement officielles !

Or, seulement à Copacabana, on recense 250 000 véhicules. Ce quartier célèbre pour les trottoirs de l'Avenida Atlântica. Et, comme si cela ne suffisait pas, les véhicules se serrent pare-chocs contre pare-chocs sur deux ou trois files le long des caniveaux.

Aux pires moments de cette lutte pour l'espace survient souvent un événement inattendu pour le visiteur, très significatif de l'optimisme légendaire des Cariocas : l'arrivée d'un médiateur, bénéfique sinon bénévole, qui indique une place libre ou s'interpose entre des rivaux prêts à en découdre.

Périodiquement, la municipalité lance des opérations de fourrière. Pendant un mois, les automobilistes retrouvent un semblant de civisme, les véhicules se font moins nom-

sa plage et ses distractions l'est également pour être le plus mal loti en places de stationnement. En effet, aux heures glorieuses de son développement, les normes de construction étaient encore souples, l'automobile moins utilisée qu'aujourd'hui, et les immeubles comportant des parkings étaient relativement rares.

Depuis lors, la multiplication du nombre des véhicules individuels fait que 60 % des autos des habitants de Copacabana dorment dehors. Chaque soir, elles colonisent la moindre parcelle d'espace disponible, des jardins publics aux espaces piétonniers — sans hésiter, par exemple, à s'installer juste sur les belles mosaïques qui décorent

breux (mais où peuvent-ils aller ?), les piétons reprennent possession des trottoirs... Mais bientôt, tout recommence comme avant.

Autobus et taxis, les poids lourds du pavé

Les bus sont fréquents, rapides (ils ont la priorité) et les lignes faciles à trouver (la ville étant bâtie en longueur). Mais ils sont bondés, et les touristes représentent une proie tentante pour les pickpockets. L'idéal est de préparer sa monnaie avant de monter, afin de ne pas avoir à sortir de l'argent à l'intérieur.

Les taxis forment une autre catégorie du pavé. Ils sont 20 000 ; donc, chacun est toujours assuré de trouver un moyen de rentrer chez soi, sauf quand il pleut. Mais ces artistes de la conduite carioca que sont les chauffeurs de taxis mettent parfois les nerfs à rude épreuve. Aussi faut-il éviter de dire que l'on est pressé. Par ailleurs, il est nécessaire de se montrer vigilant sur les tarifs, surtout dans les taxis jaunes, les moins chers mais aussi les plus tentés de frauder.

Si l'on hèle un taxi dans la rue, il est nécessaire de s'assurer que le chauffeur applique le tarif n° 1 lorsqu'il remet son compteur à zéro. Le tarif n° 2, plus élevé,

plus onéreux mais plus honnêtes. On arrondit toujours la somme versée au montant supérieur.

Le métro

Le métro de Rio fonctionne du lundi au samedi de 6 h à 23 h. Moins cher que le bus, il est fréquenté par 800 000 voyageurs chaque année. Les voitures sont spacieuses, propres et à air conditionné, et des plans détaillés sont affichés dans les stations.

Rio possède deux lignes. La première part du quartier de **Tijuca** (à ne pas confondre avec Barra da Tijuca) en direction de

est en vigueur de 23 h à 6 h, le dimanche et les jours fériés, ainsi que pour certaines zones éloignées ou difficiles d'accès. En décembre, il arrive souvent que les chauffeurs appliquent le tarif n° 2 pour gagner leur « treizième mois ». Enfin, les tarifs des taxis de l'aéroport vers le centre-ville et retour sont en principe forfaitaires.

Si l'on ne parle pas le portugais ou si l'on ne connaît pas son itinéraire, le mieux est de commander par son hôtel un radio-taxi, rouge, ordinaire, ou bleu, à air conditionné,

A gauche, après la plage, la cohue est toujours au rendez-vous devant l'arrêt du bus ; ci-dessus, les encombrements sont une banalité.

Botafogo, via le centre-ville. La station **Estácio** assure la correspondance avec la seconde ligne, qui relie le nord-ouest au centre-ville (elle dessert, notamment, le **Sambódromo** et le stade de **Maracanã**).

Les tickets sont en vente dans les stations et dans les bus portant l'indication *integração*. Le prix du ticket simple, ou *unitário*, ne change pas, même si l'on doit emprunter deux lignes différentes au cours du même trajet. Il existe des tickets aller-retour, appelés *ida e volta*, ainsi que des forfaits. Aux terminus, des lignes de bus prolongent le réseau. Elles sont indiquées par la mention *integração*, et il est possible d'acquérir des tickets combinés métro-bus (*metrô-ônibus*).

LE CULTE DU CORPS

Les Cariocas n'attendent pas la belle saison pour s'occuper d'eux-mêmes. Ils considèrent qu'il est vital d'avoir une silhouette impeccable pour arborer les célèbres maillots conçus non pour cacher le corps, mais pour le révéler. Néanmoins, depuis une dizaine d'années, une obsession nouvelle, d'esthétique, a mis santé et forme physique au premier plan de leurs préoccupations. Et avec la passion qui les caractérise, ils ont fait de la culture physique et de la course à pied leurs nouveaux dadas.

Cependant, à côté de ces modes plus ou moins passagères, les Cariocas pratiquent volontiers des activités sportives. Et les touristes n'auront pas de difficultés à s'adonner à leur sport préféré ou bien à découvrir ce que la topographie, le climat et les équipements de l'État de Rio peuvent leur proposer.

Course à pied et gymnastique

Avec ses longues plages et sa lagune, Rio est une ville idéale pour la course à pied. Depuis peu, une véritable folie du jogging s'est emparée des Cariocas — tous âges et toutes conditions confondus. Cet engouement s'est récemment trouvé de nouveaux débouchés, plus exigeants encore en stoïcisme, sous la forme de marathons dont les plus importants du Brésil sont le Rio Marathon et le São Silvestre, qui a lieu, comme son nom l'indique, le 31 décembre à São Paulo.

Les clubs de culture physique sont, de toutes les formules sportives, ceux qui attirent le plus de monde. L'objectif y est tout autant de modeler des silhouettes de rêve que de donner tonus et énergie. La plupart de ces clubs appliquent la formule brevetée par l'actrice américaine Jane Fonda, à savoir l'aérobic, mais à la sauce brésilienne, c'est-à-dire sur fond de musique tropicale résolument chaloupée. Et depuis le succès remporté par des films comme *Rambo* et *Rocky*, la mode « pectoraux et ventre plat » se taille également une belle part de marché. Dès lors, des kyrielles de sosies de

Course à pied matinale au pied du mythique Corcovado.

Sylvester Stallone se pavanent sur les plages de Rio, en particulier à Ipanema, São Conrado et Grumari.

Même si la plupart des femmes de Rio préfèrent les formes douces et sensuelles aux abdominaux et biceps d'acier, nombre d'entre elles ont commencé à s'enthousiasmer pour la figure de la « femme-béton », qui culmine chaque année avec l'élection de la Miss Muscles de Rio.

Les jeux de ballon

Le football, *futebol*, est le sport national par excellence. Les Cariocas aiment à s'y exercer très souvent, par exemple sur l'immense terrain aménagé en bordure de la plage de Copacabana. Mais le football est aussi une fête qui unit le peuple entier dans une même passion. Pendant la Coupe du monde, tout Brésilien qui se respecte est rivé à son poste de télévision.

L'immense stade de Maracanã constitue alors un détour obligé. Depuis les récents travaux de modernisation, cette vaste arène, qui a accueilli jusqu'à 200 000 spectateurs, a actuellement une capacité d'accueil de 135 000 personnes. Les parties prennent alors l'allure de fêtes : dans les gradins, une foule en liesse vibre au son de l'orchestre de samba de chaque équipe, crie, chante et se déchaîne en une véritable transe collective. Quant aux joueurs, ils ne jouent pas, ils dansent. Lorsque les équipes fétiches des Cariocas s'affrontent au Maracanã, l'effervescence est à son comble : les matches « Fla-Flu », Flamengo contre Fluminense, sont les plus suivis de tous.

L'engouement pour le volley-ball et le basket suivent de très près celui pour le football. D'ailleurs, le Brésil a à son actif un titre de champion olympique de volley masculin, ainsi que celui de champion du monde de volley féminin.

Le volley-ball se pratique lui aussi beaucoup sur les plages de Rio. Ainsi, celle de Copacabana a accueilli le championnat du monde de volley-ball de plage.

Clubs privés et passions de masse

A Rio, les équipements collectifs publics ne sont pas très nombreux. Il y a des courts publics, d'autres appartiennent à certains hôtels, mais on joue le plus souvent dans des clubs privés.

Le golf, pas encore très en vogue, dispose lui aussi de terrains rarement ouverts au public. Cependant, il est possible d'y accéder par l'intermédiaire des hôtels, même sans être membre.

Le football n'est pas le seul sport à déplacer les foules. Les courses hippiques sont très appréciées à Rio comme dans tout le Brésil. Le Grande Premio do Brasil se court chaque année le premier dimanche d'août au Jóquei Clube, l'hippodrome situé près de la Praça Santos-Dumont, à Gávea.

Enfin le Brésil, pays de Nelson Piquet et d'Ayrton Senna, figure parmi les étapes mondiales du Grand Prix de Formule 1. La course qui compte pour ce grand prix se déroule à Rio de Janeiro ou à São Paulo (mars ou avril). La mort d'Ayrton Senna sur le circuit d'Imola, en Italie, en mai 1994, a donné des proportions démesurées au véritable culte dont il faisait déjà l'objet. On peut même visiter le musée qui lui est consacré.

A pied ou à cheval

Les étranges montagnes en tuyaux d'orgue de la Serra dos Orgãos, qui forment un écrin à la ville de Teresópolis, invitent aux randonnées et à l'escalade. Instituées parc national, elles comptent sept pics spectaculaires dont la hauteur sied aux amateurs d'escalade : la Pedra do Sino (2 263 m), la Pedra do Açu (2 230 m), l'Agulha do Diabo (2 020 m), la Nariz do Frade (1 919 m), le Dedo de Deus (1 651 m), la Pedra da Ermitage (1 485 m) et le Dedo de Nossa Senhora (1 320 m).

La randonnée pédestre s'y pratique aussi, malgré un balisage inexistant. Comme les cartes sont tout aussi indigentes, il est conseillé de se faire accompagner par un guide du parc ou de se joindre à un groupe constitué par un des clubs de randonnée ou d'alpinisme de Rio. L'entrée principale du parc national ouvre ses portes tous les jours de 8 h à 17 h. Un billet, d'un prix assez modique, donne accès à un sentier pédestre de quelques kilomètres, qui passe à proximité de cascades et de jolies étendues d'herbe propices à des parties de campagne et à des pique-niques.

La nature autour de Teresópolis se prête aussi à l'équitation : les meilleurs pur-sang du Brésil sont conçus et élevés dans la région. D'autres haras importants se trouvent à Saquarema, à 100 km de Rio, dans la « région des lacs ». Saquarema se déploie entre une plage très longue, des lagunes et des montagnes couvertes de végétation tropicale et émaillées çà et là de superbes cascades, qui donnent l'occasion de belles promenades à cheval.

Pour les amateurs de bicyclette et de camping, le Camping Clube do Brasil organise des expéditions dans les coins les plus sauvages.

A ceux qui préfèrent la randonnée en solitaire, il est recommandé de se procurer les cartes publiées par l'Institut brésilien de géographie et de statistiques (IBGE).

Pêche et sports aquatiques

Le Brésil compte de nombreuses espèces de poissons de mer et d'eau douce. Des équipements, des bateaux et des guides sont à la disposition des amateurs. De plus, des excursions sont régulièrement organisées. A environ deux heures de route de Rio, Cabo Frio et Búzios, le long de la Costa do Sol, ainsi qu'Angras dos Reis et Parati, sur la Costa Verde, sont de merveilleux sites de pêche, y compris sous-marine.

Mais c'est à Arraial do Cabo qu'on trouve les fonds marins les plus clairs de tout le sud du Brésil, très appréciés des amateurs de la pêche sous-marine et de la plongée.

La région de Rio de Janeiro est réputée pour ses « spots » de surf et, dans une moindre mesure, de planche à voile. On trouve à louer des planches à voile ou de surf, ainsi que des voiliers et des bateaux de pêche, dans la plupart des stations balnéaires.

Pas trop loin du centre de Rio, les surfeurs impénitents se rendront à Prainha, en dépassant Barra da Tijuca, puis la longue Praia dos Bandeirantes.

A l'opposé, sur la Costa do Sol, Cabo Frio, réputée pour la finesse de son sable et pour ses dunes, est aussi très recherchée par les surfeurs.

Dans les airs

Les Cariocas pratiquent le deltaplane avec passion. C'est à l'extrémité de São Conrado, à l'endroit où l'autoroute monte derrière la Pedra da Gávea, que les mordus s'élancent de la rampe de Pedra Bonita, planent à plus de 500 m au-dessus de la mer avant d'atterrir sur la Praia do Pepino.

Plusieurs pilotes sérieux et expérimentés pratiquent des sorties en tandem : il faut s'adresser à l'Associação Brasileiro de Vôo Livre ou bien au Clube Vôo Livre, au bout de la Praia do Pepino, à la hauteur de l'Avenida Prefeiro Mendes de Morais.

Autour de Saquarema, les plages de Bambui, Ponta Negra, Praia Itaúna et Jaconé sont remarquables par leur étendue, le peu de monde qui les fréquente et l'ampleur de leurs rouleaux. Tous les ans, durant la seconde quinzaine de mai, aux Praias d'Itaúna et de Ponta Negra, les surfeurs s'affrontent lors de compétitions.

Enfin, les passionnés de canoë-kayak trouveront leur bonheur dans les torrents de Bom Jardim et de Lumiar, distants de 25 km de Nova Friburgo, à l'est de Teresópolis.

A gauche, rameurs sur fond de grande ville ; ci-dessus, exercices musculaires sur la plage de Copacabana.

La « capoeira », une danse de combat

A mi-chemin de la danse et des arts martiaux, la *capoeira* était à l'origine une technique de combat que les esclaves noirs ne purent pratiquer et durent travestir en mouvements de gymnastique pour pouvoir continuer à s'adonner à ce passe-temps.

Des démonstrations de *capoeira* se donnent dans la rue ou sur les plages, mais aussi dans les écoles où s'entraînent les adeptes de cette impressionnante danse acrobatique.

La première école fut ouverte par Mestre Burba en 1937. En 1996, la Biennale de la danse de Lyon a accueilli plusieurs troupes, dont le Grupo Corpo.

INFORMATIONS PRATIQUES

PRÉPARATIFS ET FORMALITÉS DE DÉPART

PASSEPORT ET VISA

Pour entrer au Brésil, il faut un passeport en cours de validité (au moins 6 mois au-delà de la date de fin du séjour). Le visa, inutile pour les ressortissants de l'Union européenne, est exigé des citoyens canadiens et de ceux de la plupart des pays d'Asie.

La durée du séjour doit être inférieure à 90 jours. Pour obtenir une autorisation de prolongation, s'adresser sur place à la police fédérale, avant les 60 premiers jours qui suivent la date d'arrivée.

● **Ambassades et consulats du Brésil**

Ambassade du Brésil en France
34, cours Albert-Ier, 75008 Paris,
tél. 01 45 61 63 00
Consulat général du Brésil en France
12, rue de Berri, 75008 Paris, tél. 01 44 13 90 30
Ambassade du Brésil en Belgique
Av. Louise 350, 1050 Bruxelles,
tél. (322) 640 20 15
Ambassade du Brésil au Canada
Albert Street 255, Suite 990, Ottawa,
Ontario KIP 6A9, tél. 514 499 09 68
Ambassade du Brésil en Suisse
Habsburgstrasse 6, 3006 Bern,
tél. (31) 45 85 15

VACCINATION

Le Brésil n'exige pas de certificat de santé ou de vaccination. Ces certificats ne sont pas nécessaires pour entrer dans un autre pays à partir du Brésil. Toutefois, il est préférable de se faire vacciner contre l'hépatite A et la typhoïde, et, pour se rendre dans des régions telles que le Pantanal ou le Mato Grosso, il est recommandé de se faire vacciner contre la fièvre jaune (ce vaccin, qui protège 10 ans, ne commence à agir que 10 jours après l'inoculation) et de se protéger contre le paludisme.

VÊTEMENTS À EMPORTER

Si certains restaurants, notamment dans les quartiers d'affaires des grandes villes, exigent le port de la cravate à l'heure du déjeuner, la plupart des établissements admettent une tenue décontractée. Pour un voyage d'affaires, les usages ne diffèrent pas des nôtres : complet pour les hommes, tailleur, jupe ou robe pour les femmes.

Le Brésil est un grand fabricant de tissus de lin et de coton. On peut donc monter sa garde-robe sur place à des prix imbattables. Les articles de cuir, notamment les chaussures, sont très abordables.

Le port de bijoux, par exemple, peut être provocant dans un pays où la misère touche une grande partie de la population. De même, si l'on porte un sac, le serrer fermement sous le bras et ne jamais le laisser pendre en bandoulière. Les Brésiliens adoptent la solution la plus sûre : un sac à dos porté sur le ventre.

La plupart des églises et certains musées refusent l'entrée aux visiteurs vêtus de shorts, tenue souvent interdite aux hommes dans les *gafieiras* (bals populaires).

A Rio, on peut oser les tenues excentriques. Dans les petites villes, les habitants s'habillent plus classiquement, mais ils sont habitués aux touristes brésiliens et étrangers.

Pour le carnaval, des boutiques proposent un large choix de costumes. Les couleurs vives sont exigées. Le service de nettoyage des hôtels est excellent.

ALLER À RIO

EN AVION

Les vols au départ de l'Europe pour le Brésil durent de 11 à 13 heures (le vol Paris-Rio dure un peu plus de 14 heures). La plupart se font de nuit. S'adresser à une agence de voyages pour connaître les vols à prix réduits.

● **Compagnies aériennes**

Air France
Tél. 08 02 80 28 02, minitel 3615 AF
TAP Air Portugal
11 bis, bd Haussmann, 75009 Paris,
tél. 08 01 63 61 62
Varig
27, av. des Champs-Élysées, 75008 Paris
Renseignements : *tél. 01 40 69 50 79*
Réservations : *tél. 08 01 63 61 62*
VASP
Air Promotion, 66, av. des Champs-Élysées,
75008 Paris, tél. 01 53 77 13 00

EN BATEAU

Il n'y a pas de ligne régulière entre l'Europe et le Brésil. Toutefois, Linéa C-Costa organise au départ de l'Europe un à deux voyages par an, en novembre ou en décembre. Cette compagnie assure aussi des liaisons entre Miami et Rio.

Enfin, Oremar et Linéa C organisent des croisières le long de la côte atlantique.

Monde des Croisières
47, quai des Grands-Augustins, 75006 Paris,
tél. 01 44 41 32 90

Certains paquebots qui effectuent des croisières autour du monde font escale dans plusieurs ports brésiliens (on peut embarquer pour une partie du périple seulement).

La compagnie Paquet organise des croisières le long de la côte brésilienne (15 610 F pour 15 jours).

Compagnie Paquet
5, bd Malesherbes, 75008 Paris,
tél. 01 49 24 42 00

La Blue Star Line, dont le siège se trouve à Londres, accepte un nombre limité de passagers sur ses cargos.

Des mini-croisières sont également organisées pour visiter Rio au moment du carnaval.

EN AUTOCAR

Il existe des services d'autocars entre les plus grandes villes brésiliennes et certaines capitales d'Amérique latine : Asunción (Paraguay), Buenos Aires (Argentine), Montevideo (Uruguay) et Santiago (Chili). L'autocar est le meilleur moyen de transport pour découvrir le paysage, mais, les distances étant importantes, il prolonge le voyage de plusieurs jours.

AU RETOUR

Ne jamais oublier de confirmer son départ par téléphone ou au guichet de la compagnie aérienne, au moins 48 h à l'avance. En cas d'oubli, le voyageur peut être déplacé sans préavis sur un vol ultérieur.

A la fin du séjour, toujours conserver quelques reals sur soi pour payer la taxe d'aéroport lors du vol de retour. Cette taxe avoisine 8 $ pour les vols intérieurs et 18 $ pour les vols internationaux. Elle ne peut être acquittée qu'en espèces et en monnaie brésilienne. La plupart du temps, elle est incluse dans le prix du billet.

DÉCALAGE HORAIRE

Rio de Janeiro a trois heures de retard par rapport à l'heure du méridien de Greenwich (GMT). Quand il est midi à Rio, il est 10 h à Montréal, 16 h à Genève, Bruxelles et Paris.

Le système des heures d'hiver et d'été fonctionne, hémisphère sud oblige, à l'inverse du nôtre.

À L'ARRIVÉE

DOUANES

A l'aéroport, les douaniers fouillent près de la moitié des voyageurs. Certaines denrées alimentaires d'origine animale et végétale, ainsi que les plantes, sont susceptibles d'être retenues.

Outre ses effets personnels, le voyageur peut introduire des marchandises pour une valeur de 1 800 F. L'entrée d'alcool est limitée à 2 l par personne (vin et spiritueux confondus), celle de tabac à 400 cigarettes et à 25 cigares.

Si l'on se rend au Brésil pour affaires, se renseigner auprès du consulat afin d'obtenir plus de détails sur les marchandises qui peuvent être introduites librement. Par exemple, le Brésil contrôle sévèrement l'importation d'ordinateurs. Si l'on doit se déplacer avec ce type de matériel, il faut solliciter une autorisation écrite auprès du consulat avant le départ, puis faire enregistrer l'appareil par les services de douane pour une entrée temporaire. Cette mesure implique naturellement de quitter le pays muni de l'ordinateur.

Le visa de tourisme permet d'introduire dans le pays des appareils électroniques d'une valeur maximale de 500 $ sans avoir à les déclarer à l'arrivée, et de repartir sans eux.

Les bagages des voyageurs qui quittent le territoire brésilien ne sont pratiquement jamais contrôlés, à l'exception des bagages à main. Se renseigner sur les marchandises susceptibles d'être confisquées à la douane brésilienne.

Contrairement aux pierres fines, qui peuvent circuler librement, les peaux d'animaux sauvages sont automatiquement confisquées, la chasse étant interdite au Brésil.

MONNAIE ET DEVISES

La monnaie brésilienne a changé plusieurs fois depuis le milieu des années 80. En 1986, elle est passée du cruzeiro au cruzado (Cz$). En 1989, une nouvelle dévaluation a entraîné l'apparition du cruzado novo, ou NCz$. Les trois monnaies étaient en vigueur jusqu'en juillet 1994, date à laquelle le gouvernement d'Itamar Franco a mis en œuvre un plan de stabilisation monétaire (plan Real) et instauré une nouvelle monnaie, le real, afin d'enrayer une crise considérable et une inflation qui atteignait alors 7 000 %.

Le real (R$) est aligné sur le dollar américain (1 R$ équivaut approximativement à 1 $) ; il est divisé en 100 centavos.

Le taux de change est indiqué chaque jour dans les grands quotidiens nationaux, à la rubrique *câmbio*. En cas d'hyperinflation, un taux parallèle, pratiqué au marché noir de façon tout à fait courante, s'ajoute au taux de change officiel. Toutefois, en haute saison, la différence entre ces deux taux est presque nulle.

Les hôtels changent les devises étrangères en reals au taux officiel. Toutefois, ils refusent souvent de changer les chèques de voyage, ou ils appliquent un taux de change désavantageux.

Les agences de voyages ou les bureaux de change peuvent appliquer le taux de change parallèle, pour l'achat comme pour la vente de devises. Certains de ces établissements acceptent de convertir les chèques de voyage mais selon un taux qui est, bien sûr, à leur avantage.

Les banques convertissent les devises au taux officiel, mais elles ne changent pas le real en devises étrangères. Seules les agences de la Banco do Brasil, situées dans les aéroports internationaux, font ce type de transactions. Les chèques de voyage se changent dans les agences Banco do Brasil, Banco Economico et American Express.

La plupart des hôtels acceptent les chèques de voyage ou les cartes de crédit. De nombreux restaurants et boutiques acceptent les cartes de crédit, les plus fréquentes étant la Diners Club, l'American Express, la Master Card et la Visa. Les factures sont alors établies en fonction du taux officiel.

Le règlement en dollars étant accepté partout, il est possible, et même recommandé, de se munir exclusivement de cette devise. En cas d'hyperinflation, les hôtels, les restaurants, les boutiques et les taxis appliquent un taux de change situé, le plus souvent, entre le taux de change officiel et le taux de change parallèle.

À SAVOIR SUR PLACE

COURANT ÉLECTRIQUE

Le voltage électrique n'est pas normalisé dans tout le pays, mais, à Rio, il est presque partout de 127 V. La plupart des appareils électriques modernes sont dotés de commutateurs qui permettent de passer du 110 V au 220 V. Dans les hôtels, des adaptateurs sont mis à la disposition des clients.

HEURES D'OUVERTURE

Les heures d'ouverture des magasins se situent en général entre 9 h et 18 h 30 ou 19 h. Les centres commerciaux sont ouverts du lundi au samedi de 10 h à 22 h. Cependant, les boutiques de ces centres ne se tiennent pas toujours aux mêmes horaires. Les grands magasins ouvrent de 9 h à 22 h du lundi au vendredi, et de 9 h à 18 h 30 le samedi. Les supermarchés ouvrent de 8 h à 20 h. Certains ferment même plus tard.

Les banques sont ouvertes de 10 h à 16 h 30 du lundi au vendredi, les guichets de change de 9 h à 17 h ou 17 h 30. Profiter si possible des heures creuses, entre 12 h et 14 h.

Dans la plupart des grandes villes, les bureaux sont ouverts du lundi au vendredi, de 9 h à 18 h (la pause du déjeuner pouvant durer plusieurs heures), et le samedi de 9 h à 13 h.

La plupart des musées sont fermés le lundi.

Les horaires des stations-service sont variables. Certaines sont ouvertes en permanence.

De nombreuses pharmacies restent ouvertes jusqu'à 22 h. Dans les grandes villes, certaines sont ouvertes toute la nuit.

Les heures d'ouverture sont souvent suivies des expressions *da manha*, *da tarde* ou *da noite*, qui signifient respectivement «du matin», «de l'après-midi» et «du soir».

JOURS FÉRIÉS

En dehors du nouvel an, du carnaval, de Pâques et de Noël, les fêtes nationales brésiliennes ont toutes été déplacées au lundi précédant ou suivant leur date d'origine. Seules les principales fêtes nationales et régionales sont citées dans le calendrier ci-dessous.

1er janvier : nouvel an.

6 janvier : Épiphanie et fêtes régionales, surtout dans le Nordeste.

20 janvier : Saint-Sébastien, patron de Rio (uniquement chômée à Rio).

Février-mars : le carnaval (fête nationale célébrée dans tout le Brésil au cours des quatre jours précédant le mercredi des Cendres). Celui de Rio est le plus spectaculaire.

Mars-avril : Pâques (le vendredi saint est une fête nationale).

21 avril : jour de Tiradentes (fête nationale en l'honneur du martyr de l'indépendance brésilienne).

1er mai : fête du Travail.

Mai-juin : Fête-Dieu.

Juin-juillet : Festas Juninas, séries de festivals, en l'honneur de saint Jean, saint Pierre et saint Antoine. Feux de joie, danses, parodies de mariages.

7 septembre : fête de l'Indépendance (fête nationale).

12 octobre : Nossa Senhora de Aparecida (fête nationale en l'honneur de la sainte patronne du Brésil).

2 novembre : Toussaint (fête nationale).

15 novembre : anniversaire de la proclamation

de la république (fête nationale, également jour des élections).

25 décembre : Noël (fête nationale).

31 décembre : Saint-Sylvestre et fête de Iemanjá, l'une des plus spectaculaires du pays (les Cariocas se rassemblent par milliers sur les plages de Rio pour rendre hommage et faire des offrandes à la déesse de la mer).

POSTE ET TÉLÉCOMMUNICATIONS

Les bureaux de poste sont signalés par un panneau indiquant *correios* ou ECT (Empresa de Correios e Telégrafos).

Les bureaux sont ouverts de 8 h à 18 h du lundi au vendredi, de 8 h à midi le samedi. Ils sont fermés le dimanche et les jours fériés. Dans les grandes villes, certains bureaux restent ouverts plus tard le soir. La poste de l'aéroport international de Rio de Janeiro est ouverte 24 h sur 24.

Une lettre par avion à destination ou en provenance de l'Europe met une semaine pour arriver à bon port. A l'intérieur du Brésil, le courrier arrive un ou deux jours après l'envoi.

Il existe un service postal rapide national et international, ainsi qu'un service de courrier et de paquets recommandés. Il est possible de se faire expédier le courrier à la réception de son hôtel. Les détenteurs de la carte American Express peuvent se faire adresser le courrier dans l'une de ses agences. Pour la poste restante, le courrier est conservé 30 jours au bureau central de Rio de Janeiro.

Bureau de poste central
Rua Primeiro de Março, 64

● **Télégrammes**
On peut envoyer un télégramme de n'importe quel bureau de poste, ou par téléphone (composer le *135* pour les appels nationaux et le *00 0222* pour l'international). En général, les hôtels proposent ce service à leurs clients.

● **Téléphone et télex**
Les cabines téléphoniques fonctionnent au moyen de jetons (*fichas de telefone*) disponibles chez les marchands de journaux, dans les bars ou les boutiques situées à proximité des cabines. Une *ficha* permet 3 mn de conversation. Les jetons inutilisés sont restitués lorsqu'on raccroche. Pour un appel en France, compter environ 3 $ la minute.

Les cabines téléphoniques s'appellent *orelhão* (« oreille ») en raison de leur forme. Elles sont jaunes pour les appels locaux ou en PCV, bleues pour les appels longue distance (en automatique) à l'intérieur du Brésil. Pour utiliser ces derniers, il faut se procurer des jetons spéciaux, un peu plus

chers que les premiers. On peut aussi appeler de *postos telefônicos* que l'on trouve dans la plupart des gares routières et des aéroports, avec des jetons ou une carte de crédit, en PCV ou payer à la caisse à la fin de la communication.

Bureau 24 h sur 24
Avenida N.S. de Copacabana, 540

● **Appels internationaux**

De France vers Rio
Composer l'indicatif international *00*, suivi du *55* (code du Brésil) puis du *21*.

De Rio vers l'étranger
Pour effectuer un appel en automatique, il faut composer le *00,* puis l'indicatif du pays (*33* pour la France, *32* pour la Belgique, *3* pour la Suisse, *5* pour le Canada), puis celui de la région avant le numéro du correspondant.

Renseignements internationaux
Tél. 00 0333

Opérateur international brésilien
Tél. 00 0111

Appels en PCV
Tél. 107
Pour appeler en PCV ou payer par carte de crédit, il faut passer par l'opérateur.

Opérateur francophone
Tél. 000 80 33 pour la France, *000 80 14* pour le Canada, *000 80 03211* pour la Belgique et *000 80 04112* pour la Suisse.

Renseignements sur les tarifs et les réductions
Tél. 00 0334
Le tarif des communications internationales baisse de 20 % entre 20 h et 5 h (heure de Brasília), en semaine et le dimanche.

● **Appels nationaux**

Appels longue distance
Pour faire un appel automatique, il faut composer le *0,* puis l'indicatif de région (formé de trois chiffres), suivi du numéro du correspondant.

Automatique PCV
Composer le *9,* puis l'indicatif de région et le numéro du correspondant. Indiquer son nom et la ville où l'on se trouve après le signal sonore qui suit le message préenregistré. Si l'interlocuteur n'accepte pas l'appel, la communication est automatiquement coupée.

Le tarif des communications longue distance baisse chaque jour de 75 % entre 23 h et 6 h, de 50 % entre 6 h et 8 h et entre 20 h et 23 h les jours de semaine, entre 14 h et 23 h le samedi, entre 6 h et 23 h le dimanche et les jours fériés.

● **Numéros utiles**

Opérateur local
Tél. 100

Opérateur appel national longue distance
Tél. 101
Renseignements nationaux
Tél. 105 21 05
Renseignements locaux
Tél. 102
Informations tarifs
Tél. 108
Télégrammes
Tél. 135
Réveil téléphonique
Tél. 134
Horloge parlante
Tél. 130

On peut envoyer des télex à partir de la plupart des bureaux de poste et des hôtels. Les bureaux les plus importants et les hôtels de luxe proposent un service de télécopie. Il n'est pas nécessaire d'être client de l'hôtel pour y avoir accès.

MÉDIAS

La plupart des quotidiens de langue étrangère sont en anglais. Le *Latin America Daily Post*, le *Miami Herald* (édition sud-américaine de l'International Herald Tribune), le *Wall Street Journal* ainsi que les magazines *Times* et *Newsweek* sont disponibles chez tous les marchands de journaux. On trouve les journaux et les magazines internationaux dans les librairies des aéroports.

Les journaux régionaux sont utiles pour savoir ce qui se passe en ville, d'autant qu'il n'est pas nécessaire de maîtriser le portugais pour repérer les rubriques intéressantes : show, *cinema, dança, música, teatro, televisão, exposições*. A Rio, on peut choisir le *Jornal do Brasil* ou *O Globo*.

La télévision brésilienne, réputée pour sa qualité, exporte ses programmes dans de nombreux pays, y compris en Europe. Il existe 5 réseaux nationaux, 3 réseaux régionaux ainsi qu'une multitude de stations indépendantes.

Seul un réseau, celui de la télévision éducative, est contrôlé par le gouvernement. T.V. Globo, le géant brésilien, est le quatrième réseau commercial du monde. Avec plus de 40 stations réparties dans un pays dont la population est restée largement analphabète, Globo constitue souvent la seule source d'information pour un grand nombre d'habitants.

Les feuilletons brésiliens, ou *telenovelas*, sont uniques en leur genre. Diffusés aux heures de grande écoute, ils sont extrêmement populaires : aucun Brésilien ne prend rendez-vous aux heures de passage des *novelas*.

Un tiers des programmes sont importés, surtout des États-Unis. Les séries, les films et les téléfilms étrangers sont diffusés en version portugaise, à l'exception des spectacles musicaux et des films diffusés la nuit. Les hôtels de luxe captent des émissions mondiales par satellite.

Il existe près de 2 000 stations de radio au Brésil. Hormis les tubes nationaux et internationaux, elles diffusent de nombreux morceaux de musique brésilienne. Le dimanche après-midi, certaines stations consacrent leur programme à la musique classique. Toutes les émissions sont en portugais.

SANTÉ ET URGENCES

Il est recommandé de prévoir une crème protectrice (*filtro solar*), dont il existe d'excellentes marques au Brésil.

L'eau du robinet n'est pas potable. Même si elle est traitée dans les grandes villes, et parfois fortement chlorée, les Brésiliens ont l'habitude de la filtrer (*água filtrada*). L'eau minérale est en vente partout, gazeuze (*com gás*) ou plate (*sem gás*).

● **Urgences**
Renseignements
Tél. 191
Pharmacies de garde
Tél. 136
Ambulances
Tél. 192
Police
Tél. 190
Pompiers
Tél. 193
Permanence téléphonique
Tél. (021) 325 9300, poste 44

● **Hôpitaux**
Miguel Couto
Rua Mario Ribeiro, 117, Gávea, tél. 274 2121
Rocha Maia
Rua General Severiano, 91, Botafogo, tél. 295 2095
Souza Aguiar
Praça da República, 111, Centro, tél. 296 4114 ou 242 4539

En général, les hôtels remettent à leurs clients une liste de médecins dignes de confiance et qui maîtrisent souvent plusieurs langues. La plupart des grands hôtels ont leur propre médecin.

● **Pharmacies**
De nombreux médicaments peuvent s'acheter sans ordonnance. Si on suit un traitement, il faut apporter ses médicaments en quantité suffisante. Les crèmes solaires, les lotions antimoustiques, les cosmétiques, etc. sont disponibles

dans toutes les pharmacies. La plupart des pharmacies restent ouvertes jusqu'à 22 h.

Pharmacies ouvertes 24 h sur 24
- *Av. Ataulfo de Paiva, 1283 A, Leblon,*
tél. 274 8448
- *Rua Barata Ribeiro, 646, Copacabana,*
tél. 255 6249
- *Rua Ministro Veveiros de Castro, 32, Leme,*
tél. 275 3847
- *Praia do Flamengo, 224, Flamengo,*
tél. 284 1548

COMMENT SE DÉPLACER

DE L'AÉROPORT

Pour les taxis des aéroports, la course est payable à l'avance, à un prix fixé selon la destination. Vérifier les tarifs officiels pour éviter tout abus.

Un service spécial d'autobus relie la ville à l'aéroport international. Les autobus traversent le centre puis gagnent l'aéroport national Santos-Dumont. Dans certains cas, l'itinéraire prévoit des arrêts devant les plus grands hôtels de Copacabana, Ipanema, Leblon, São Conrado, et jusqu'à Barra da Tijuca.

On peut louer une voiture dans les deux aéroports. Certains hôtels proposent à leurs clients une voiture avec chauffeur.

EN AUTOBUS

Rio dispose d'autobus à air conditionné (*frescãos*). Le prix du billet est modique. On paie à l'arrière, au tourniquet du contrôleur. Si possible, préparer la monnaie avant de monter. Les autobus s'arrêtent à la demande. Pour descendre, tirer sur la corde (ou appuyer sur le bouton) et passer par la porte avant.

EN MÉTRO

Le réseau n'est pas très étendu. Le métro fonctionne du lundi au samedi de 6 h à 23 h. Le prix du ticket simple (*unitário*) ne change pas, même si on doit emprunter deux lignes pour un trajet. Il existe des tickets aller-retour (*ida e volta*) et des forfaits, ainsi que des tickets combinés métro-autobus (*metrô-ônibus*). Les tickets sont en vente dans les stations et dans les autobus portant la mention *integração*.

EN BATEAU

Dans la baie, des liaisons régulières sont assurées entre la Praça 15 de Novembro et Niterói, ou les îles de Paquetá et de Governador, par un énorme bac à deux ponts ou un hydroglisseur (*aerobarco*).

Une excursion sur l'île de Paquetá est très appréciable. Le bac accomplit la traversée en 1 h et l'hydroglisseur en 25 mn. Les bacs naviguent tous les jours de la semaine jusqu'à 23 h 30. Les hydroglisseurs naviguent de 10 h à 16 h du lundi au vendredi, et de 8 h à 17 h les samedi, dimanche et jours fériés.

Location d'embarcations
Marina da Gloria, Aterro do Flamengo,
tél. 265 07 97 ou 285 22 47
Voiliers, yachts, *saveiros* (type de goélette) et hors-bord.

Les compagnies Linéa C et Oremar organisent des croisières au départ de Rio à destination de Buenos Aires et des Caraïbes. Réserver longtemps à l'avance.

EN VOITURE

La conduite à Rio est très «sportive». Il faut donc rester vigilant, en particulier à pied.

Il est très difficile de trouver une place où se garer. Le mieux est de laisser son véhicule à proximité de la station de Botafogo et de circuler en métro. Dès que l'on coupe le contact, un «gardien» propose de surveiller la voiture, moyennant un pourboire d'un ou deux francs. Parfois, il demande même à être payé à l'avance. Dans tous les cas de figure, ne jamais laisser d'objets en vue à l'intérieur du véhicule.

● **Agences de location**
Rio comprend plusieurs agences de location de voitures, réputées pour la qualité de leurs services. Aux sociétés Avis et Hertz s'ajoutent deux grandes entreprises nationales, Localiza et Nobre.

Les tarifs varient entre 170 F et 500 F par jour (assurance et taxes comprises), selon le type de véhicule. Certaines sociétés proposent des forfaits journaliers, d'autres établissent les prix au kilomètre. La plupart des cartes de crédit internationales sont acceptées. Certaines agences font payer un supplément si on loue une voiture dans une ville pour la rendre dans une autre. Dans ce cas, mieux vaut s'adresser à l'une des deux sociétés nationales, car elles comptent de nombreuses agences régionales.

On peut louer une voiture à l'aéroport, par l'intermédiaire de l'hôtel, ou encore dans une agence (il est conseillé, mais non indispensable, de posséder un permis de conduire international). Moyennant un supplément de 110 F, on peut bénéficier d'un chauffeur pour 8 heures (majoration de 25 F par heure supplémentaire).

POUR MIEUX CONNAÎTRE RIO

En bordure de la baie de Guanabara et devant l'océan Atlantique, Rio est situé au sud-est du Brésil et a une superficie de 1 157 km².

Sa densité est l'une des plus fortes du monde : sur les 154 millions de Brésiliens, la ville abrite 6 millions d'habitants, plus 4 millions de personnes dans les banlieues, situées principalement au nord du pays.

CLIMAT

Situé juste au nord du tropique du Capricorne, au bord de la côte Atlantique, Rio a un climat tropical humide. La température moyenne est de 23 °C. L'été (de décembre à mars), les températures sont élevées, de 29 °C à 35 °C en moyenne, et peuvent atteindre 40 °C. Les températures hivernales (de juin à août) oscillent entre 20 °C et 21 °C, et peuvent descendre jusqu'à 18 °C.

L'été et l'hiver sont marqués par de fortes précipitations. Plus violentes, les pluies d'été peuvent tomber en rafales. En quelques minutes, les rues se transforment alors en torrents, car la ville ne dépasse guère le niveau de la mer et est cernée de montagnes d'où les eaux ruissellent.

Au-dessus de Rio, les villes montagneuses (Nova Friburgo, Petrópolis, Teresópolis) ont un climat tropical de haute altitude, nettement plus frais. Les saisons humides et sèches y sont plus marquées, et les températures sont comprises entre 18 °C et 24 °C. L'hiver, il n'y a aucun risque de gel, mais le froid montagnard est parfois coupant.

ÉCONOMIE

L'économie de Rio connut un essor spectaculaire entre les années 30 et 70. La capitale assista alors à l'émergence d'une classe moyenne de fonctionnaires et de rentiers, qui entraînèrent l'essor de l'industrie et des services. Les anciens maîtres, porteurs d'un lourd héritage culturel, se virent mêlés aux traditions populaires, chargées de culture africaine, ce qui créa l'unité culturelle et sociale propre à Rio.

L'instabilité politique (de 1930 à 1988, cinq Constitutions se sont succédé), l'intervention des militaires dans la direction du pays, les interludes démocratiques suivis de dictatures, ne favorisèrent pas toujours l'essor économique.

Bien que Rio ait perdu son statut de capitale fédérale en 1960, il continua de se développer dans le secteur tertiaire, notamment dans le transport, le commerce et le tourisme national

et international. Prospérant principalement grâce à l'affluence des touristes — surtout en période de carnaval —, l'hôtellerie améliora considérablement la qualité de ses services. L'infrastructure ferroviaire et routière mit Rio en tête de ligne, facilitant ainsi son accès au reste du pays ; tandis que la circulation aérienne s'intensifiait dans les deux aéroports de la ville, l'un national (Santos-Dumont), l'autre international (Galeão).

Agglutinées le long des voies ferrées et des autoroutes, les villes satellites de Rio de Janeiro devinrent des localités ouvrières.

GOUVERNEMENT

Le Brésil est une république fédérale composée de 26 États et du district fédéral de Brasília. Rio est la capitale de l'État de Rio de Janeiro. Dans chaque État, le pouvoir exécutif est entre les mains d'un gouverneur, le pouvoir législatif étant représenté par une assemblée. En raison de la mainmise du gouvernement fédéral sur l'économie, l'autonomie politique des États est toute relative. Le gouvernement fédéral perçoit l'écrasante majorité des recettes fiscales et les redistribue aux États et aux villes.

Le chef du gouvernement a des pouvoirs étendus et exerce sur le pays un contrôle important. L'organe législatif est représenté par un Congrès, formé par une chambre basse, la Chambre des députés, et une chambre haute, le Sénat.

US ET COUTUMES

Si la poignée de main est une pratique courante lorsque deux personnes se voient pour la première fois, il est plus fréquent de saluer ses proches, mais aussi les étrangers auxquels on est présenté, par de grandes accolades. En règle générale, on s'embrasse sur la joue. S'ils se connaissent bien, les hommes s'embrassent en se donnant des tapes sur le dos ; sinon, ils se serrent la main en se tapotant l'épaule. Il existe bien d'autres subtilités, selon les différences sociales. Les Brésiliens sont des hôtes attentionnés, qui veillent que les verres, les assiettes ou les tasses à café de leurs invités soient toujours pleins. Au-delà du plaisir de recevoir, il s'agit là d'une question d'honneur.

D'une manière générale, les Brésiliens sont un peuple courtois.

Les invités peuvent parfaitement arriver à une soirée avec une demi-heure à une heure de retard. Cette règle s'applique même aux rendez-vous d'affaires. Par conséquent, il est préférable de ne pas « caser » trop de rendez-vous sur son agenda.

RELIGIONS

Le catholicisme est la religion officielle et principale du pays, mais de nombreux Brésiliens pratiquent des cultes d'origine africaine. Parmi ces derniers, le candomblé est le plus « authentique » des cultes apportés jadis par les esclaves noirs. De nombreux catholiques se sont initiés aux rites africains, donnant naissance à un syncrétisme religieux dont l'*umbanda* est une belle illustration : à chaque *orixá* (divinité) correspond un saint du calendrier catholique. Entre le candomblé et l'*umbanda*, le spiritisme, doctrine d'Allan Kardec, relève également d'influences africaines et européennes.

Si le candomblé se concentre dans certains États (surtout à Bahia), l'*umbanda* et le spiritisme sont plus largement répandus. Pour assister à une cérémonie de l'un de ces cultes, il faut se renseigner sur place. Les visiteurs sont en général bienvenus, dans la mesure où ils font preuve de respect (demander la permission avant de prendre des photos).

En dehors des églises catholiques, il existe de nombreux temples protestants et des synagogues. A Rio de Janeiro, certaines églises ou synagogues célèbrent des offices en langues étrangères.

POURBOIRES

Dans la plupart des restaurants et des hôtels, le service est de 10 %. Demander au serveur s'il est compris dans la note (*O serviço está incluido?*). Accorder un pourboire généreux pour un service de qualité.

Les chauffeurs de taxi n'attendent pas de pourboires ; le plus souvent, on arrondit le montant de la course. En revanche, il est d'usage d'en laisser un aux porteurs et aux guides, et de donner l'équivalent de 15 % du prix initial dans les salons de coiffure et dans les instituts de beauté.

LA LANGUE

La langue officielle du Brésil est le portugais. Si l'on ne maîtrise pas cette langue, mais que l'on a des connaissances en espagnol, on peut souvent comprendre les Brésiliens. Quelques différences entraîneront toutefois des difficultés pour parler. Ainsi le « j » se prononce à la française et non comme la *jota* espagnole, gutturale, et le « s » se prononce « ch » (*pois*, qui signifie « car », se dit « poïch »).

Les sons nasalisés sont sans doute les plus difficiles à intégrer pour un francophone : *ão* se prononce « an » ou « on ». Dans Maracanã, il faut « mouiller » le « ã » qui se prononce « an » comme la première syllabe de « ancien ».

L'anglais et le français sont souvent parlés dans les grandes villes et, bien sûr, dans les hôtels et les restaurants. Cependant, il ne faut pas s'attendre à pouvoir s'exprimer dans l'une de ces langues avec l'homme de la rue.

Il existe trois façons de s'adresser à une personne : *você* marque indifféremment le tutoiement ou le vouvoiement. Dans certaines régions, notamment dans le Nordeste et dans le Sud, le pronom *tu* (qui correspond au « tu » français) est fréquemment employé pour le tutoiement mais équivaut le plus souvent à *você*. Enfin, les expressions *o senhor* (pour les hommes) et *a senhora* (pour les femmes) correspondent à un discours à la troisième personne ; elles s'emploient pour marquer le respect lorsqu'on s'adresse à une personne d'un certain âge ou d'un statut social supérieur, à un étranger, ou à ses parents dans certaines familles.

Tudo bem, qui signifie « tout va bien », est l'une des formes les plus communes de salut. La première personne demande : *Tudo bem ?* et la seconde répond : *Tudo bem.*

DANS LA RUE

Bonjour /	*Bom dia*
Bon après-midi	*Boa tarde*
Bonsoir, bonne nuit	*Boa noite*
Comment allez-vous (vas-tu ?)	*Como vai ?*
Bien	*Bem*
Merci	*Obrigado, obrigada*
Merci beaucoup	*Muito obrigado*
S'il vous plaît	*Por favor ; faz favor*
De rien	*De nada*
Allô !	*Alô !*
Salut !	*Oi !* (familier, utilisé dans les restaurants pour attirer l'attention des serveurs)
Au revoir	*Até log ; adeus ; tchau* (familier)
Je m'appelle…	*Meu nome é…*
Je suis…	*Eu me chamo…*
Comment vous appelez-vous ?	*Como é seu nome ?*
Enchanté (de vous rencontrer)	*E' um prazer*
Bien !	*Que bom !*
A votre santé !	*Saúde !*
Je ne comprends pas	*Não entendo*
Comprenez-vous ?	*Você entende ?*
Veuillez répéter plus lentement	*Por favor, repete mais devagar*
Comment cela s'appelle-t-il ?	*Come se chama isto?*
Comment dit-on… ?	*Como se diz… ?*
Excusez-moi	*Desculpe* (pour s'excuser) ;

com licença (pour prendre congé ou demander à quelqu'un de se pousser)

DEMANDES DE RENSEIGNEMENTS

Où est...?	*Onde é...?*
La plage	*A praia*
L'église	*A igreja*
La cathédrale	*A Sé* (Bahia) ; *a catedral*
La gare routière	*A rodoviária*
L'aéroport	*O aeroporto*
La gare	*A estação de trem*
La place	*A praça*
La poste	*O correio*
Le commissariat	*A delegacia de polícia*
L'ambassade	*A embaixada*
Le consulat	*O consulado*
Où peut-on trouver...?	*Onde é que tem...?*
Un bureau de change	*Uma casa de câmbio*
Une banque	*Um banco*
Une pharmacie	*Uma farmácia*
Un (bon) hôtel	*Um (bom) hotel*
Un (bon) restaurant	*Um (bom) restaurante*
Une auberge	*Uma pousada*
Un snack-bar	*Uma lanchonete*
Un arrêt d'autobus	*Um ponto de ônibus*
Une station de taxis	*Um ponto de taxi*
Une station de métro	*Uma estação de metrô*
Une station-service	*Um posto de gasolina*
Un téléphone public	*Um telefone público*
Un supermarché	*Um supermercado*
Une boutique	*Uma loja*
Un bijoutier	*Um joalheiro*
Un coiffeur	*Um cabeleireiro*
Une blanchisserie	*Uma lavendaria*
Un hôpital	*Um hospital*
Un médecin	*Um médico*
Un mécanicien	*Um mecânico*
Un réparateur de pneus	*Um borracheiro*
Taxi, autobus, voiture	*Taxi, ônibus, carro*
Je voudrais	*Quero*
changer de l'argent	*trocar dinheiro*
Quel est	*Qual é*
le taux de change ?	*o câmbio ?*
Avion, train, bateau	*Avião, trem, barco*
Une couchette	*Um leito*
Un billet pour...	*Uma passagem para...*
Je veux aller à...	*Quero ir para...*
Veuillez m'emmener à...	*Me leve para...*
Veuillez arrêter ici	*Pare aqui*
Stop !	*Pare !*
Je veux louer	*Quero alugar*
une voiture	*um carro*

AUX DEVANTURES

Toilettes	*Banheiros*
Interdit	*Proibido*
Entrée	*Entrada*
Sortie	*Saída*
Complet	*Cheio*
Ouvert	*Aberto*
Fermé	*Fechado*

DANS UN MAGASIN

Combien ?	*Quanto ?*
Combien	*Quanto custa ? /*
cela coûte-t-il ?	*Quanto é ?*
C'est très cher	*É muito caro*
Beaucoup, très	*Muito*
Peu ; un peu	*Um pouco ; um pouquinho*
Petit	*Pequeno*
Moyen	*Medio*
Grand	*Grande*
Plus grand	*Major*
Plus petit	*Menor*

À L'HÔTEL, AU RESTAURANT

Je veux faire	*Quero fazer*
une réservation	*uma reserva*
Je veux voir la chambre	*Quero ver o quarto*
L'addition, s'il vous plaît	*A conta, por favor*
Je n'ai pas	*Eu não*
commandé cela	*pedi isto*
Le service est-il	*Está incluido*
compris ?	*serviço ?*
Rendez-moi la monnaie	*E quero meutroco*
Je voudrais un reçu	*Eu quero um recibo*
Une chambre	*Um quarto*
Simple ; double	*De solteiro ; de casal*
Avec air conditionné	*Com ar condicionado*
La clef	*A chave*
La salle de bains	*O banheiro*
Garçon	*Moço*
Le menu, la carte	*O cardápio*
La carte des vins	*A carta de vinhos*
Petit déjeuner ;	*Café da manhã ;*
déjeuner ; dîner	*almoço ; jantar*
Menu fixe	*Prato feito*
Plat du jour	*Prato do dia*
Plat « au poids »	*A kilo*
Un plat	*Um prato*
Un verre	*Um copo*
Une tasse	*Uma xicara*
Une serviette de table	*Um guardanapo*
Pain	*Pão*
Beurre	*Manteiga*
Sel	*Sal*
Poivre	*Pimenta do reino*
Piment	*Pimenta malagueta*
Sucre	*Açúcar*
Hors-d'œuvre variés	*Salgadinhos*
Salade verte	*Alface*
Salade composée	*Salada*
Soupe	*Sopa*
Hot dog	*Cachorro quente*

Viande	*Carne*
Porc	*Porco*
Poulet	*Frango*
Bifteck	*Bife*
bien cuit ; à point ;	*bem passado ; ao ponto ;*
saignant	*mal passado*
Poisson	*Peixe*
Morue	*Bacalhau*
Crevette	*Camarão*
Œufs	*Ovos*
Riz	*Arroz*
Haricot noir	*Feijão*
Manioc	*Aipim*
Farine de manioc	*Farinha de mandioca*
Légumes	*Legumes*
Légumes (feuilles)	*Verduras*
Eau minérale	*Água mineral*
(gazeuse ; plate)	*(com gás ; sem gás)*
Boisson gazeuse	*Refrigerante*
Café	*Café*
Thé	*Chá*
Bière	*Cerveja*
Vin blanc	*Vinho branco*
Vin rouge	*Vinho tinto*
Un jus de fruit	*Suco*
Jus de canne à sucre	*Caldo de cana*
Glace	*Gelo*
Fruit	*Fruta*
Ananas	*Abacaxí*
Avocat	*Abacate*
Citron	*Limaõ*
Fraise	*Morango*
Fruit de la Passion	*Maracujá*
Goyave	*Goiaba*
Mangue	*Manga*
Noix de cajou	*Cajíú*
Orange	*Laranja*
Pastèque	*Melancia*
Pêche	*Pêssego*
Raisin	*Uva*

LE TEMPS

Quel heure est-il ?	*Que horas são ?*
Un instant	*Um momento*
Semaine	*Semana*
Hier	*Ontem*
Aujourd'hui	*Hoje*
Demain	*Amanhã*
La semaine prochaine	*A semana que vem*
Le week-end	*O fim de semana*
Mois	*Mês*
A quelle heure ?	*A que horas ?*
D'ici une heure	*Daqui a uma hora*
Quel jour ?	*Que dia ?*
Lundi	*Segunda-feira*
Mardi	*Terça-feira*
Mercredi	*Quarta-feira*
Jeudi	*Quinta-feira*

Vendredi	*Sexta-feira*
Samedi	*Sábado*
Dimanche	*Domingo*

COMPTER

Un à dix	*Um, dois, três, quatro,*
	cinco, seis, sete,
	oito, nove, dez
Onze	*Onze*
Douze	*Doze*
Treize	*Treze*
Quatorze	*Quatorze*
Quinze	*Quinze*
Seize	*Dezesseis*
Dix-sept	*Dezessete*
Dix-huit	*Dezoito*
Dix-neuf	*Dezenove*
Vingt	*Vinte*
Vingt et un	*Vinte e um*
Trente	*Trinta*
Cent	*Cem*
Deux cents	*Duzentos*
Mille	*Mil*
Un million	*Um milhão*

OÙ LOGER

Les bons hôtels abondent à Rio. Les grandes chaînes internationales se sont implantées dans la ville et sa région, dotant ces dernières de nombreux hôtels de luxe au personnel polyglotte. Ils ont parfois leur propre agence de voyages. La liste ci-dessous comprend une sélection des meilleurs hôtels de la ville, proposant chambres avec salle de bains individuelle et douche chaude, air conditionné, téléphone, télévision et bar-réfrigérateur. Les tarifs comprennent le petit déjeuner et un service de 10 %.

Pour les moyens ou petits budgets, un grand nombre d'hôtels moins chers offrent des prix variables suivant leur confort et leur emplacement.

Pour limiter les dépenses, on peut louer un meublé pour quelques jours ou quelques mois. Se reporter aux petites annonces du *Jornal do Brasil* ou du *Globo*, aux rubriques *imóveis* (immobilier), *aluguel* (location) et *temporada* (location saisonnière). Rio compte aussi des hôtels-appartements très corrects.

Il est recommandé de réserver, en particulier pendant le carnaval ou en haute saison.

Si on s'aventure dans des terres plus sauvages, le guide *Guia Brasil*, disponible chez tous les marchands de journaux, contient des cartes routières et des listes d'hôtels et de restaurants dans plus de 715 villes brésiliennes. Il est en portugais, mais les symboles sont expliqués en espagnol et en anglais.

Camping Clube do Brasil
Rua Senador Dantas, 75 (29ᵉ étage),
Rio de Janeiro, tél. 262 7172

Casa do Estudante do Brasil
Praça Ana Amelia, 9 (8ᵉ étage), Rio de Janeiro,
tél. 220 7223

HÔTELS

● **Hôtels les plus luxueux**

Caesar Park
Av. Vieira Souto, 460, Ipanema,
tél. 287 3122, fax 521 6000, télex : 21204
Réservations, numéro vert : *800 0789*
Sur la plage d'Ipanema. Vue splendide depuis le pont-promenade. Bar et piscine sur le toit. Salon de thé, garde d'enfants. Le restaurant Petronius est spécialisé dans les fruits de mer et possède un bar de sushis.

Inter-Continental Rio
Av. Prefeito Mendes de Moraes, 222,
São Conrado, tél. 322 2200,
fax 322 5500, télex 21790
A proximité de la plage, panorama magnifique sur les montagnes verdoyantes. Trois courts de tennis, gymnase et discothèque. Coiffeur, garde d'enfants, location de voitures. Les restaurants incluent Gourmet Monseigneur et une filiale de l'Alfredo's de Rome.

Méridien
Av. Atlântica, 1020, Leme, tél. 275 9922,
fax 541 6447, télex 23183
Réservations : *295 0299*
A l'extrémité de la plage de Copacabana qui touche Leme. Cinéma et discothèque, coiffeur, location de voitures. Son restaurant sur le toit, le Saint-Honoré, est l'un des meilleurs de Rio.

Rio Palace
Av. Atlântica, 4240, Copacabana,
tél. 521 3232, fax 247 3582, télex 21803
Réservations : *262 017*, numéro vert : *800 6158*
Sur la plage de Copacabana à l'extrémité touchant Ipanema. Discothèque, bar à l'anglaise avec concerts. Gardes d'enfants, salon de thé, location de voitures. Le centre commercial Cassino Atlântico occupe le sous-sol et le rez-de-chaussée. Le Pré Catelan est l'un des meilleurs restaurants de Rio.

● **Hôtels cinq étoiles**
Embratur, l'office de tourisme du Brésil, a accordé cinq étoiles à ces hôtels, dotés de bars, de restaurants, de boutiques de mode, de bijouteries, d'instituts de beauté et de saunas.

Copacabana Palace
Av. Atlântica, 1702, Copacabana, tél. 255 7070,
fax 235 7330
Réservations : *237 3271*, numéro vert : *800 1533*
Cet édifice élégant fait partie intégrante de l'histoire de Rio, notamment à l'âge d'or de ses casinos. Agréable restaurant en bord de piscine, galerie d'art et salle de spectacles, service médical, coiffeur, garde d'enfants, service de secrétariat et télex.

Everest Rio
Rua Prudente de Moraes, 1117, Ipanema,
tél. 287 8282, fax 521 31 98, télex 22254
A quelques mètres de la plage, dans la zone de Rio la plus à la mode pour les restaurants et des boutiques de mode. Coiffeur, piscine sur le toit avec vue.

Marina Palace
Rua Delfim Moreira, 630, Leblon,
tél. 259 5212, fax 259 0941, télex 30224
Sur la plage de Leblon. Télévision par satellite.

Rio Othon Palace
Av. Atlântica, 3264, Copacabana, tél. 521 5522,
fax 521 6697, télex 22655
Sur la plage de Copacabana. Piscine, coiffeur, garde d'enfants, service de secrétariat et télex. Le bar sur le toit, le Skylab, a une vue splendide. Sous-sol élégant. Discothèque Studio C.

Rio Sheraton
Av. Niemeyer, 121, Vidigal, tél. 274 1122,
fax 239 5643, télex 21206
Réservations, numéro vert : *800 0722*
Possède sa propre plage à mi-chemin entre Leblon et São Conrado. Pavillon barbecue, courts de tennis, trois piscines sur les terrains de bord de mer. Antenne parabolique, location de voitures, agence de voyages, équipe médicale, garde d'enfants, service de secrétariat et télex. Installations pour congrès et banquets.

● **Hôtels bon marché**
Pour un prix raisonnable, ces hôtels garantissent un confort certain. Les chambres sont simples ou doubles, et le plus souvent équipées d'une climatisation, d'une télévision, d'un téléphone et d'une douche à eau chaude.

Gloria
Rua do Russel, 632, Gloria, tél. 257 1900,
télex 37990
Proche du centre et de la Marina da Gloria. Piscine, sauna, institut de beauté, salon de thé, salle de spectacles, installations pour congrès, boutique d'artisanat.

Ipanema Inn
Rua Maria Quitéria, 27, Ipanema, tél. 287 6092,
fax 511 5094
Hôtel très abordable avec chambres petites mais confortables. Proche de la mer.

Hotel Santa Teresa
Rua Almirante Alexandrino, 660, Santa Teresa,
tél. 242 0007
Petite piscine, parc de stationnement, tarifs pension complète incluant trois repas.

Hotel Flórida
Rua Ferreira Viana, 81, Catete & Flamengo,
tél. 285 5242, fax 285 5777
Un des meilleurs hôtels à petit prix de Rio. Proche de la station de métro Catete. Petit restaurant à prix très économiques.

Hotel Arpoador Inn
Rua Francisco Otaviano, Ipanema & Leblon,
tél. 247 6090, fax 511 5094
Très calme. Chambres sur rue ou sur l'Océan.

OÙ SE RESTAURER

Le petit déjeuner est un repas très léger, le déjeuner est riche et consistant, tandis que le dîner, très tardif, est normalement proportionné.

La cuisine brésilienne est pleine de saveurs, mais peu épicée, sauf dans le Nordeste. Il existe plusieurs cuisines régionales dont certaines (de Bahia, Minas Gerais, Amazonie) sont représentées à Rio, qui est le carrefour culinaire aussi bien du pays que du monde entier. Et bien qu'elle ne possède pas véritablement de gastronomie propre, des spécialités, et non des moindres, se sont élevées au rang de plats nationaux. Les Cariocas, curieusement, préfèrent savourer leur plat national au restaurant, où se concoctent d'excellents mets. Nombre de grandes tables se trouvent dans les bons hôtels.

La cuisine la plus exotique est celle de l'État de Bahia. Très influencée par ses origines africaines, elle est d'habitude relevée, voire piquante. Si, dans les restaurants, une sauce très forte se sert en général à part, elle peut être remplacée sur commande par de la *malagueta*, sauce aux piments faite maison. Quelques-unes des spécialités peuvent être goûtées à l'échoppe du marché de produits artisanaux, sur la Praça General Osório, tous les dimanches à Ipanema.

La cuisine du Minas Gerais sied au climat montagneux de cet État : la base en sont le porc et les haricots secs. Quelques tables cariocas proposent du *tutu*, sorte de purée compacte de haricots noirs et de farine de manioc ; du *feijão tropeiro*, mélange de haricots, de bacon et de farine de manioc.

Nombre de restaurants proposent poissons et fruits de mer. Les restaurants portugais affichent aussi des recettes à base de poisson, y compris de la morue (*bacalhau*) importée des mers froides. Un des meilleurs poissons qu'on trouve à Rio est le loup (*badejo*) à chair blanche et ferme.

Typiquement brésiliens, les *salganinhos* sont des sortes de hors-d'œuvre variés au bœuf, au poulet, au fromage, aux crevettes, aux cœurs de palmier, *palmito*, etc. On les sert dans les réceptions ou bien en apéritif, dans les bars.

Les boulangeries vendent du délicieux *pão de queijo*, pain au fromage.

Parmi les desserts, le *doce de leite*, version brésilienne du caramel, à base de lait bouillant sucré, se mange souvent avec du fromage ; le très courant *pudim de leite* se fabrique avec du lait condensé sucré et du caramel liquide ; et le *bolo de aipim* est une pâte compacte de manioc mélangée à de la noix de coco.

Les repas se terminent par des fruits, dont il y a un vaste choix : goyaves, papayes, anones, etc.

RESTAURANTS

Sauf indication contraire, les restaurants acceptent tout ou partie des principales cartes de crédit (MasterCard, American Express, etc.).

● **Cuisine brésilienne**

Arataca
- *Rua Figueiredo de Magalhães, 28,*
Copacabana, tél. 255 7448
- *Rua Dias Ferreira, 135A, Leblon, tél. 274 1444*
Tous les jours de 11 h à 2 h. Spécialités d'Amazonie et du Nordeste. Poissons de l'Amazone et assaisonnements exotiques. Fruits tropicaux servis sous forme de jus, compotes et glaces. Cadre plus confortable à Copacabana.

Bar do Armaudo
Rua Almirante Alexandrino, 316, Santa Teresa,
tél. 252 7246
Du mardi au dimanche de 11 h 30 à 23 h. Spécialités du Nordeste au cœur du pittoresque quartier de Santa Teresa. Goûter à la *carne do sol*, viande de bœuf séchée et salée, ainsi qu'à la racine de manioc. Attention : très fréquenté le week-end. Pas de réservation possible.

Chalé
Rua da Matriz, 54, Botafogo, tél. 286 0897
De midi à 16 h et de 19 h à 1 h. Cuisine internationale, mais surtout brésilienne : *feijoada* et spécialités bahianaises. Cadre de type colonial décoré d'objets anciens. Personnel en costume. Bonne adresse pour le week-end. Réservation conseillée.

Escondinho
Beco dos Barbeiros, 12, A & B, Centro,
tél. 242 2234
De 11 h à 18 h ; fermé les samedi et dimanche. Cartes de crédit non acceptées. Chaque jour, menu brésilien complet. Plat du jour : *moqueca*, *feijoada*, *cozido*, *sarapatel*, poulet avec sauce au sang et spécialités du Minas Gerais.

Maria Thereza Weiss

Rua Visconde Silva, 152, Largo do IBAM, Botafogo, tél. 286 3098
De midi à 1 h ; fermé le lundi. Mme Weiss est connue pour ses livres de recettes brésiliennes. Le restaurant, dans une maison ancienne, propose plusieurs plats nationaux et internationaux. Bel assortiment de desserts *brasileiros*. La boutique adjacente vend pâtisseries et sucreries, ainsi que de la restauration rapide à emporter.

Moenda

Hôtel Trocadero, Av. Atlântica, 2064, Copacabana, tél. 257 1834
Tous les jours de midi à minuit. Plats brésiliens et spécialités de Bahia. Des serveuses vêtues à la bahianaise expliquent la composition des plats. Bonne *feijoada*. Belle vue sur la plage.

Netas de Maria de São Pedro

Rua Miguel Lemos, 56B, Copacabana, tél. 257 9689
Du lundi au samedi de 11 h à 1 h, le dimanche de 11 h à 18 h. Cartes de crédit non acceptées. Deux petites-filles de la célèbre Maria transmettent les enseignements de leur grand-mère, dont le restaurant, le Mercado Modelo, à Salvador de Bahia, est considéré comme l'un des meilleurs de la ville. *Xinxim, moqueca, sarapatel* et autres recettes bahianaises mitonnées dans le *dendê* et le lait de coco.

Sal & Pimenta

Rua Barão da Torre, 368, Ipanema, tél. 521 1460
Du lundi au vendredi de midi à 16 h et de 20 h à 2 h ; les samedi et dimanche de midi à 2 h. Au-dessus du piano-bar Alô-Alô, véranda agréable. Décor soigné et à la mode. Recettes italiennes, poisson, crevettes, *moqueca, bobo de camarão* et *xinxim de galinha Feijoada* le samedi. Brunch le dimanche.

Villa Riso

Estrada da Gávea, 729, São Conrado, tél. 274 1708 ou 322 0899
Du mardi au dimanche de 12 h 30 à 16 h. Dans la demeure d'une ancienne plantation du XVIIIe siècle. Spécialités brésiliennes servies sur la véranda. Uniquement pour les groupes qui visitent la villa Riso. Réservation par l'hôtel.

● Churrascarias

Carreta

Praça São Perpétua, 116, Barra da Tijuca, tél. 399 4055
Tous les jours de 11 h à 1 h. Bonne viande grillée. Service chaleureux.

Carretão

Rua Siqueira Campos, 23, Copacabana, tél. 236 3435
Tous les jours de 11 h à minuit. Viande de première qualité avec grande variété d'accompagnements.

O Casarão

Hôtel Rio Sheraton, Av. Niemeyer, 121, Vidigal, tél. 274 1122
Tous les jours de midi à 16 h et de 19 h à minuit. Barbecue et bar à salades à volonté, le tout à prix fixe, au souffle d'une délicieuse brise océane.

Copacabana

Av. N.S. de Copacabana, 1144, tél. 267 1497
Tous les jours de 11 h à 2 h. Grillades au *rodizio* ou à la carte et menu international. Danse de 20 h à 4 h 30 au Vinicius.

Dinho's Place

Rua Dias Ferreira, 57, Leblon, tél. 294 2297
Tous les jours de 11 h à 3 h. Bonne viande, bar à salades et *feijoada* le samedi.

Jardim

Rua República do Peru, 225, Copacabana, tél. 235 3263
Tous les jours de 11 h à 1 h 30. Barbecue traditionnel à l'intérieur ou au jardin.

Majorica

Rua Senador Vergueira, 11/15, Flamengo, tél. 245 8947
De midi à minuit. Bonne viande. Décor intime et agréable.

Mariu's

Av. Atlântica, 290B, Leme, tél. 542 2393
Tous les jours de 11 h à 2 h. *Rodizio* aux viandes d'excellente qualité. Grandes variété et qualité des accompagnements. Serveurs efficaces, habitués à la clientèle étrangère. Au bord de la plage de Leme.

Palace

Rua Rodolfo Dantas, 16, Copacabana, tél. 541 8398
Tous les jours de 11 h à 2 h. Bonnes grillades servies à un rythme soutenu. Jouxte le Copacabana Palace.

Pampa

Av. das Americas, 5150, Barra da Tijuca, (supermarché Carrefour), tél. 325 0861 ou 399 0861
Tous les jours de 11 h 30 à 23 h 30. *Rodizio* de bonne qualité.

Plataforma

Rua Adalberto Ferreira, 32, Leblon, tél. 274 4022
Tous les jours de 11 h à 3 h. Grand établissement proposant grillades et menu international. Spectacle de samba à l'étage. Réservation recommandée.

Porcão

Rua Barão da Torre, 218, Ipanema, tél. 521 0999
Tous les jours de 11 h à 2 h.
Av. Armando Lombardi, 591, Barra da Tijuca, tél. 399 3355
Tous les jours de 10 h 30 à 1 h. Une institution du *rodizio* carioca. Les groupes n'y posent aucun problème.

Rodeio
Av. Alvorada, 2150 B1, G, Loja A
(Casa Shopping), Barra da Tijuca, tél. 325 6166
Du lundi au samedi de midi à 17 h et de 19 h à
1 h 30 ; le dimanche de midi à 1 h 30. Excellente
viande, marinée pour ajouter encore à sa ten-
dreté ; à commander à la carte. Les carnivores
tiennent cette adresse pour la meilleure *chur-*
rascaria de Rio.

T-Bone
Rua Laura Müller, 116, Botafogo
(Shopping Rio Sul), tél. 275 7895
Tous les jours de 11 h à 23 h. Pour une pause-
repas lors d'une journée consacrée aux
emplettes.

● **Cuisine française**

Le Bec Fin
Av. N.S. de Copacabana, 178A, tél. 542 4097
Tous les jours de 19 h à 3 h. Cuisine classique
dans un cadre luxueux. Service impeccable. Un
des vétérans de la tradition hexagonale.
Agréable ambiance musicale au son du piano.

Café de la Paix
Av. N.S. de Copacabana, 178A, tél. 275 9922
Tous les jours de 19 h à 3 h. Charmant décor.
Art nouveau et atmosphère décontractée.
Cuisine française de grande classe. Salon de thé.
Feijoada et buffet brésilien le samedi. Sur la
célèbre plage de Copacabana.

Le Champs Élysées
Maison de France, Av. Presidente Antônio
Carlos, 58, 12ᵉ étage, Centro, tél. 220 4129
Ouvert du lundi au vendredi de 12 h à 17 h ;
fermé les samedis et dimanches.
Cuisine française régionale. Logé au-dessus du
consulat français. Terrasse sur le toit avec vue
imprenable sur le Pain de Sucre.

Claude Troisgros
Rua Custódio Serrão, 62, Jardim Bôtanico
tél. 226 4542 ou 246 7509
Du lundi au samedi de 19 h 30 à 3 h. Une des
très grandes tables de Rio, dans la belle maison
d'une rue tranquille. Le chef, Claude Troisgros,
est réputé pour ses créations à partir de fruits et
de légumes locaux. Commandez des plats à la
carte ou bien laissez-vous aller aux surprises du
menu «confiance». Uniquement sur réservation.

Clube Gourmet
Rua General Polidoro, 186, Botafogo,
tél. 295 3494
Tous les jours de 12 h à 15 h et de 20 h 30 à 1 h ;
le samedi de 20 h 30 à 1 h. Aucune carte de crédit acceptée. Recettes françaises concoctées
avec des produits brésiliens. Ambiance élégante
détendue. Le soir, le menu «gourmet» (prix
fixe) permet de choisir entre quatre plats.

Laurent
Rua Dona Mariana, 209, Botafogo, tél. 266 3131
Tous les jours de midi à 15 h et de 20 h 30 à
1 h 30 ; fermé le dimanche. Élégance, vieux style.
Cuisine française pleine de légèreté et matinée
d'influences brésiliennes. Menu à prix fixe à midi.
Réservation recommandée.

Monseigneur
Hotel Intercontinental, Av. Pref. Mendes de
Moraes, 222, São Conrado, tél. 322 2200
De 19 h à 23 h ; les vendredi et samedi de 19 h à
1 h. Entre le classique et la nouvelle cuisine,
agrémenté de quelques touches brésiliennes.
Cadre élégant et luxueux. Un des meilleurs res-
taurants de Rio.

Ouro Verde
Hôtel Ouro Verde, Av. Atlântica, 1456,
Copacabana, tél. 542 1887
Tous les jours de 12 h 30 à minuit. Cuisine clas-
sique dans un cadre raffiné. Une des plus
vieilles institutions de Rio. Menu international.
Sur la plage de Copacabana.

Le Pré Catelan
Rio Palace Hotel, Av. Atlântica, 4240,
Copacabana, tél. 521 3232
Les lundi et vendredi de midi à 15 h ; tous les
jours de 19 h 30 à 24 h ; les vendredi et samedi
de 19 h 30 à 1 h. Nouvelle cuisine française
réservant bien des surprises et servie dans une
délicieuse salle de style «Belle Époque».
Service impeccable, sous la houlette du chef
Gaston Lenôtre. Réservation recommandée.

Le Saint-Honoré
Hôtel Méridien, 37ᵉ étage, Av. Atlântica, 4240,
Copacabana, tél. 275 9922
Du lundi au samedi de midi à 15 h et de 20 h à
23 h 30 ; fermé le dimanche. Nouvelle cuisine
inventive et de très grande classe. Menu à prix
fixe à midi, à la carte le soir. Décoration élégante et vue époustouflante sur la baie.

● **Cuisine portugaise**

Adegão Português
Campo de São Cristovão, 212A, São Cristovão,
tél. 580 7288
Tous les jours de 11 h à 23 h 30. Cuisine portugaise authentique : *ozido, bacalhau,* poulpe,
cochon de lait rôti, desserts. Sur la place où se
tient la foire du Nordeste tous les dimanches.

Antiquarius
Rua Aristides Espinola, 19, Leblon, tél. 294 1049
Tous les jours de midi à 2 h. Joli cadre décoré
d'objets et de meubles anciens. Recettes de
l'Alentejo, en général plus légères que celles
d'autres régions du Portugal. Bonne morue et
bon nombre de plats à base de poisson. Fabu-
leux desserts portugais. Quelques plats «internationaux». Le *cozido* du dimanche est

considéré comme un des meilleurs de la ville. Réservation conseillée pour le dîner.

Negresco
Rua Barão da Torre, 348, Ipanema,
(Praça N.S. da Paz), tél. 287 4842
Tous les jours de midi à 2 h ; le vendredi de 17 h à 2 h. Plats portugais et internationaux, notamment de la morue, des calamars, du lapin et de la fricassée aux fruits de mer. Local de petite taille, mais élégant et plein d'allure. Il est préférable de réserver.

Ponto de Encontro
Rua Barata Ribeiro, 750B, Copacabana,
tél. 255 9699
Tous les jours de midi à 2 h. Cuisine internationale et portugaise dans une salle douillette et lambrissée. La boutique qui jouxte le restaurant vend des pâtisseries, des desserts portugais, ainsi que des plats cuisinés à emporter.

Penafiel
Rua Senhor dos Passos, 121, Centro,
tél. 224 6870
Du lundi au vendredi de 11 h à 4 h ; fermé les samedi et dimanche. Aucune carte de crédit acceptée. Dans une des rues piétonnes autour du centre commercial Saara, restaurant simple et familial appartenant à la même famille depuis 1912. Nourriture portugaise roborative et de qualité. Desserts brésiliens : goûter au *mineiro com botas*, mélange de banane et de fromage.

● **Cuisine internationale**

Antonino
Av. Epitácio Pessoa, 1244, Lagoa, tél. 267 6791
Tous les jours de midi à 2 h. Très belle vue sur le lagon Rodrigo de Freitas et les montagnes environnantes. Menu classique d'excellente qualité. Piano-bar en rez-de-chaussée. Réservation obligatoire le soir (préférer une table avec vue).

Antonio's
Av. Bartolomeu Mitre, 297, Leblon, tél. 294 2699
Tous les jours de midi à 3 h. Menu varié, viande, poisson et quelques recettes italiennes. Terrasse. Lieu de rendez-vous des intellectuels, des comédiens et des artistes. Réservation conseillée.

Atlantic
Hôtel Rio Palace, 1ᵉʳ étage, Av. Atlântica, 4240,
Copacabana, tél. 521 3232
Tous les jours de 6 h à 1 h. Buffet de fruits de mer le vendredi, *feijoada* le samedi, brunch à la new-yorkaise le dimanche. Orchestre le soir. Choisissez une table en terrasse pour profiter de la vue splendide sur la plage de Copacabana.

Bife de Ouro
Hôtel Copacabana Palace , Av. Atlântica, 1702,
Copacabana, tél. 255 7070
Tous les jours de 11 h 30 à 15 h 30 et de 19 h à 1 h. Élégant, dans un palace chargé d'histoire. Bonnes viandes. Service irréprochable.

Café do Teatro
Teatro Municipal, Av. Rio Branco, Centro,
tél. 262 4164
Du lundi au vendredi de 11 h à 16 h ; fermé les samedi et dimanche. Café-restaurant au décor orientalisant à la Cecil B. De Mille, dans l'enceinte du théâtre municipal.

Colombo
Rua Gonçalves Dias, 32-36, Centro, tél. 232 2300
Du lundi au vendredi de 11 h à 18 h ; le samedi, uniquement salon de thé de 9 h à 13 h.
Av. N.S. de Copacabana, 890, Copacabana,
tél. 257 8960
Du mardi au dimanche de 11 h à 23 h. Aucune carte de crédit acceptée. Restaurant charmant de style Belle Époque datant de 1884. Verrière faite avec du vitrail, piano en fond de salle. En bas, salon de thé début XXᵉ siècle décoré de miroirs. Celui de Copacabana est plus récent.

English Bar
Travessa do Comércio, 11, Centro, tél. 224 2539
Du lundi au vendredi de midi à 16 h ; fermé les samedi et dimanche. Dans le quartier historique et préservé du centre, près de Praça XV : atmosphère britannique, service excellent et menu international. Bar bien fourni au rez-de-chaussée. Réservation recommandée.

Florentino
Av. General San Martin, 1227, Leblon,
tél. 274 6841
Tous les jours de midi à 2 h. Petite salle intime à l'étage. En bas, bar douillet. Beaucoup de plats de poissons. Endroit élégant et à la mode. Réservation obligatoire.

Guimas
Rua José Roberto Macedo Soares, 5, Gávea,
tél. 259 7996
Tous les jours de midi à 16 h et de 20 h à 2 h ; le dimanche de 12 h 30 à 18 h (déjeuner seulement). Aucune carte de crédit acceptée. Petit lieu plein de charme décoré d'œuvres d'art. Toujours en ébullition, mais ne prend pas de réservation.

Hippopotamus
Rua Barão da Torre, 354, Ipanema, tél. 227 8658
Ouvert tous les jours de 20 h à 4 h (et plus). L'Hippopotamus est un club privé qui accueille ses membres et leurs invités. Réservation possible pour les clients d'hôtels cinq étoiles par le biais de la réception. Endroit élégant et raffiné. Nourriture et service de qualité. Chef français dont la spécialité est le poisson. Bar et boîte de nuit. Très fréquenté le week-end.

Monte Carlo
Rua Duvivier, 21, Copacabana, tél. 541 4147
Tous les jours de midi à 2 h. Menu traditionnel avec quelques plats brésiliens. *Feijoada* le samedi, *cozido* le dimanche. Bar confortable. Réservation conseillée le week-end.

Nino
Rua Visconde de Inhaúma, 95, Centro,
tél. 253 2176
Tous les jours de midi à 22 h ; fermé le week-end. Très prisé pour le déjeuner.
Rua Domingos Ferreira, 242A, Copacabana,
tél. 255 9696
Tous les jours de midi à 2 h.
Praia de Botafogo, 228, Botafogo,
tél. 551 8597 ou 399 0018
Tous les jours de midi à 2 h. Bonne nourriture, service efficace. Beaucoup de plats brésiliens. Toutes les filiales sont de qualité égale.

Rio's
Parque do Flamengo, Flamengo, tél. 551 1131
Tous les jours de midi à 2 h. Larges baies vitrées ouvertes sur le bord de mer et le Pain de Sucre. Menu complet comprenant un grand choix de poissons et de viandes. Cadre agréable et spacieux. Service remarquable. Piano-bar le soir. Jardin pour un verre ou un apéritif.

Un, Deux, Trois
Rua Bartomeleu Mitre, 112, Leblon, tél. 293 0198
Tous les jours de 19 h à 4 h ; le week-end de midi à 16 h. Restaurant de qualité à l'étage. En bas, quelques plats et orchestre. Lieu très fréquenté. Réservation nécessaire pour le restaurant, mais aussi pour la boîte.

● **Poissons et fruits de mer**

Alba-mar
Praça Marechal Âncora, 184-186
Du lundi au samedi de 11 h 30 à 22 h. Dans une ancienne tour, seul vestige du marché municipal. A proximité du port et de la gare maritime (pour les bacs). Spécialités de la mer, mais aussi plats «internationaux». Très fréquenté à midi, calme le soir. Très belle vue sur la baie.

Barracuda
Marina da Gloria, Parque do Flamengo,
tél. 265 4641
Tous les jours de 11 h 30 à 1 h. Dans la pittoresque *marina*. Spécialités de la mer et plats «internationaux». Très fréquenté, surtout par les hommes d'affaires. Réservation obligatoire à midi.

A Cabaça Grande
Rua do Ouvidor, 12, Centro, tél. 231 2301
Du lundi au vendredi de midi à 4 h ; fermé le week-end. Institution du centre pour ses produits de la mer. Parmi les meilleurs poissons de Rio. Spécialité de la maison : la soupe de poissons.

Cândido's
Rua Barros de Alarcão, 352,
Pedra de Guaratiba, tél. 395 2007 ou 395 1630
Du lundi au vendredi de 13 h 30 à 19 h ; le samedi de 11 h 30 à 23 h ; le dimanche de

11 h 30 à 20 h. Excellente adresse hors de Rio qui donne l'occasion d'une excursion au charmant village de pêcheurs de Pedra de Guaratiba. Nourriture recherchée, cadre décontracté. Réservation obligatoire le week-end. Le mieux est d'y aller en semaine.

Grottamare
Rua Gomes Carneiro, 132, Ipanema, tél. 287 1596
Tous les jours de 18 h à 2 h ; le dimanche de midi à 2 h. Fruits de mer grillés ou pochés : le restaurant a ses propres pêcheurs auxquels on passe commande. Portions copieuses et service impeccable. Également pâtes et viandes. Réservation vivement conseillée.

A Marisqueira
Rua Barata Ribeiro, 233, Copacabana,
tél. 237 3920 ou 236 2602
Tous les jours de 11 h à 1 h.
Rua Gomes Carneiro, Ipanema, tél. 267 9944
Fermé le lundi. Restaurants classiques de qualité. Quelques plats de viande.

Petronius
Hôtel Caesar Park, Av. Vieira Souto, 460,
Ipanema, tél. 287 3122
Tous les jours de 19 h à 1 h ; le samedi de midi à 4 h. Restaurant élégant proposant une cuisine succulente, service irréprochable. Ambiance musicale au piano. Vue sur la plage d'Ipanema.

Principe
Av. Atlântica, 974B, Leme, tél. 275 3996
Tous les jours de midi à 1 h. Grand choix de poissons et de fruits de mer. Bonne qualité sous le signe de la simplicité. Sur la plage de Leme.

Quatro Sete Meia
Rua Barros de Alarcão 476,
Pedra da Guaratiba, tél. 395 2716
Les lundi et jeudi de midi à 17 h ; les vendredi et samedi de 13 h à 22 h ; le dimanche de 13 h à 18 h. Aucune carte de crédit acceptée. Petit et simple, les pieds dans l'eau. Excellents fruits de mer. Réservation obligatoire. Même enseigne à Guaratiba.

Real
Av. Atlântica, 514A, Leme, tél. 275 9048
Tous les jours de midi à 2 h. Bonne nourriture. Face à la plage de Leme.

Shirley
Rua Gustavo Sampaio, 610, Leme, tél. 275 1398
Tous les jours de midi à 1 h. Aucune carte de crédit acceptée. Succulentes recettes espagnoles et portugaises. Simple et de petite taille. Toujours en effervescence. Il faut attendre son tour en prenant un apéritif «maritime» car les réservations ne sont pas possibles.

Sol e Mar
Av. Reporter Nestor Moreira, 11, Botafogo,
tél. 295 1896
Tous les jours de 11 h à 15 h. Restaurant de bord de mer très agréable, avec vue sur l'océan,

le Pain de Sucre, la ronde des bateaux. Terrasse pour l'apéritif et les cocktails.

Tia Palmira
Caminho do Souza, 18, Barra de Guaratiba, tél. 410 1169
Du mardi au dimanche de 11 h 30 à 18 h. Aucune carte de crédit acceptée. Restaurant simple en dehors de Rio. Plusieurs spécialités de fruits de mer et de desserts à base de fruits. Dîner à l'intérieur ou en terrasse. Pas de réservation.

Vice-Key
Av. Monsenhor Ascâncio, 535, Praça do O, Barra da Tijuca, tél. 399 1683
Tous les jours de midi à 2 h. Aucune carte de crédit acceptée. Homards du vivier, langoustines et huîtres d'élevage : tout est d'une extrême fraîcheur. Décor de style colonial.

● **Restaurants avec vue**

Céu
Hôtel Nacional, 27ᵉ étage, Av. Niemeyer, 769, São Conrado, tél. 322 1000
Tous les jours à partir de 19 h. Menu international classique, aux chandelles. Vue superbe sur la plage de São Conrado et les montagnes environnantes.

Cota 200
Av. Pasteur, 520, Urca, tél. 541 3737
Du mardi au dimanche de 11 h à 19 h ; le lundi de 11 h à 16 h. Dîner à 20 h avant le spectacle de samba. Au sommet du Morro da Urca, premier arrêt du funiculaire pour se rendre au Pain de Sucre. Panorama sur la *zona sul*, le centre, la baie, le pont de Niterói et les montagnes. Cuisine internationale. Parfait pour les groupes.

A Floresta — Os Esquilos
Tél. 399 8947
Tous les jours de 11 h à 21 h. Aucune carte de crédit acceptée. Ces deux restaurants sont dans la forêt de Tijuca, non loin de l'aire de stationnement et de la cascade Cascatinha (consulter une carte). Cuisine familiale traditionnelle dans un cadre de type colonial. Véranda entourée par la forêt luxuriante. Cheminée pour les journées fraîches. Salon de thé. Aussi charmant par temps de pluie ou de brume.

Rive Gauche
Av. Epitácio Pessoa, 1484, Lagoa, tél. 521 2645
Tous les jours de 20 h au départ du dernier client. Cuisine internationale. Raffiné, vue sur la lagune Rodrigo de Freitas et les montagnes à l'arrière-plan. Orchestre au bar du lundi au samedi. Le Biblos Bar, au sous-sol, est une boîte de nuit fréquentée par des célibataires.

Tiberius
Hôtel Caesar Park, 23ᵉ étage, Av. Vieira Souto, 460, Ipanema, tél. 287 3122
Tous les jours de 7 h à 0 h 30. Cuisine internationale. Vue plongeante sur les plages d'Ipane-

ma et de Leblon et sur les montagnes à l'arrière-plan. Petit déjeuner, déjeuner, thé, dîner, menus complets ou plats légers. La *feijoada* du samedi est une des meilleures de Rio. Belle vue du toit-terrasse, où il fait bon prendre un verre.

La Tour
Rua Santa Luzia, 651 (34ᵉ étage), Centro, tél. 240 5795
Tous les jours de midi à minuit. Cuisine internationale. Sur le toit-terrasse d'un immeuble du centre qui tourne sur lui-même en 50 mn. Vue sur la baie, le parc de Flamengo, les montagnes et le Corcovado.

● **Avec des enfants**

Chaika
Rua Visconde de Pirajá A, Ipanema, tél. 267 3838
Jus de fruits, sorbets, omelettes, salades et pizzas, grand choix de sandwiches et de tartes salées.

Colombo
Rua Gonçalves Dias, 32, Centro, tél. 232 2300
Institution du Vieux-Rio et morceau d'histoire à lui seul. Fondé en 1894, il devint le rendez-vous des politiciens, des artistes et des intellectuels du début du XXᵉ siècle. Cuisine rapide.

Esquilos
Estrada Escragnolle, km 5, Floresta da Tijuca, tél. 288 2097
Au cœur de la forêt de Tijuca, restaurant rustique qui offre plusieurs genres de menus. Idéal après une promenade dans la forêt.

Horse Shoe Restaurant Haras
Estrada do Sacarrão, 498, Vargem Grande, tél. 437 7223
Cuisine familiale, air pur, espace arboré et chevaux. Sous une véranda couverte.

Ilha dos Pescadores
Estrada da Barra da Tijuca, 793, Barra da Tijuca, tél. 493 0005 ou 494 3485
Aire de jeux et petit zoo. Spécialités : poissons et crevettes. *Cozido* le samedi et *feijoada* le dimanche.

Lokau
Av. Sernambetiba ,13 500, Barra da Tijuca, tél. 433 1368 / 433 1418
Spécialisé dans le poisson et les fruits de mer, en pleine réserve naturelle, entre Recreio dos Bandeirantes et la Lagoa de Marapendi. Grande aire de jeux et quelques animaux pour les enfants.

Guimas
Rua José Roberto Macedo Soares, 5 Gávea, tél. 259 7996
Estrada da Gávea, 899, Térreo, São Conrado, tél. 322 5791
Menu original, ambiance agréable et personnel accueillant. Les enfants composent eux-mêmes

leurs plats. Pour les parents, canard *da fazenda*, *nhoque* et escalope de poulet aux betteraves.

Celeiro
Rua Dias Ferreira, 199, Leblon, tél. 274 7843
Un des meilleurs endroits pour déguster des salades que parents et enfants composent à leur gré parmi une cinquantaine d'ingrédients.

Babuska
- *Rua Professor Alfredo Gomes, 1, loja B, Botafogo, tél. 552 9045*
- *Rua Aníbal de Mendonça, 55, loja G, Ipanema, tél. 294 7845*
- *Rua Farme de Amoedo, 122, Ipanema, tél. 267 2096*
Un des temples cariocas du sorbet : 30 parfums différents, *milk-shakes* et *cookies*.

Mil Frutas
- *Rua J. J. Seabra, Jardim Bôtanico, tél. 511 2550*
- *Rua Marquês de São Vicente, 52, Shopping da Gávea (2ᵉ étage), Gávea, tél. 284 7478*
Plus de 36 variétés de glaces, en majorité des sorbets. Quelques raretés exotiques du Nordeste comme l'*açai*, le *cupuaçu* et la *mangaba*.

BOISSONS

L'été, les Brésiliens se retrouvent aux terrasses des restaurants ou des bars et commandent en général un *chopp* (prononcer «choppie»), bière pression blonde, légère et bien glacée, parfaite sous ces latitudes. Le mot *cerveja* veut dire aussi «bière», mais exclusivement en bouteilles.

Le seul alcool brésilien est la *cachaça*, eau-de-vie forte distillée à partir de la canne à sucre ; on la trouve principalement dans les *botequim*, petits cafés populaires à clientèle en grande majorité masculine.

Quant aux délicieux jus de fruits, vendus dans les *casas de sucos*, on peut en choisir la composition à partir des nombreux fruits proposés (pommes, fraises, melons, bananes, ananas, papayes, mangues, goyaves, fruits de la Passion, kakis, tamarin, etc.) pour obtenir un *mista*, cocktail de plusieurs fruits passés ensemble à la centrifugeuse. Le *mamão-banana* est un jus de papaye-banane auquel on ajoute parfois une once de jus de betterave rouge pour la couleur ; le *banana com aveia* est un mélange de banane et d'orge ; l'*abacate* s'obtient en mixant de l'avocat avec du sucre et du jus de citron ou bien en le frappant avec du lait.

Le petit déjeuner peut s'accompagner d'un *mate*, boisson des gauchos du Rio Grande do Sul, dont la variété noire se boit glacée.

Le café brésilien est de torréfaction très foncée et de mouture extrafine. Le *cafezinho* («petit café») est servi très fort, très sucré, en demi-tasse, et rarement à la fin d'un repas. Le café est très souvent offert, y compris dans les boutiques.

VISITES ET SPECTACLES

MUSÉES

Les musées ferment souvent pour restauration, parfois plusieurs années. Il est recommandé de se renseigner avant de se déplacer, en contactant des offices de tourisme ou en consultant la rubrique *museus* des journaux. Les expositions temporaires figurent sous la rubrique *exposições*.

● **Ethnologie**

Museu do Folclore Edison Carneiro
Rua do Catete, 181, tél. 285 0441, fax 205 0090
Du mardi au vendredi de 11 h à 18 h ; les samedi, dimanche et jours fériés de 15 h à 18 h.

Museu do Indio
Rua das Palmeiras, 55, Botafogo, tél. 286 8899
Du mardi au vendredi de 10 h à 17 h ; les samedi et dimanche de 13 h à 17 h.

Museu do Negro
Rua Uruguaiana, 77, Centro, tél. 221 3119
Du mardi au vendredi de 7 h à 17 h ; le samedi de 8 h à midi.

● **Histoire**

Museu da República
Rua do Catete, 153, tél. 557 3150
Du mardi au dimanche de midi à 17 h.

Museu Histórico Nacional
Praça Marechal Âncora, Centro, tél. 240 2003, fax 220 6290
Du mardi au vendredi de 10 h à 17 h 30.

Museu Histórico e Diplomático
Palácio Itamaraty, Av. Marechal Floriano, 196, Centro, tél. 253 7691, fax 263 3053
Les lundi, mercredi et vendredi de 13 h à 17 h.

Museu Casa de Rui Barbosa
Rua São Clemente, 134, Botafogo, tél. 537 0036, fax 537 1114
Du mardi au vendredi de 9 h à 17 h.

Museu Histórico da Cidade do Rio de Janeiro
Estrada de Santa Marinha, Parque da Cidade, Gávea, tél. 512 2353
Du mardi au dimanche de 11 h à 17 h.

● **Beaux-Arts**

La plupart des galeries qui exposent d'art contemporain brésilien sont à Ipanema, centre commercial de Gávea (*Rua Marquês de São Vicente, 52*) et à Copacabana, centre commercial Cassino Atlântico (*Av. Atlântica, 4240*).

Fundação Oscar Niemeyer
Rua Conde Lages, 25, Glória, tél. 509 1844, fax 222 6445
Tous les jours de 10 h à 17 h. Architecture, urbanisme, esthétique industrielle et arts plastiques.

Museu Carmem Miranda
Parque Brigadeiro Eduardo Gomes, Aterro do
Flamengo (entrée face Av. Rui Barbosa, 560),
tél. 551 2597
Du mardi au vendredi de 11 h à 17 h ; les same-
di, dimanche et jours fériés de 13 h à 17 h.
Museu da Chácara do Céu
Rua Murtinho Nobre, 93, tél. 224 8981
Tous les jours sauf le mardi de midi à 17 h.
Museu Nacional de Belas Artes
Av. Rio Branco, 199, Centro,
tél. 240 0068 ou 240 9869, fax 262 6067
Du mardi au vendredi de 10 h à 18 h ; les same-
di et dimanche de 14 h à 18 h.
Museu do Açude
Estrada do Açude, 764, Alto da Boa Vista,
tél. 238 0368
Du jeudi au dimanche de 11 h à 17 h.
Museu de Arte Moderna (MAM)
Av. Infante Dom Henrique, 85, Parque
Brigadeiro Eduardo Gomes, tél. 210 2188
Du mardi au dimanche de midi à 20 h. La plus
grande collection d'art contemporain brésilien.
Museu Auditório H. Stern
Rua Garcia D'Ávila, 113, Ipanema, tél. 259 7442
Du lundi au vendredi de 8 h 30 à 18h ; le samedi
de 8 h 30 à 12 h 30. Exposition permanente de
bijoux et de spécimens rares de pierres pré-
cieuses.

● Arts vivants et musique

Museu da Imagem e do Som
Praça Rui Barbosa, 1, Centro, tél. 262 0309
Du lundi au vendredi de 13 h à 18 h.
Museu do Carnaval
Passarela do Samba, Praça da Apoteose
(Rua Frei Caneca), Centro, tél. 293 9996
Du mardi au dimanche de 11 h à 17 h.
Museu dos Teatros do Rio de Janeiro
Rua São João Batista, 103-105, Botafogo,
tél. 286 3234
Les lundi, mercredi et vendredi de 11 h à 17 h ;
les mardi et jeudi de 11 h à 19 h 30.
Museu Villa-Lobos
Rua Sorocaba, 200, Botafogo, tél.-fax 266 3845
Du lundi au vendredi de 10 h à 17 h.

● Sciences et techniques

Espaço Museu da Vida
Casa de Oswaldo Cruz-Fiocruz,
Av. Brasil, 4365, Manguinhos,
tél. 598 4343 ou 598 4341, fax 260 8342 ou 598 4437
Du lundi au vendredi de 8 h à 17 h.
Museu Nacional
Quinta da Boa Vista, São Cristóvão, tél. 264 8262
Du mardi au dimanche de 10 h à 16 h. Une par-
tie de la collection a appartenu à Pierre II, pas-
sionné de botanique.

Museu do Telephone
Rua Dois de Dezembro, 63, Flamengo,
tél. 556 3189, fax 205 4872
Du mardi au dimanche de 9 h à 19 h.
Museu do Trem
Rua Arquias Cordeiro, 1046,
Engenho de Dentro, tél. 269 5545
Du mardi au vendredi de 10 h à 12 h ; les same-
di et dimanche de 13 h 30 à 17 h.

● Pour les enfants

Fundação Planetário da Cidade
Av. Padre Leonel Franca, 240, Gávea,
tél. 274 0096
Le samedi et le dimanche. Séances à 16 h 30,
18 h et 19 h 30.
Museu Aeroespacial
Av. Marechal Fontenelle,2000,
Campo dos Afonsos, tél. 357 5214 ou 357 5213
Du mardi au vendredi de 9 h 30 à 15 h ; les
samedi, dimanche et jours fériés de 9 h 30 à 16 h.
Histoire de l'aviation et de l'épopée de Santos-
Dumont.
Museu Casa do Pontal
Estrada do Pontal, 3295,
Recreio dos Bandeirantes, tél. 437 6278
Le samedi et le dimanche de 14 h à 18 h. Dans
un grand parc. Collections d'art populaire brési-
lien.
Museu de Astronomia e Ciências Afins
Rua General Bruce ,586, São Cristóvão,
tél. 580 7010
Du mardi au vendredi de 9 h 30 à 17 h.
Museu de Ciências da Terra
Av. Pasteur, 404, Praia Vermelha, tél. 295 6946
Du lundi au vendredi de 10 h à 16 h.
Museu de Esportes Mané Garrincha
Rua Professor Eurico Rabelo, Portão 18,
Estádio Mário Filho, Maracanã,
tél. 264 9962, poste 270
Du lundi au vendredi de 10 h à 16 h 30.

CONCERTS

Les formes musicales brésiliennes, comme le
jazz et la bossa-nova, qui ont été diffusées dans
le monde entier, ne représentent que la partie
émergée de l'iceberg. Pour assister à un concert,
on peut consulter les journaux, ou bien demander à l'hôtel l'adresse d'un club où se produisent des artistes brésiliens de bossa-nova, de
samba, de *choro* ou de *seresta*.

La saison des spectacles de musique et de
danse, y compris de musique classique et symphonique avec l'orchestre symphonique du
Brésil, débute juste après le carnaval, c'est-à-dire
qu'elle s'étend de février à décembre. Consulter
les rubriques *música* et *dança* des journaux.

Teatro Municipal
Praça da Veiga, Centro, tél. 210 2463
Sala Cecilia Meireles
Largo da Lapa, 47, tél. 232 9714

VIE NOCTURNE

La majorité des Cariocas ne sort pas dîner avant 22 h, heure à laquelle les spectacles commencent. Les boîtes de nuit battent leur plein de minuit à l'aube. De nombreux bars accueillent des groupes ou des artistes.

PUBS ET BARS

Alô-Alô
Rua Barão da Torre, 368, Ipanema, tél. 521 1460
Antonino
Av. Epitácio Pessoa, 1244, Lagoa, tél. 267 6791
Chico's
Av. Epitácio Pessoa, 1560, Lagoa, tél. 287 3514
Double Rose
Rua Paul Redfern, 44, Ipanema, tél. 294 9791
Equinox
Rua Prudente de Morais, 729, Ipanema,
tél. 247 0580
Harry's Bar
Av. Bartolomeu Mitre, 450, Leblon,
tél. 259 4043
Jazzmania
Av. Rainha Elisabeth, 769, Ipanema,
tél. 227 2447
Mariu's
Av. Atlântica, 290, Leme, tél. 542 2393
Mistura Fina
Rua Garcia d'Avila, 15, Ipanema, tél. 259 9394
People
Av. Bartolomeu Mitre, 370, Leblon,
tél. 294 0547
Rio's
Parque do Flamengo, tél. 551 1131
The Cattleman
Av. Epitácio Pessoa, 846, Lagoa, tél. 239 2863

BARS EN TERRASSE

Skylab
Hôtel Rio Othon Palace (30e étage),
Av. Atlântica, 3264, Copacabana, tél. 255 8812
Ponte de Comando
Miramar Palace, Av. Atlântica, 3668,
Copacabana, tél. 247 6070
Ouvert jusqu'à 2 h.

BARS DANSANTS

Café Nice
Av. Rio Branco, 277, Centro, tél. 240 0490

Carinhoso
Rua Visconde de Pirajá, 22, Ipanema,
tél. 287 3579
Ragtime
Av. Sernambetiba, 600, Barra da Tijuca,
tél. 389 3385
Sobre as Ondas
Av. Atlântica, 3432, Copacabana,
tél. 521 1296
Un, Deux, Trois
Av. Bartolomeu Mitre, 112, Leblon,
tél. 239 0198
Vinícius
Av. N-S de Copacabana, 1144, Copacabana,
tél. 267 1497
Vogue
Rua Cupertino Durão, 173, Leblon, tél. 274 8196

BOÎTES DE NUIT

Assyrius
Av. Rio Branco, 277 (sous-sol), Centro,
tél. 220 1998
Biblos Bar
Av. Epitácio Pessoa, 1484, Lagoa, tél. 521 2645
Caligula
Rua Prudente de Moraes, 129, Ipanema,
tél. 287 1369
Circus Disco
Rua Gen. Urquiza, 102 (2e étage), Leblon,
tél. 274 7895
Help
Av. Atlântica, 3432, Copacabana, tél. 521 1269
La Dolce Vita
Av. Min. Ivan Lins, 80, Barra da Tijuca,
tél. 399 0105
Mikonos
Rua Cupertino Durão, 177, Leblon, tél. 294 2298
Mistura Fina
Estrada da Barra da Tijuca, 1636, Itanhangá,
tél. 399 3460
Zoom
Largo de São Conrado, 20, São Conrado,
tél. 322 4179

« GAFIEIRAS »

Une *gafieira* est à la fois une école de danse et une manière de danser. Les *gafieiras* sont des lieux un peu « vieux style», fréquentés le week-end par les Cariocas des couches populaires, qui y viennent principalement en couple.
Élite
Rua Frei Caneca, 4 (étage), Centro, tél. 232 3217
Estudantinha
Praça Tiradentes, 79, Centro, tél. 232 1149
Asa Branca
Av. Mem de Sá, 17, Lapa, tél. 252 0966
Gafieira revue et corrigée à la mode actuelle, accueillant généralement un chanteur populaire.

SAMBA

En dehors de la période du carnaval, les spectacles conçus spécialement pour les touristes attirent un public nombreux. Tous les lieux qui en programment possèdent, en outre, un restaurant et une piste de danse.

Scala
Av. Afrânio de Melo Franco, 296, Leblon, tél. 239 4448
Oba-Oba
Rua Humaitá, 110, Botafogo, tél. 286 9848
Plataforma 1
Rua Adalberto Ferreira, 32, Leblon, tél. 274 4022

Tous les lundis, les membres de l'école de samba Beija Flor se produisent au Morro da Urca. Les billets sont en vente dans la station du funiculaire d'Urca (*tél. 541 3737*). D'autres s'ouvrent à l'occasion via une réservation par l'hôtel.

Clube do Samba
Estrada da Barra da Tijuca, 65, tél. 399 0892
Boîte très courue où les meilleurs artistes de samba viennent se produire sur scène vers 1 h.
Labaredo
Estrada da Barra da Tijuca, 410, tél. 399 15

CONCERTS DE MUSIQUE POP

Canecão
Av. Wenceslau Brás, 215, Botafogo, tél. 295 3044
Scala
Av. Afrânio de Melo Franco, 296, Leblon, tél. 239 4448
Ces deux premières salles sont les principales.
Morro da Urca
Tél. 541 3737
Première station du funiculaire menant au Pain de Sucre.
Maracanãzinho
Rua Prof. Eurico Rabelo, São Crístovão, tél. 264 9962
Pour les concerts géants, on ouvre les portes du terrain de football Maracanã, à la même adresse que le Maracanãzinho (même téléphone).
Teatro João Caetano
Praça Tiradentes, Centro, tél. 221 0305
Parque da Catacumba
Lagoa, tél. 287 8293
Directement sur la pelouse du parc.
Circo Voador
Près des voûtes de Lapa.

SPORTS

La plupart des Brésiliens aisés ou des classes moyennes pratiquent des sports dans les cercles privés. Les touristes peuvent y entrer en qualité d'« invités ». Les grands hôtels disposent aussi d'installations.

BAIGNADE

Il est difficile de nager dans l'Océan, à cause des vagues. Les eaux de la baie sont polluées, contrairement aux plages plus éloignées ou à celles de la Costa Verde ou de la Costa do Sol, qu'il serait dommage d'ignorer. Seuls les hôtels et les clubs privés disposent de piscines.

NAVIGATION

La location de voilier, yacht, bateau à moteur ou goélette locale de type *saveiro*, ainsi que tout l'équipement nécessaire et même l'équipage coûtent environ 100 $ par jour. La plupart des complexes hôteliers des petites plages autour de la ville louent bateaux, planches de surf, planches à voile et matériel de plongée. Des moniteurs peuvent initier les débutants ou aider les professionnels à se perfectionner.
Marina da Glória
Aterro do Flamengo, tél. 265 0797 ou 285 2247

TENNIS

Les courts publics sont rares : la plupart des joueurs jouent dans des cercles privés, comme dans les hôtels Rio Sheraton, Inter-Continental Rio ou Nacional Rio.

GOLF

Deux beaux terrains, les Golf Clubs de Gávea et d'Itanhangá, peuvent accueillir en tant qu'hôtes les clients de certains hôtels. Le droit d'entrée et la location du matériel coûtent 17 $ environ. Petrópolis et Teresópolis ont également chacun leur golf. Sur la Costa Verde, les golfeurs se retrouvent à Angra dos Reis.

DELTAPLANE

La rampe de lancement se trouve à Pedra Bonita et l'atterrissage a lieu sur la plage de São Conrado. Les néophytes voleront en tandem, avec un moniteur. Et les spectateurs auront de quoi se réjouir tous les dimanches sur cette même plage.
Associação Brasileiro de Vôo Livre
Av. Rio Branco, 156, pièce 1119, tél. 220 4704

RANDONNÉE

Le parc national de la forêt de Tijuca est idéal pour les randonnées. Il est conseillé de s'y rendre avec un guide. Pour plus d'information, contacter le Camping Clube do Brasil qui organise des treks et loue du matériel.

Clube Excursionista Carioca
Rua Hilário de Gouvéia, 71/206, Copacabana, tél. 541 3531
Centro Excursionista do Rio de Janeiro
Av. Rio Branco, 277/805, Centro, tél. 220 3548

FOOTBALL

Le football unit toutes les générations et toutes les couches sociales. Outre les grandes rencontres dans les stades, Rio est réputé pour ses compétitions sur sable. En effet, presque tous les week-ends, des équipes de voisinage s'affrontent sur les terrains aménagés sur les plages ou dans les parcs de la ville.

COURSE AUTOMOBILE

Si le Grand Prix de formule 1 se déroule maintenant à São Paulo, beaucoup de courses ont lieu à l'Autodromo da Glória.

CAPOEIRA

Ce sport, purement brésilien, est surtout vivant à Salvador et à Bahia, mais Rio possède plusieurs académies de *capoeira*. C'est une survivance de l'esclavage, quand les esclaves devaient maquiller en danse leurs combats pour passer inaperçus. Avec le temps, la *capoeira* est devenue de la lutte dansée ou, si l'on veut, de la danse de combat, qui possède sa musique et ses rythmes propres.

ADRESSES UTILES

Office de tourisme Embratur
Rua Mariz e Barros, 13, (9ᵉ étage), Praça da Bandeira, 20 000 Rio de Janeiro, RJ, tél. 273 2212

AMBASSADES ET CONSULATS

Belgique
Av. Visconde de Albuquerque, 694, Appto. 101, Leblon, tél. 274 6747
France
Av. Pres. Antônio Carlos, 58 (8ᵉ étage), Centro, tél. 220 3729
Suisse
Rua Candido Mendes, 157 (11ᵉ étage), Glória, tél. 242 8035

BIBLIOGRAPHIE

LITTÉRATURE

Andrade (Mario de)
Journal de voyage, La Quinzaine littéraire-LVMH
Heuffel (Évelyne)
L'Absente du Copacabana Palace, Métailié, Paris, 1996
Machado de Assis
L'Aliéniste, Folio bilingue, Gallimard, Paris, 1992
Dom Casmurro, Albin Michel, Paris, 1989
La Montre en or, Métailié-Unesco, Paris, 1987
Updike (John)
Brésil, Le Seuil, Paris, 1997
Moraes (Vinicíus de)
Orfeu da Conceição, 1956

HISTOIRE, SOCIÉTÉ, ARTS

Carelli (Mario)
Le Brésil, épopée métisse, Découvertes Gallimard, 1987
Lévy-Strauss (Claude)
Tristes Tropiques, Plon, Paris, 1955
Leymarie (Isabelle)
La Musique sud-américaine, Découvertes Gallimard, Paris, 1997
Mauro (Frédéric)
Histoire du Brésil, Michel Chandeigne, Paris, 1994
Peireira da Queiroz (M. I.)
Carnaval brésilien : le rêve et le mythe, Gallimard, Paris, 1992
Petit (Jean)
Niemeyer, poète d'architecture, Fidia edizione d'Arte, 1995
Schneier (Graciela), **Montenegro** (Ana Maria)
Rio de Janeiro, Autrement série « monde », n° 42, Paris, 1990

LIBRAIRIES LUSOPHONES

Bocage
33, rue Henri-Barbusse, 92000 Nanterre, tél. 01 47 29 00 40
Librairie Portugal
146, rue Chevaleret, 75001 Paris, tél. 01 42 96 14 30
Librairie lusophone
22, rue de Sommerard, 75005 Paris, tél. 01 46 33 59 39
Librairie portugaise Michel Chandeigne
10, rue Tournefort, 75005 Paris, tél. 01 43 36 34 37

CRÉDITS PHOTOGRAPHIQUES

Illustration de couverture :   © **G. Halary (agence Rapho)**

Toutes les photographies sont de
John Maier Jr. à l'exception des suivantes :

14-15, 16-17, 18-19	**Tony Stone Worldwide**
22-23, 26	**Vange Millet, avec l'aimable autorisation du Museu Nacional de Belas Artes**
24	**Vange Millet, avec l'aimable autorisation du Museu Paulista (USP)**
27	**Vange Millet, avec l'aimable autorisation de l'Aceno Galeria de Artes**
28, 29, 30, 31	**Vange Millet**

Cartes   **Berndtson & Berndtson**

Avec la collaboration de   **V. Barl**

INDEX